사례로 배우는
점성학 강의

운명의 시작
별과 별자리의 비밀

사례로 배우는 점성학 강의

리 산 지음

동학사

타로나 사주상담은 예언이나 예측을 목적으로 한다. 물론 상담과정에서 예언이나 예측과 관련 없는 통찰이 일어나기도 하며 스트레스가 해소되기도 한다. 태곳적부터 인간이 예언을 필요로 한 것은, 작게는「먹이를 구하는 일」에서부터 크게는「전쟁을 위한 대비」까지 모두 목숨을 보전하기 위해서였다. 물론 평화로운 시대에는 이러한 점술이 한낱 호기심 충족이나 오락거리로 전락하기도 하지만, 오늘날같이 문명이 발달한 시대에도 누구에게는 이 예언이 칠흑같은 어둠 속에서 한 치 앞을 알 수 없는 인간의 불안과 두려움에 하나의 등불 같은 존재나 이정표로 작동한다.

태곳적 하늘의 별은 인간에게 삶의 이정표였다. 이 별들의 움직임은 기나긴 시간을 거쳐 점성술이라는 체계로 완성되었는데, 정통 고전점성술(Traditional Classic Astrology)이라고 불리는 것들에는 네이티비티, 호라리, 일렉션, 메디쿠스, 먼데인 등 다양한 종류가 있다. 특히 이 중에서 한 사람의 삶의 궤적을 예언하기 위한 출생점성술을 네이티비티 아스트롤로지(Nativity Astrology) 또는 네이탈 아스트롤로지(Natal Astrology)라고 부르는데(각각 줄여서 네이티비티·네이탈), 이 책에서 다루는 점성술이 바로 그것이다.

내가 점성학을 처음 접한 건 25여 년 전의 일이다. 당시는 지금처럼 점성술이 흔하게 알려져 있지 않았다. 관련된 책들은 가끔씩 있었지만 거의 용어사전이라고 해도 과언이 아닐 정도로 책 내용에는 실전 차트 활용법이 전무하다시피 했다. 그로부터 25여 년이 지나 이렇게 점성학 책을 출간하게 되어 감회가 남다른 만큼 두려움도 앞선다. 특히 두려움이 앞서는 것은 얕은 지식으로 책을 내기에는 이 점성술, 즉 운명학이라는 학문의 깊이가 끝이 없기 때문이다. 하지만 감히 책을 내겠다고 마음먹은 것은, 과거의 나와 같은 사람들이 분명히 많을 거라고 판단했기 때문이다.

과거 점성술을 배우고 싶어 백방을 전전하였지만, 점성술을 가르쳐주는 곳이나 선생님을 만나기가 정말「하늘에 별따기」였다. 이후 간간이 한국에서 점성학 관련된 책들이 출간되었지만, 책을 사서 볼 때마다 한숨만 나왔다. 그도 그럴 것이 천궁도를 통해

내 운명을 해석하는 방법을 가르쳐주기는커녕, 통째로 번역되다시피한 점성술 용어들은 「점성술은 배우기 힘들다」는 편견만 심어줄 뿐이었다. 15여 년 전부터 좀 더 심도 있는 점성학 책들이 번역되어 출간되고 있지만, 하나같이 책은 더 두꺼워지고 이전보다 더 어려운 점성학 개념들만 보강된 느낌이다. 실전 차트 활용법에 초점을 맞추기보다 용어나 이론에 초점을 맞춘 것은 동영상이 아닌 책이라는 한계 때문으로 보인다. 물론 이러한 책들은 점성술을 잘 아는 중고급자들에게는 반가운 책일지도 모른다.

최근에는 유튜브를 통해 점성학을 무료로 가르쳐주기도 하고, 예전보다 더 많고 다양한 정보가 쏟아진다. 하지만 무료는 무료라는 한계가 분명히 있고, 지금도 시중에 나오는 점성술 책들은 실전 차트의 해석기술을 여전히 설명하지 않는다. 그래서 필자는 실전원리를 가르쳐주는 책을 써야겠다고 마음먹게 되었다. 물론 점성술에 대한 많은 부족함을 느끼면서 책을 내고 싶었던 이유는, 첫째 책은 배우고 싶은 것에 대한 가장 「기본적이고 핵심적인 정보」를 알려주기 때문에 무턱대고 학원을 찾아가 큰돈을 지불하고 강의에 실망하는 시행착오를 어느 정도 막아준다는 이점이 있다는 것이다. 둘째 점성술에 관심 있는 사람에게 내가 아는 만큼만 차트로 설명하고 글로 핵심원리를 정리해주면, 따로 선생을 두지 않아도 독학(인터넷 서핑과 유튜브 관련 영상을 통해)을 통해 더 높은 수준의 학습이 가능하다고 확신하기 때문이다.

우려스러운 것은, 점성술 이론에 관한 타당성 문제와 차트해석에서의 「맞고 틀림」에 대한 진위 논쟁이다. 좋다고 하는 사주가 다 좋은 삶을 살지 않고 나쁘다는 사주가 다 나쁜 삶을 살지 않듯, 점성술도 그러한 사실에서 자유롭지 않다. 다만 그것은 근본적으로 상담자(해석자)의 몫일 뿐이다. 참고로 이 책을 쓰면서 한국에서 출간된 점성학 책들은 물론이고 아마존을 배회하면서 여러 점성학 책들을 구입하였고, 구글 서핑을 통해 여러 점성학 정보들을 찾아다녔다. 신비학이나 운명학과 관련된 공부를 하면서 늘 느끼는 바이지만, 신비학은 원래 글 자체가 명쾌하지 않다. 상징으로 이루어진 이 학문은 점성학적 원리 적용에 있어 역사적으로 지역마다 학자마다 차이가 있고, 차트해석에서 숫자의 기준이나 경계도 과학이나 수학처럼 엄밀하지 않으며, 한 사건에 접근하는 기법과 해석 또한 다르다. 그런 이유로 나 역시도 여러 정보를 보면서 개인적으로 실전상담에서 유익하거나 유익했던 것들 위주로 취사선택하여 구성하였다. 다만 한 가지 바람은 점성학 생초보들에게 일단 독학의 자신감을 불어넣는 책이 되었으면 한다.

한편 신비학이나 운명학에 관심이 많은 나는 더불어 주역, 사주, 타로, 점성술, 심리학, 최면, 명상 등에 관심이 많았고, 그 중 아는 기술들을 사용해 십수 년 동안 상담을 이어왔다. 그러는 동안에『현장에서 필요한 실전타로』라는 타로 책을 베스트셀러로 등극시키면서 수많은 타로매니저를 배출하였다. 또한 간간이 새로운 관점의 타로 책을 출간하여 운명학 초심자들에게 다양한 정보를 제공해오고 있다. 이 점성술 책도 이러한 작업의 연장선에 있다.

최근에는 자신의「생년월일시」와「태어난 장소」만 알면, 그것을 무료로 입력하고 다운받아 보거나 인쇄할 수 있는 프로그램이 널려 있다. 핸드폰 앱(어플)도 활성화되어 있어 언제 어디서나 점성학을 즐길 수 있다. 이 책은 출생점성술 차트의 실전 차트 해석기술을 자세히 설명한다. 이제 타로의 영역을 넘어 점성학에 관심이 있는 생초보들을 위해, 혼자서 모리누스라는 프로그램을 열고 자신의 생년월일시와 태어난 장소를 입력한 후 얻은 점성학 차트를 통해, 자신의 운명에 다가갈 수 있는 기술을 펼쳐 보이고자 한다. 아무쪼록 이 책이「점성학은 독학하기 어렵다는 편견」을 당신으로부터 깨끗이 거두어 가길 바란다.

2021년 리 산

CONTENTS

일 러 두 기

첫째, 이 책은 점성학 생초보가 점성학 프로그램(모리누스_ https://sourceforge.net/projects/tradmorinus/)을 이용해서 자신의 정보(생년월일시·출생지)를 입력하고 자신의 운명을 감정하는 것을 목표로 한다. 또한 책에서 해결되지 않는 문제나 질문은 다음 사이트를 이용한다(단, 책 내용과 관련이 없는 독자의 개인적인 질문에 답하는 것이 의무가 아니라는 점을 이해해주기 바란다. 가능하면 Q&A를 통해 자주 하는 질문에 대한 해결을 돕고자 할 뿐이다).
대표 홈페이지_ https://cafe.naver.com/krealtarot

둘째, 이 책에서 사용하는 점성학적 해석기법이나 기준은 여타의 기준과 다를 수 있다. 이는 점성학의 역사가 매우 길고, 사람마다 지역마다 다른 기준이나 해석원리를 적용하기 때문이다.

셋째, 이 책에 등장하는 인물들의 생년월일시와 출생지는 실제와 다를 수 있다. 해당 정보는 아스트로 데이터뱅크(www.astrodatabank.com)에서 수집했으며, 등장인물의 사건들도 위키백과사전이나 신문기사를 근거로 했음을 밝힌다. 특히 실전 예제와 인물의 실제사건은 같은 해석원리나 기준을 적용하더라도 학자마다 자신의 성향에 따라 조금씩 다르게 해석할 수 있다는 것을 염두에 두고, 개연성의 관점과 책에 제시된 기술습득을 위한 시각으로 접근하고 학습하기 바란다.

참고로 아스트로 데이터뱅크는 세계 유명인들의 생년월일시와 태어난 지역을 검색할 수 있는 사이트로, 모리누스와 다른 점성학 프로그램으로 출생차트를 출력할 수 있다. 그리고 하우스와 사인의 경계도 이 책에서 사용하는 홀사인 시스템과 다르다. 물론 시스템이 다른 만큼 차트해석에서도 차이가 발생한다. 하지만 큰 틀에서는 대동소이하다.

넷째, 이 책은 점성학 생초보를 위한 수준이지만, 점성학 해석의 기본개념과 원리를 거의 망라하고 있으며, 상담현장에서 충분히 상담 가능한 기술임을 밝힌다. 다만 책에서 부족한 기술의 연결고리나 이해되지 않는 부분들은 이 책을 여러 번 학습한 후에 인터넷이나 유튜브 검색을 통해 충분히 보완할 수 있을 것이다. 이 책은 그러한 의도로 쓰여졌음을 다시 한 번 말한다.

다섯째, 차트(천궁도)를 잘 해석하기 위해서는 무조건 책을 보면서 따라해보고, 주변 사람의 운명을 가능한 한 많이 임상해보아야 한다. 이 책을 통해 어느 정도 기본 해석원리가 익숙해지면 또 다른 점성학 책이나 다양한 외국도서들을 탐색해 나가길 바란다.

CHAP. 1

점성학의
실전 이론

점성학의 기본 이해

1 점성학의 종류

점성술은 크게 고전점성술과 현대심리점성술로 나뉜다. 그 중에서 고전점성술에는
네이티비티(Nativity), 호라리(Horary), 일렉션(Election), 메디쿠스(Medicus), 먼데인
(Mundane)의 다섯 가지 종류가 있다.

　이 책에서 다루는 네이티비티는 흔히 출생차트 또는 네이탈차트(Natal chart)라고 불
리며 한 사람의 전반적인 운을 살펴보는 점성술이며, 호라리는 바로 판단을 내리기 위
해 단시점처럼 점을 치는 점성술이다. 일렉션은 택일을 위해 복잡한 과정을 거치는 점
성술이고, 메디쿠스는 건강이나 질병을 살펴보는 점성술이며, 먼데인은 국가의 길흉이
나 흥망성쇠를 판단하는 점성술이다.

2 점성술의 유래와 역사

점성술은 인간의 문제와 고민을 해결하기 위해 하늘의 별들을 통해 그 해답을 찾는 데
서 비롯되었다. 프랑스 남서부에서 발견된 라스코 동굴 벽화는 기원전 3만 5000년에서
기원전 1만 년 사이에 그려진 것으로 추정되는데, 연구 결과 추상적으로 보였던 벽화
와 조각이 당시 밤하늘의 별자리에 기초한 황도 12궁을 나타내는 것으로 여겨진다. 또
한 구석기 유적지인 독일의 홀렌스타인-슈타델 동굴에서는 4만 년 전에 제작된 사자
인간 조각이 발견되었는데, 황도 12궁 별자리 이론을 뒷받침하는 증거로 해석된다. 한

편, 중국에서 가장 오래된 문자체계라고 일컬어지는 기원전 1200년경의 갑골문(甲骨文)에도 태양과 달을 상징하는 양(陽)과 음(陰)의 글자가 존재한다.

점성학을 공부하다보면 여러 별 중에서 특히 달은 인간이나 물질세계와 밀접한 관련을 맺고 있는데, 이는 인간의 생명줄이라고 할 수 있는 농사와 관련이 크다고 한다. 별들의 운행에는 일정한 주기가 있고 이러한 주기는 크게는 계절에 맞물려 돌아가고, 작게는 1년 365일이라는 기간 중 하루 24시간에 맞물려 돌아간다. 또한 이러한 계절과 시간에 따른 하늘의 변화와 주기는 인간의 주기, 즉 생로병사나 길흉화복의 삶과 맞물려 돌아간다. 그러므로 인류는 하늘의 변화에 인간사의 변화를 미루고 인간사의 변화에 하늘의 변화를 미루어서 서로의 유의미한 일치점, 즉 고유한 패턴들을 발견하였는데, 이 패턴들의 기록이 곧 예언의 시작이며 점성학의 시작이다. 이를 서양에서는 상관주의라 하고 중국에서는 천인감응이라고 한다.

기원전 7세기 이전까지는 천문가들의 지식수준이 매우 낮았다. 기원전 6세기에 천궁도를 이용한 점성학적 해석이 가능해지면서 출생점성술(네이티비티)의 기법과 방식이 발전되었다. 합리적인 계산을 통해 행성의 위치들을 계산함으로써 점성학의 수학적 기법이 본격적으로 발달한 것은 4세기에 이르러서이다. 또한 이 시기에는 천체 운행의 여러 가지 사항을 실은 천체력이 출현하기 시작했다.

오늘날 우리가 공식처럼 사용하는 기본적인 점성술의 역사는 기원전 2000년~기원전 1000년 바빌로니아 점성술에서 출발한다. 예언과 관련된 세속적인 점성술의 체계적인 기록과 문헌은 일반적으로 기원전 1800년경 구바빌로니아 후반의 저작들이며, 바빌로니아 중기와 아시리아 중기를 거쳐 발전해왔다. 국가 간의 전쟁을 통해 상이한 문화의 교류가 일어나고 사상과 문명이 급속하게 발전하기도 하는데, 점성학 역시 그러한 토대 아래 발전해 나갔다.

기원전 6세기 무렵 페르시아 제국은 바빌론까지 함락시키면서 세계적 대제국이 된다. 유럽으로는 마케도니아, 대륙으로는 아프리카의 이집트까지 영역을 확장하면서 이집트의 고유한 점성술은 메소포타미아 점성술의 영향을 받게 되었다. 이후 기원전 4세기 초반 마케도니아의 알렉산드로스 대왕은 그리스, 이집트, 페르시아, 인도 서부에 이르는 마케도니아 대제국을 건설하였다. 마케도니아의 부흥으로 이집트 알렉산드리아에 많은 학자들이 모여들었고, 그들은 황도대와 행성의 위계, 그리고 4원소 등을 기초로 하는 바빌로니아 점성술에 이집트 점성술을 결합하여 더욱 발전된 천궁도 점성술을 탄생시켰다.

우리가 흔히 말하는 헬레니즘 점성학은 알렉산드로스 대왕의 동방원정에서부터 기원전 30년 이집트가 로마에 병합된 시기까지, 즉 그리스와 오리엔트가 서로 영향을 주고받음으로써 생긴 역사적 토대 위에서 형성된 점성학을 말한다.

헬레니즘 점성학을 대표하는 인물은 클라우디오스 프톨레마이오스(Claudius Ptolemaeus), 도로테우스(Dorotheus), 율리우스 피르미쿠스 마테르누스(Julius Firmicus Maternus) 등이 있다. 이들 중에서 고대 그리스의 천문학자이자 점성가이며 수학자인 클라우디오스 프톨레마이오스가 남긴 『테트라비블로스(Tetrabiblos)』는 서양 점성술의 근간이 되기도 했다. 애석하게도 프톨레마이오스의 대표적 실수는 천동설을 주장했다는 점이다.

한편, 기원전 2세기 중반 마케도니아왕국의 로마 편입, 5세기 로마제국의 쇠퇴에 이어 7세기 아랍에 의한 이집트 알렉산드리아의 붕괴, 그리고 8세기 압바스 왕조(750~1258년)의 출현은 그동안 유럽이 쌓아올렸던 점성술을 포함한 거의 모든 고대 유산을 아랍과 페르시아에 넘겨주었다. 이후 압바스 왕조의 제2대 칼리파 알 만수르(754~775년 재위)의 지원하에 이슬람 점성가들은 그리스어 점성술 문헌들을 아랍어와 페르시아어로 번역해 나갔다.

이 시기를 대표하는 점성가로는 아부 마샤르(Abu Ma'Shar), 마샬라(Mashallah), 사흘 이븐 비슈르(Sahl ibn Bishr)가 있다. 아부 마샤르는 55개 이하의 가상점들을 요약하였고, 마샬라는 바그다드 건립을 위한 주요 시간적 타이밍을 점성학적으로 계산해 주었다. 사흘 이븐 비슈르의 저작들은 이후 13세기 유명 점성가인 이탈리아의 귀도 보나티

(Guido Bonatti)와 17세기의 윌리엄 릴리(William Lilly) 같은 유럽의 점성가들에게 큰 영향을 끼쳤다. 12세기에 아랍어로 된 점성술 문헌들은 다시 라틴어로 번역되어 유럽으로 유입되기도 하였다.

오늘날 헬레니즘 점성가를 표방하는 사람 중에는 크리스 브레넌(Chris Brennan)이 있다.

출생천궁도 이용방법

모리누스(Morinus) 프로그램을 다운받아 생년월일시와 출생장소를 입력하고 차트를
출력하기까지 순서대로 설명한다. 참고로 서머타임 실시기간에 출생한 사람은 태어난
시간에서 1시간을 뺀다.

① 먼저「https://sourceforge.net/projects/tradmorinus/」에 접속하여 프로그램을 다운받는다.
   사이트 상단의 다운로드 버튼을 클릭하면

② 사이트 하단에 저장하기 팝업이 뜬다. 저장을 눌러 컴퓨터 바탕화면에 저장한다.

③ 압축파일을 풀고 폴더를 열어서 「morinus」 아이콘을 클릭하면 아래 화면이 뜬다.

	Microsoft.VC90.CRT.manifest	2007-11-07 오전 1:23	MANIFEST 파일	2KB
✓	morinus	2014-02-25 오후 2:22	응용 프로그램	2,242KB
	morinus.exe.manifest	2014-02-25 오후 2:22	MANIFEST 파일	1KB
	msvcm90.dll	2007-11-06 오후 8:23	응용 프로그램 확장	220KB

④ 그 다음에 「Horoscope」를 선택하고 「New」를 클릭하면,

⑤ Data 창이 열린다. 이름, 성별, 생년월일과 태어난 시간을 입력하고 「Place」를 클릭하면,

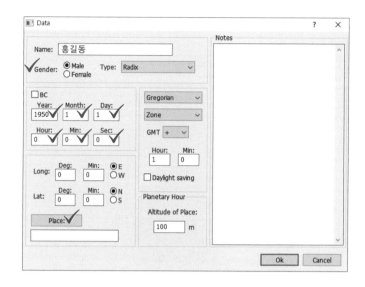

⑥ 「Places」 창이 열린다. 출생장소(Seoul)를 입력하고 「Search」를 클릭한다.

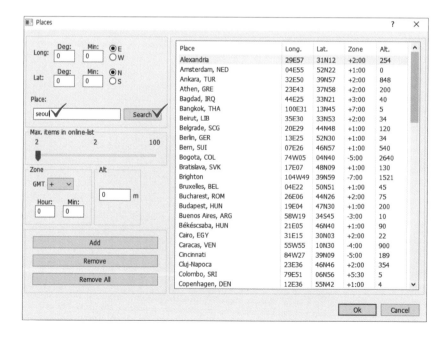

⑦ 팝업창에서「Seoul」을 클릭하고「Ok」를 클릭한 다음「Add」를 클릭하면「Place」의 목록에
「Seoul」이 추가된다. 목록에 추가된「Seoul」을 한번 더 클릭한 다음에「Ok」를 클릭하면 기본 차
트가 뜬다.

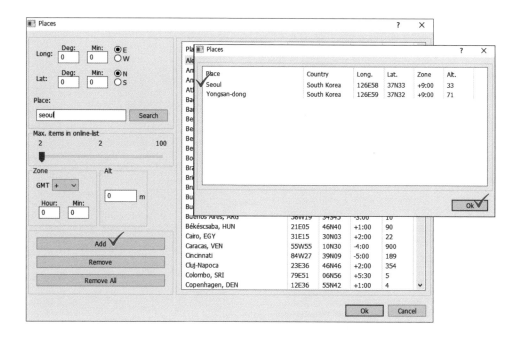

⑧ 차트의「Options」를 클릭하면「Appearance I」창이 뜬다.

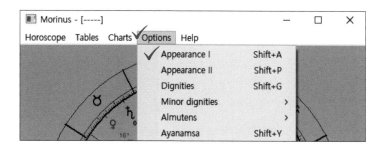

⑨ 팝업창의 「In Chart」에서 「Houses」, 「Enable click」, 「Show data」, 「None」을 체크한다. 이어서 「Color」에서 「Black and White」를 체크하고 「Ok」를 클릭하면 새로운 차트가 뜬다.

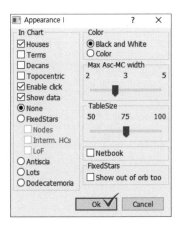

⑩ 이책에서 사용하는 홀사인 시스템을 구현하기 위해 다시 차트의 「Options」으로 들어가서 「Housesystems」를 클릭하고 「Whole sign」을 클릭하면,

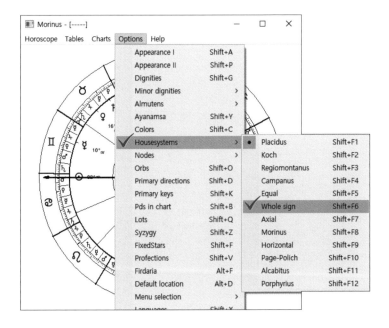

⑪ 아래와 같이 홀사인 시스템의 최종적인 모습이 나타난다. 보다시피 흑백으로 간결하게 구성된 편

안한 느낌의 차트이다.

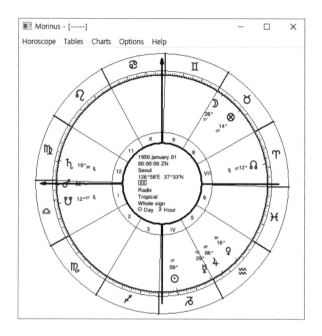

실전 **03** 이론

천궁도

점성술에서 한 사람의 운명을 감정하기 위해서는 그 사람이 태어나는 순간의 12별자리와 7행성의 상태를 정확히 알아야 한다. 천궁도는 한 사람이 태어난 순간의 별자리와 행성의 위치나 상태를 보여주는 도표로, 네이탈차트(Natal chart) 또는 차트라고도 한다. 천궁도는 해외의 점성술 사이트나 모바일 어플을 통해 어렵지 않게 구할 수 있다. 이 책에서 사용하는 프로그램은 모리누스(Morinus)로 앞 장에서 이용방법을 설명하였다.

1 천궁도

천궁도는 다음 그림에서 보다시피 육지의 사람을 기준으로 12개의 별자리와 행성들의 상태, 그리고 나머지 우주의 다양한 상태(별의 위치에 따른 각도·북교점·남교점·포르투나)를 보여준다. 점성학이 태동하던 시기에 살던 사람들은 지동설이 아니라 지구를 중심으로 태양과 함께 별들이 돈다고 하는 천동설을 믿었다. 따라서 이 천궁도는 천동설의 관점으로 그려진 도상이라는 점을 알아둘 필요가 있다.

그렇다고 해서 천궁도에 각도와 숫자로 표시되는 별자리와 행성의 값이 달라지지는 않는다. 고정된 지구를 중심으로 보는 관점만 다를 뿐이다. 비유하면, 차 안에서 바깥을 보면 풍경이 지나가지만, 차 밖에서 차를 보면 차가 지나가는 것으로 보이는 차이일 뿐이다. 차의 속도나 지나간 길은 그대로이다.

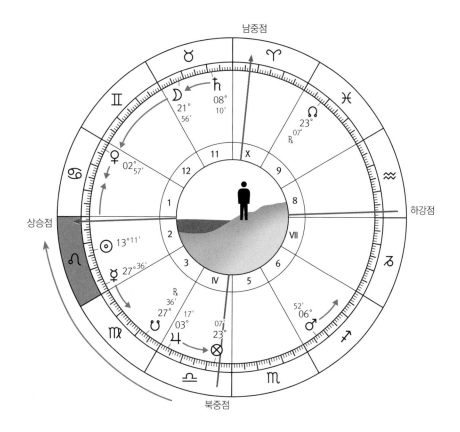

먼저 위 그림에서 상승점은 태양이 올라오는 동쪽 지평선(혹은 수평선)이다. 대륙에 사는 사람은 태양이 땅에서 올라온다고 믿고, 바다 근처에 사는 사람은 태양이 바다에서 올라온다고 믿는다. 화살표가 상승점을 가리키고 있는데 어센던트(Ascendant)라고도 부른다. 하강점은 태양이 지는 서쪽 지평선으로 디센던트(Descendant)이며, 남중점은 태양이 가장 높이 떠 있는 메디움 코엘리(Medium Coeli)이며, 북중점은 내가 서 있는 이 땅의 지구 반대편에 태양이 가 있는 지점으로 이뭄 코엘리(Imum Coeli)라고도 한다. 이 네 방향을 가리키는 검은 선을 앵글포인트(Angle Point)라고 부른다.

그런데 앵글포인트가 완전한 십자가 아니라 조금 틀어진 모습으로 표시된 이유는 지구가 태양을 완전한 원이 아니라 타원형으로 공전하기 때문이다. 그러므로 사람마다 태어난 계절과 시간에 따라 앵글포인트의 모습이 제각각임을 밝혀둔다.

＊ AC(ASC) : 어센던트(Ascendant). 상승점으로 동쪽.

＊ DC(DES) : 디센던트(Descendant). 하강점으로 서쪽.

＊ MC : 메디움 코엘리(Medium Coeli). 남중점.

＊ IC : 이뭄 코엘리(Imum Coeli). 북중점.

천궁도를 보면 12개의 하우스(영역)로 나뉘어 있다. 하우스(House)는 인생 전반에 대한 분야별 구분이며, 출생날짜·시간·지역에 따라 각자 그「하우스에 머무는 행성」과 그「하우스를 지나는 별자리」가 다르다. 각 하우스에 담겨지는 인생의 특징은 그 하우스와 관련된 행성과 별자리에 따라 달라진다. 보통 여러 하우스 기법에서 하우스는 1~12번까지가 어센던트 중심으로 고정되어 있고, 태어난 정보에 따라 별자리는 하우스를 회전하게 되므로 사람마다 다르다. 앞 차트의 안쪽에는 하우스가 표시되어 있고, 바깥쪽은 12별자리(사인)가 표시된 것을 볼 수 있다.

이 책에서 사용하는 모리누스 차트는 사인과 하우스의 경계가 일치한다. 엄밀히 말하면, 이 경계 시스템은 모리누스의「홀사인 하우스 시스템(Whole Sign House System)」방식이다. 이 방식은 고대 헬레니즘 점성술에서부터 사용되어온 기법이다.

참고로, 홀사인 하우스 시스템만이 유일한 기법은 아니다.「이퀄 하우스 시스템(Equal House System)」은 사인과 하우스가 서로 일치하지 않는 경우가 다반사다. 하우스는 어센던트를 기준으로 아래로 30° 간격으로 각 하우스가 나뉘는 원리인데, 사인은 지구의 공전에 따라 정지하지 않고 돌기 때문에 어센던트가 예를 들어 처녀자리 10°에 걸릴 수 있다. 이 경우에 처녀자리 10°부터 천칭자리 10°까지가 1하우스가 된다. 2하우스는 자연스레 천칭자리 10°에서 전갈자리 10°까지가 된다.

또 다른 기법으로 이탈리아 수도사 플라시두스 데티티스가 고안한「플라시두스 하우스 시스템(Placidus House System)」도 있다. 이 기법은 하루 중 태양의 실제 움직임을 근거로 하우스의 경계를 정하는데, 이 역시 하우스와 사인의 경계가 차이난다. 이 플라시두스 하우스 시스템은 고대 그리스 점성가 프톨레마이오스가 남긴 『테트라비블로스』에 기초하고 있다.

각각의 하우스 시스템 기법은 세계를 이해하는 저마다의 창이다. 따라서 초심자인 독자는 먼저 다른 하우스 시스템보다 비교적 원리가 쉽고 간편한 홀사인 하우스 시스템부터 이해한 다음, 다른 시스템도 공부해보길 바란다.

위 천궁도의 주인공이 태어나던 동쪽 지평선에는 사자자리(♌)가 올라오는 것을 볼 수 있다. 지구가 공전하기 때문에 별자리도 이동하게 되는데, 그림에서 보듯 천궁도에서 별자리는 시계방향으로 이동 중이다. 또한 태양(◉) 역시 별자리와 같은 방향으로 이동하고 있는 것을 볼 수 있다. 이 천궁도의 주인공이 태어난 시간은 아침 8시로 태양이 이미 지평선 아래에 떠 있는 것을 보여준다.

그리고 또 하나, 이 천궁도에서 태양을 제외한 6행성은 태양과 반대방향으로 이동하는 것을 볼 수 있는데, 태양과 나머지 행성이 서로 반대방향으로 표시된 이유는 실제 지동설의 입장에서 태양과 별자리는 고정되어 있고 행성들이 그것들을 지나가기 때문이다. 천동설의 관점으로 그려진 차트에서도 지구와 태양이라는 기준만 다를 뿐, 별들의 이동에서 상관관계는 특별히 변하지 않고 그 질서를 그대로 드러내고 있는 것을 볼 수 있다. 따라서 지동설의 관점에서 볼 때 고정된 태양과 별자리는 방향이 같고, 나머지 행성들 역시 태양과 별자리를 공전하는 방향이 모두 같다. 차트에서도 그러한 이동원리가 그대로 구현되어 있다는 것을 잘 보여준다.

끝으로 별자리는 12개이므로, 한 하우스의 각도는 구심점을 중심으로 30°씩을 차지한다는 것을 볼 수 있다.

2 행성의 각도

다음은 앞 천궁도의 한 부분을 확대한 그림이다. 앞 천궁도에서 볼 수 있듯이 모든 행성의 정확한 각도를 알아볼 수 있도록 위치지점과 숫자가 표시되어 있다. 예를 들어 달 (☽)은 21°56'(56분)이라고 표시된 것을 볼 수 있다.

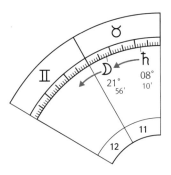

3 노드

지구가 태양을 공전하는 궤도가 황도이고, 달이 지구를 공전하는 궤도가 백도이다. 노드(Node)는 하늘에서 황도와 백도가 만나는 점(교점)을 말한다. 달의 노드는 달의 궤도가 황도와 만나는 점으로, 그리스말로 「순데스모스(Sundesmos)」로 「함께」라는 뜻이며 천문학적 개념이다. 고전점성술은 태양이 지구를 도는 천동설의 관점이지만, 달의 노드는 지구가 태양을 도는 지동설적 관점이기 때문이다.

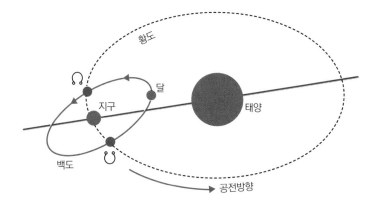

위 그림에서 보듯, 지구의 앞뒤에서 황도와 백도가 만나는 지점이 바로 노드이다. 지구의 공전 진행방향을 기준으로 달이 앞쪽에서 만나는 점이 남교점(descending node, ☋)이고, 지구 뒤쪽에서 만나는 지점이 북교점(ascending node, ☊)이다. 기호 자체를 말하는 경우에는 남쪽 노드(☋) 혹은 북쪽 노드(☊)라고 일컫는다.

사산왕조 페르시아(A.D 226~651)에서는 달이 커지는 북쪽 노드를 「용의 머리」라고 불렀고, 달이 작아지는 남쪽 노드를 「용의 꼬리」라고 불렀다. 인도 점성술에서는 북쪽 노드를 「라후(Rahu)」라고 불렀고, 남쪽 노드를 「케투(Ketu)」라고 불렀다.

나중에 아스펙트(Aspect)를 다루면서 컨정선(한 하우스에 두 행성이 존재할 때)의 의미를 설명하겠지만, 여기서 남교점과 북교점이 나왔으므로 한 하우스에서 특정 행성과 남교점 또는 북교점이 공존할 때의 의미를 설명하도록 하겠다. 다음 표는 헬레니즘 점성가 레토리우스, 중세 아랍 점성가 아부 마샤르, 17세기 영국 점성가 윌리엄 릴리, 그리고 현대심리점성가 등이 적용한 기준이다.

참고로 헬레니즘 점성가 베티우스 발렌스(Vettius Valens, 120~175년)는 택일할 때 달과 북교점이 스퀘어, 어포지션과 같은 흉각(컨정선의 경우도 마찬가지)일 때 그 흉함이 더 강해진다고 보았다.

점성가	북교점	남교점
	달이 커지는 과정(용의 머리)	달이 작아지는 과정(용의 꼬리)
레토리우스, 아부 마샤르	길한 행성은 더 길해지고 흉한 행성은 더 흉해진다.	길한 행성은 길함이 더 약해지고 흉한 행성은 흉함이 더 약해진다.
윌리엄 릴리	길한 행성은 더 길해지고 흉한 행성은 흉함이 더 약해진다.	길한 행성은 길함이 더 약해지고 흉한 행성은 더 흉해진다.
현대심리 점성술	북교점이나 남교점이 위치한 하우스를 전생의 업보, 즉 카르마(karma)로 본다. 따라서 강해지거나 약해지는 차원이 아니다.	

4 이클립스

이클립스(Eclipse)란 「빛을 잃음」을 의미한다. 태양이 빛을 잃는 것을 일식, 달이 빛을 잃는 것을 월식이라고 한다.

일식과 월식의 원리

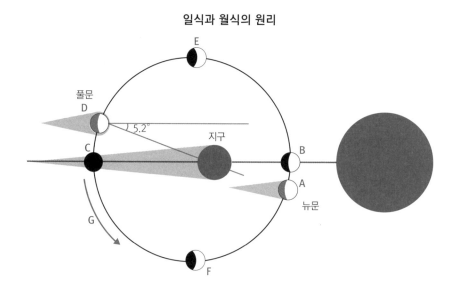

앞의 그림에서 지구―달(B)―태양 순으로 놓이게 되면 지구의 관찰자 입장에서는 달 (B)이 태양빛을 가리게 된다. 이를 일식이라고 한다. 또한 달(C)―지구―태양 순으로 놓이게 되면 지구의 그림자가 달의 빛을 가리게 된다. 이를 월식이라고 한다.

한편, 이 책에서 다루는 고전점성술에서는 건강의 지표성을 보기 위해 차트에서 힐렉(Hyleg)과 시저지(Syzygy) 포인트를 살핀다. 힐렉은 출생자의 수명과 건강은 물론 사회적 성공이나 성취 등을 판단하는 요소로 차트에서 태양, 달, 어센던트, 포르투나, 시저지 포인트를 말한다.

이 중에서 시저지 포인트는 차트에서 뉴문(New moon)과 풀문(Full moon)이 되었던 지점을 말한다. 달이 커지면 뉴문이 되었던 지점이 시저지 포인트이며, 달이 작아지면 풀문이 되었던 지점이 시저지 포인트이다. 참고로 이 책은 초심자용이므로 시저지 포인트는 실전에서 생략한다.

앞의 그림에서 풀문과 뉴문에 대해 살펴보면 A지점의 달은 뉴문(초승달)이고, D지점의 달은 풀문(보름달)이다. 특히 보름달은 지구와 5.2° 비켜난 지점일 때인데, 만약 C지점 방향으로 달이 이동하면 지구의 그림자에 완전히 갇히게 되기 때문이다. 따라서 달이 지구를 G방향으로 공전하게 되면 그림의 달은 지구의 관찰자에게 다음과 같이 보인다.

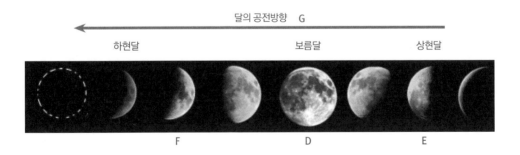

천궁도 ✦ 027

일례로 차트에서 볼 때 태양과 마주보는 A지점(어포지션 하우스)에 달이 놓이면 보름 달이 된다. D지점을 기준으로 만약 B방향으로 달이 진행된다면 태양에서 멀어지므로 「달이 커지고(상현달)」, A지점을 기준으로 만약 C방향으로 달이 진행된다면 「달이 작 아진다(하현달).」

만약 출생자의 네이탈차트에서 달이 커져가는 중이라면 시저지 포인트는 출생 전의 상태를 말하는 것이며, 커져가는 달은 출생자의 출생 후를 보여준다고 할 수 있다.

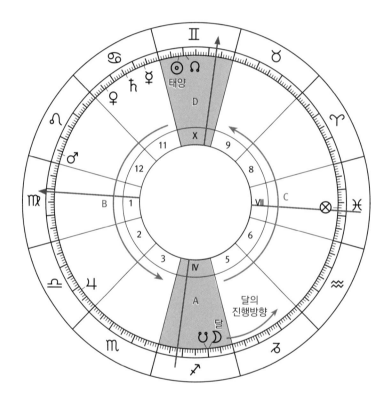

7행성

1 루미너리 · 내행성 · 외행성

루미너리(Luminary)의 사전적 의미는 「스스로 빛을 내는 물체」라는 뜻이며, 태양계 9행성(명왕성은 현재 태양계의 행성에서 탈락) 중 해와 달을 말한다. 하지만 엄밀히 말하면 달의 빛은 태양의 반사광이다.

　태양과 가장 가까운 행성부터 먼 행성을 순서대로 나열하면 수성 > 금성 > 지구 > 화성 > 목성 > 토성 > 천왕성 > 해왕성이다. 일반적으로 내행성은 지구를 기준으로 지구 앞쪽에 있는 수성과 금성을 말하며, 외행성은 지구 바깥쪽을 도는 화성, 목성, 토성, 천왕성, 해왕성으로 분류된다.

　하지만 고전점성술에서 프톨레마이오스의 지구 중심적 모델에 따르면(천동설이기 때문이며 칼데안 오더라고도 불린다) 지구에서 가까운 순서는 달 > 수성 > 금성 > 태양 > 화성 > 목성 > 토성 순이다. 이 경우에 내행성은 달, 수성, 금성이며, 외행성은 화성, 목성, 토성이다. 이때 태양은 제외된다.

　내행성은 비교적 공전주기가 짧기 때문에 개인적이며 일상적인 일들을 나타내고 그 영향력이 빠르고 짧게 일어난다. 반면, 외행성은 비교적 공전주기가 길기 때문에 사회적이며 규모가 큰 일들을 나타내며 그 영향력이 느리고 길게 일어난다.

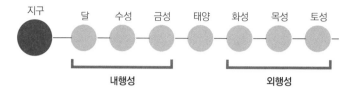

고전점성술의 태양계

지구 달 수성 금성 태양 화성 목성 토성

내행성 외행성

2 7행성

점성학에 가장 큰 영향을 끼친 인물로 고대 그리스의 천문학자이자 수학자 프톨레마이오스(85?~165?)를 빼놓을 수 없다. 그는 『네 권의 책』이라는 의미의 점성학 이론서인 『테트라비블로스(Tetrabiblos)』에서 다음 표와 같이 행성의 상징(기후) 조건을 관념적으로 기술하였다. 하지만 『테트라비블로스』에서 소개하는 행성의 상징 조건과 현실의 실제 조건은 차이가 크다는 점을 알아두기 바란다.

참고로 점성학적 관점에서 모든 행성의 조건은 태양의 뜨거움과 달의 습기에 의해 규정되는데, 이 두 가지 큰 요인은 태양 그리고 달과의 「거리」와 「공전 속도」에 의해 결정된다.

행성은 움직이는 별을 말한다. 태양은 움직이지 않으므로 행성이 아니라 항성이다. 그러나 점성술은 지동설이 아니라 천동설의 관점이므로 태양도 7행성 중 하나로 취급한다. 다음은 프톨레마이오스에 기초한 7행성의 속성이다.

태양 Sun	상징 조건	태양은 매우 뜨겁고 건조하며 태양계의 유일한 항성이다.
	실제 조건	질량의 약 75%는 수소, 나머지 25%는 대부분 헬륨. 태양의 표면온도는 약 5,800℃이다.
달 Moon	상징 조건	달은 태양과 가까워 적당히 뜨겁고, 지구와 가까우므로 지구에서부터 나오는 수증기 때문에 습하다. 다시 말해 달은 적당히 뜨겁고 습하다고 알려져 왔다. 하지만 17세기 점성가 윌리엄 릴리는 달을 차갑고 습하다고 규정한다.

달 Moon	실제 조건	평균온도는 낮에는 130℃, 밤에는 영하 130℃까지 떨어진다. 달은 대기가 없으므로 습기도 없다.
수성 Mercury	상징 조건	수성은 기본적으로는 차갑고 건조하지만, 상황에 따라 건조하기도 습하기도 하다. 건조한 이유는 태양열로부터 가깝기 때문이며, 습한 이유는 (프톨레마이오스의 지구 중심적 모델에 따르면) 습한 달 위에 위치해 달의 습기가 바로 전달되기 때문이다. 건조함과 습함이 빠르게 교차되는 까닭은, 늘 뜨거운 태양 근처(28° 이상 벗어나지 않음)에 존재하면서 (밤하늘을 관찰자 시점에서 볼 때) 가장 빠르게 움직이는 달이 주기적으로 교차하여 영향을 주기 때문이다.
	실제 조건	수성의 표면은 달과 비슷하다. 대기는 매우 가벼운 가스층이고, 평균온도는 약 179℃이다. 자전과 공전은 3:2 비율이다(수성은 자전을 3번 할 때 태양을 중심으로 공전을 2번 한다). 행성 중에서 가장 작은 기울기로 약 0.01°이다.
금성 Venus	상징 조건	목성은 매우 뜨겁고 건조한 화성과 매우 차갑고 건조한 토성 사이에 있어 온화하다 (비교적 뜨겁고 습함). 금성 역시 뜨겁고 건조한 태양과 차갑고 습한 달 사이에 위치해 목성의 기후처럼 온화하다(적당히 뜨겁고 습함). 다시 말해 금성은 태양에 가까이 위치하기 때문에 적당히 뜨겁고, 달의 습기와 지구를 둘러싼 습한 대기의 수증기로 인해 목성보다 습하다. 이러한 차이로 인해 금성보다 비교적 더 뜨겁고 덜 습한 목성은 남성성으로, 목성보다 덜 뜨겁고 더 습한 금성은 여성성으로 간주된다. 하지만 오늘날 금성은 차갑고 습한 것으로 취급하기도 한다.
	실제 조건	뜨거운 마그마의 바다로 대기의 96.5%가 이산화탄소이다. 평균온도는 약 311℃에 달하며, 태양계의 다른 행성들과는 달리 시계방향으로 자전한다.
화성 Mars	상징 조건	화성은 매우 뜨겁고 건조하다. 그 이유는 화성보다 조금 아래에(프톨레마이오스의 지구 중심적 모델에 따르면) 위치한 태양이 화성을 달구고 있기 때문이다.
	실제 조건	대기가 없어 평균온도가 영하 180℃ 정도이다. 극지방에는 물과 이산화탄소의 얼음이 존재하며, 표면은 산화철로 붉게 보인다.
목성 Jupiter	상징 조건	목성은 매우 뜨겁고 건조한 화성과 매우 차갑고 건조한 토성 사이에 있어 온화하다 (비교적 뜨겁고 습함). 목성은 외행성으로 금성보다 그 영향력이 느리고 길게 일어나므로 대길성이다.
	실제 조건	가장 큰 행성이며 기체로 이루어져 있다. 약 89%가 수소로, 물과 같은 다른 화합물도 적은 양이지만 존재한다. 평균온도는 대략 영하 143℃이다.
토성 Saturn	상징 조건	토성은 매우 차갑고 건조하다. 그 이유는 태양의 열기와 지구의 수증기로부터 멀리 있기 때문이다. 토성은 외행성으로 그 영향력이 느리고 길게 일어나므로 대흉성이다.
	실제 조건	기체로 이루어진 가스형 행성으로 고체상태의 표면이 없다. 전체 구성성분의 약 96.3%가 수소이며, 암모니아와 물 등이 입자형태로 대기를 구성한다. 평균온도는 대략 영하 145℃이다

7행성의 모양과 크기

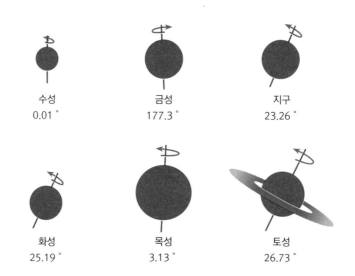

태양

수성

금성

지구

화성

목성

토성

행성들의 자전축 기울기

수성
0.01°

금성
177.3°

지구
23.26°

화성
25.19°

목성
3.13°

토성
26.73°

태양

태양은 스스로 빛을 내는 항성이다. 태양의 빛과 열은 모든 생명체가 살아가는데 없어서는 안 될 자원이다. 또한 모든 태양계 행성들의 구심점으로 주체성과 자의식이 강하다. 태양은 원초적 창조자로서 남신, 신성함을 의미한다. 따라서 태양은 사회적 리더와 공적인 일을 상징한다. 달이 육체라면 태양은 정신이다. 심리학적으로는 의식적 인격으로서 이성, 지성, 판단력을 나타낸다.

긍정적 의미	주체적, 주도적, 명예적, 가문 중시, 공명정대한, 신중한 언행, 관대한, 헌신적, 믿음직한, 권력지향적, 미래지향적
부정적 의미	권위적, 의존적, 출신에 대한 지나친 자의식, 이기적, 지배적, 근시안적, 가문에 흠집, 향락적, 가산 탕진, 거만한, 오만한, 과시적, 성급함, 광폭한, 가벼운 언행
직업적 의미	왕족, 상류계급, 주인, 아버지, 남편, 사회적 지도급(공직·학자), 책임자(지배인·매니저·기획자), 군대지휘관, 장인
질병 부위	머리(뇌·경련·오른쪽 눈·입안 질병·구취·여드름·코감기), 심장(혈관·혈액·체온)
신화적 의미	헬리오스(Helios)·솔(Sol)·타이탄(Titan)·포이보스(Phoebus)·아폴로(Apollo)라고도 불린다. 특히 아폴론(남신)은 예언, 문학, 음악, 의술, 궁술 등과 관련이 있다.

달

달의 빛은 태양의 반사광이다. 그런 이유로 태양과 달은 부부 혹은 형제라는 다양한 전설들이 전해진다. 태양이 정신이라면 달은 육체와 물질이므로 건강과 관련된 의식주, 생계 활동, 소유물, 재물 등을 의미한다.

　태양이 리더라면 달은 대중이다. 태양이 변치 않는 항상성과 단일성 때문에 믿음과 신뢰를 의미한다면, 달은 눈썹모양의 그믐달에서 동그란 보름달로 주기적으로 변하므로 이중성 또는 이동·여행(또는 집시처럼 주거지가 일정하지 않은 가정의 이동), 배신, 변덕을 의미하기도 한다. 특히 달은 지구의 관찰자 입장에서 가장 빠른 움직임을 보이는 행성(물론 태양을 중심으로 공전주기가 가장 빠른 행성은 수성이다)이다. 따라서 달은 이동, 여행, 외국 등을 상징한다.

긍정적 의미 　차분한, 다정한, 수용적(학습능력·적응력·양육), 내면적, 정교한, 자유로운, 공감적, 모성애적, 미래에 대비하기보다 현실적이고 풍요롭고 평온함을 지향, 다른 학문이나 진로에 대한 적극적 탐색

부정적 의미 　불안정한, 의심스러운, 무기력한, 게으른, 은둔적, 과거지향적·퇴행적

직업적 의미 　사람의 인기를 끄는 일이나 이동이 잦은 일, 여왕, 어머니, 아내, 가사도우미, 평민, 여행자, 순례자, 산파, 술집마담, 어부·바다·물 관련, 주류·약물 관련, 간호사, 사냥꾼(아르테미스)

질병 부위 　피부, 뇌졸중(마비), 호흡기질환, 자궁·고환(산통·방광·복통·생리통), 왼쪽 눈, 물 관련(부종·설사), 류머티즘성 질환, 위 관련, 가슴 관련, 손발 통풍, 좌골신경통, 비장

신화적 의미 　셀레네(Selene), 아르테미스(Artemis), 루시나(Lucina), 디아나(Diana), 포이베(Phoebe), 신시아(Cynthia)라고도 불린다. 특히 아르테미스(여신)는 숲, 사냥, 달, 처녀성, 옹달샘 등과 관련이 있다.

수성

수성은 그리스신화의 헤르메스에 비유된다. 헤르메스는 제우스의 아들로 신이며, 날개 달린 모자와 신발로 수성의 빠름을 상징한다. 또한 제우스의 전령으로서 천상과 지옥을 넘나드는 중재자이다.

상온에서 가장 빨리 액체화되는 것이 수은인데, 수은의 이름 역시 수성과 같은 머큐리 (Mercury)이다. 이러한 배경으로 인해 수성은 중성의 별로 여겨진다. 수성은 어느 한쪽으로 치우친 절대성과는 다른 상대성을 지니며, 어떤 행성을 만나느냐에 따라 속성이 변화한다. 따라서 사춘기 이전의 미성숙한 어린이로 취급된다. 또한 수성의 부모는 태양과 달로 알려져 있어 수성은 태양의 행동력과 달의 수용력을 모두 지니고 있다.

수성은 태양과 가장 가까운 별로 왕의 심부름꾼(정보·지식)을 의미하므로 여행·운송수단과 관련이 있으며, 마법사로 예언에 능하다. 또한 손재주가 좋고 아이디어가 풍부하다.

심리적으로는 불안정한 정체성을 나타낸다. 분리불안이나 애정결핍으로 인해 질투나 시기심이 많으며, 그러한 의심은 주변정보에 민감해 지식분석·사고능력(심하면 텍스트중독)이 뛰어나다.

긍정적 의미	정치적, 전략적, 논리적·비평적, 소통적, 박학다식, 정보·지식에 민감한, 기획적인, 호기심 많은, 외국문화·정보에 대한 호기심, 외교·무역관련 능력, 돈 버는 기술
부정적 의미	매사에 참견·비판적, 호언장담을 일삼는, 상대를 깔보는, 사기치는, 얕은 정보·지식, 피상적, 구설수 유발
직업적 의미	점술가(예언가), 철학자, 수학자, 과학자, 기능공, 상인·무역업자, 운송업, 문필·번역가, 출판·인쇄업, 변호사, 아나운서, 교사, 상담가, 비서, 회계·은행업무 관련, 점원, 독학자, 고아원, 도둑, 조각가
질 병 부 위	현기증, 신경계통, 폐, 호흡기관(기도), 귀, 입 관련(말더듬·혀), 어깨, 손 관련, 창자(헤르메스의 악기 현)
신화적 의미	헤르메스(Hermes), 실레니우스(Cyllenius), 아르카스(Arcas)라고도 불린다. 특히 헤르메스(남신)는 신과 인간의 소통, 무역, 정보, 지식, 고아, 도둑 등과 관련이 있다.

금성

목성이 사회적 측면의 대길성이라면, 금성은 개인적 측면의 소길성이다. 금성은 결합·조정·지배력이 강하다. 이는 상대를 자기 쪽으로 끌어당겨 지배하는 힘이다. 따라서 정신적·물질적 소유욕, 유혹, 섹스, 결혼 등을 의미한다. 또한 음악에 조예가 깊고 유희(놀이·오락·게임·사교)를 즐긴다.

　금성은 부가·추가적인 이익이며, 목성은 큰 이익이다. 금성은 상대를 끌어들이기 위해 자신을 꾸미는 능력도 탁월해 예술가 혹은 디자이너로도 어울린다. 심리학적으로는 주목받고 싶어하거나 사랑받고 싶어하며, 성적인 욕망도 강하다.

긍정적 의미	평화·평온적인, 말쑥하고 단아한 옷차림, 상냥한, 유쾌한 언행·소통·조언(관계지향), 사교·파티·연애·섹스를 즐김, 우정, 예술감상(연극·영화·미디어), 패션·디자인·음악적 능력, 뷰티·섹스 관련
부정적 의미	비도덕적인(방종, 난봉꾼, 성적 문란, 탐욕적인, 불륜·근친상간, 맹목·중독적인), 품행이 안 좋은, 낭비벽, 허영심 많은, 게으름
직업적 의미	가사활동(기혼녀·미혼녀), 양육자(어머니), 음악가·관악기 연주자, 디자이너, 미술가, 모델·배우, 미용사, 패션 관련(특히 금장식 선호), 보석 관련, 아내, 주점 마담, 예술가(음악·미술·공예), 매춘부, 조향사
질병 부위	남녀 생식기(성병·임포텐츠), 당뇨, 신장, 얼굴, 목, 입술, 정맥질환
신화적 의미	아프로디테(Aphrodite), 키테레이아(Cytherea), 에리치나(Erycina), 포스포로스(Phosphoros), 베스페르고(Vesperugo)라고도 불린다. 특히 아프로디테(여신)는 미(美), 사랑, 욕망 등과 관련이 있다.

화성

붉은색을 띤 화성은 뜨거운 에너지를 방출하므로 폭발력이나 발산 등을 의미한다. 여성적인 금성이 상대를 자기 쪽으로 끌어당기는 힘이라면, 화성은 남성적으로 밖으로 미는 힘이다. 따라서 물질계를 파괴하고 정복하고 상대를 죽이는 힘(범법행위, 죄악에 대한 많은 경험)이므로 소흉성이다.

또한 화성은 억압된 성적 에너지의 방출로 남성의 강한 정력이나 섹스를 의미한다. 심리학적으로는 성적 억압, 성적인 행위(표현), 섹스중독을 의미한다.

긍정적 의미	목표지향, 불굴의 정신, 도전적, 모험적, 대담한, 투지·투쟁적인, 영웅이 되고 싶은
부정적 의미	호전적인(난동·소동·폭행·살인), 탐욕적인, 시비쟁이, 배신하는, 거짓말쟁이, 음란한, 조급한, 배은망덕
직업적 의미	군인(리더·사령관), 군수업, 외과의사, 불·쇠·손기술 관련(소방수·대장장이·주물·제빵·총포·이발·목수), 도축업, 경찰·형사·교도관, 스포츠·스턴트맨, 조폭, 도박(경쟁), 운송업, 위증, 소송
질병 부위	낙태, 화상, 정신착란, 생식기(특히 남성), 대상포진, 화병, 담낭, 왼쪽 귀, 말라리아 열병, 전염성 질병, 흉터, 외상(자상·타박상·찰과상)
신화적 의미	아레스(Ares), 그라디부스(Gradivus), 피로에이스(Pyroeis), 마보르스(Mavors)라고도 불린다. 특히 아레스(남신)는 난폭하여 살생을 즐기고 피에 흥분하는 등 잔인하다.

목성 ４

고전점성학의 행성 중 가장 크다. 뜨거운 화성과 차가운 토성 사이에 놓여 있어 온화하므로 풍요롭고 평화로우며, 안정 속의 성장을 의미하므로 대길성이다.

금성이 부가·추가적인 이익이라면, 목성은 큰 이익이다. 목성은 부를 포함하지만, 부에 국한되지 않는 풍요로움을 추구한다. 또한 목성이 화성과 토성의 중간자, 균형자, 중재자 역할을 하므로 정의, 법률, 종교, 사상, 도덕, 의식 확장 등을 의미한다. 또한 목성은 질서의 울타리인 토성의 안쪽 라인(궤도)을 타고 공전하며 질서, 관습, 인습 등을 의미하므로 규범적이다.

목성은 영어로 주피터(Jupiter)이고 형용사는 「jovial」인데 그 뜻은 「유쾌한, 쾌활한」이다. 현대의 심리점성학자들은 목성이 가벼운 기체(수소와 헬륨)로 이루어져 있는 점을 들어 「쾌활함」과 관련짓기도 한다.

긍정적 의미	관대한, 낙관적인, 종교적 신념이 강한, 양심적인, 명예적인 일처리(공정한·공익적·도덕적), 신중한, 균형감 있는, 성장하는, 안목이 넓은, 낙천적인, 초월적인
부정적 의미	가산 탕진, 독실한 척, 맹목적, 무지한, 경솔한, 비굴한, 틀에 박힌, 우유부단한, 허무맹랑한, 사치스러운, 허세·허영·허풍이 심한, 사기를 치는, 자랑질(선행)하는
직업적 의미	정치인, 판사, 변호사, 사회적·종교적 리더, 교육자, 공무원, 중개자·상인, 작가, 자선가
질병 부위	뇌졸중, 심계항진(심장·혈관·혈액), 간질환, 왼쪽 귀, 허벅지, 폐(늑막염), 혈액, 경련(특히 복통), 간, 편도선염, 비뇨기과(정액)·산부인과
신화적 의미	제우스(Zeus), 유피테르(Jupiter)라고도 불린다. 특히 제우스는 신과 인간들의 운명을 결정하는 신 중에서 최고의 신이다.

토성

7행성 중에서 가장 느리며, 주위에 여러 색깔의 띠가 둘러진 것이 특징이다.

고전점성술의 행성 중 태양과 가장 멀리 떨어져 있기 때문에 어둠, 극단, 한계, 고난, 인내, 절제, 경계선, 울타리 등을 의미한다. 한계까지 다다랐기 때문에 제한이나 질서를 의미하며, 태양으로부터 가장 멀리 있으니 겨울의 상징으로서 살아 있는 것들을 모두 파괴하는 톱니바퀴를 의미하므로 대흉성이다. 또한 겨울의 얼음은 억압, 경직성, 견고함과 봄을 계획하는 의미가 있다.

심리학적으로 토성은 물질계에 갇힌 영혼으로 현실적 위기나 금전적 트라우마를 의미한다.

긍정적 의미	깊은 사색, 규율적인(질서 있는·계획적인), 절제된 언행, 근면한, 위엄 있는 논쟁, 진지하고 세심한 업무, 근검절약하는, 인내하는, 책임감과 의무감이 있는
부정적 의미	탐욕스러운, 라이벌 의식, 소심하고 야비한, 불평불만, 인색하고 냉혹한, 두려운(의심이 많은), 게으른, 융통성 없는, 기계적인, 체벌적, 여성 경멸, 과부, 노처녀, 홀아비, 고아, 교살·감금·구속하는, 복수하는, 복수를 당하는
직업적 의미	농부, 광부, 노동자(청소부·운전기사·집사·가사도우미), 노령자, 할아버지, 아버지, 수도사, 금융업, 교도관, 터널·지하매설·야간작업 관련
질병 부위	우울증, 비염, 마비, 통풍, 치질, 결핵, 공황장애, 노화 관련(뼈·다리·무릎·치아·방광·기침·가래), 오른쪽 귀
신화적 의미	사투르누스(Saturnus), 크로노스(Cronus)라고도 불리며, 라틴어로는 팔시페르(Falcifer)인데 「낫을 든 자」를 뜻한다. 특히 크로노스(남신)는 냉혹하고 폭력적인 지배자 혹은 아버지·파괴자이다.

4 길성과 흉성

점성학에서 하늘의 별들은 인간의 삶을 비추는 거울이고, 인간 삶의 투사처이다. 길성이나 흉성이라고 부르면 좋고 나쁨의 극단적 혹은 절대적 이분법으로 인식될 수 있다. 하지만 인간의 삶에서 절대적으로 좋은 것과 나쁜 것이 있을까? 길이 흉이 되고 흉이 다시 길이 된다. 그래서 「새옹지마(塞翁之馬)」라는 말이 생겨난 것이다. 자식의 교육을 위해 아버지는 매를 들고 어머니는 보듬어주는 것처럼 사람마다 자기의 역할이 있다. 마찬가지로 봄은 낳고 여름은 기르며 가을은 단단하게 굳히고 겨울은 저장한다. 봄여름의 발산은 가을겨울의 응축에 의해 폭발적인 탄력을 갖게 되는 것이다.

정리하면, 길성은 「창조와 낙천적인 성질」을 띠고, 흉성은 「파괴와 자기반성적인 성질」을 띤다. 이는 시작(창의) 없는 마침(파괴) 없고, 마침 없는 시작이 존재할 수 없는 인간 삶의 이치와 같다.

길성

목성은 대길성, 금성은 소길성이다. 태양과 달은 주변 조건에 따라 길성도 흉성도 될 수 있다. 길성의 조건을 따질 때는 생명이 살 수 있는 조건인가를 고려한다.

첫째 목성은 비교적 뜨겁고 습해 온화하고 활발하다. 또한 태양계에서 가장 규모가 큰 목성은 자전축의 기울기가 거의 직립에 가까워 균형을 유지하기 때문에 안정감을 준다. 목성은 외행성으로 금성보다 그 영향력이 느리고 길게 일어나므로 대길성이다.

둘째 금성은 적당히 뜨겁고 습해 온화하다(오늘날 금성은 차갑고 습한 것으로 간주하기도 한다). 생명이 자라기에 안정적이고 균형적이며 내행성으로 목성보다 그 영향력이 빠르고 짧게 일어나므로 소길성이다.

셋째 태양은 모든 행성에게 빛과 열을 주는 행성이다. 빛과 열은 생명이 살기 위한 필요조건이므로 길성으로 분류되지만, 태양 가까이 다가가는 별들은 그 빛에 가려지거나 그 열에 타게 된다. 행성은 저마다 역할을 가지고 있는데, 태양에 타게 되면 그 기능을 상실하게 되므로 흉성으로 여길 수도 있다.

넷째 달도 태양과 마찬가지로 길성이 되기도 하고 흉성이 되기도 한다. 달은 그믐달에서 보름달로 커지기도 하고 보름달에서 그믐달로 작아지기도 한다. 달의 크기가 커지면 길성, 작아지면 흉성으로 분류된다. 이처럼 달은 성장과 쇠퇴를 상징하는데, 성장할 때는 일을 창의적으로 시작하는 것이 좋고, 쇠퇴할 때는 정리하여 마치는 것이 좋다.

흉성

토성은 대흉성이고, 화성은 소흉성이다. 토성은 마지막 행성으로 차갑고 건조하며 생명이 살기에 열악한 조건이다. 토성은 외행성으로 태양계 행성 중 공전주기가 가장 길다(가장 느리게 돈다). 따라서 그 영향력이 느리고 길게 일어나므로 대흉성이다.

화성은 매우 뜨겁고 건조하므로 역시 생명이 살기에 부적합하다. 화성은 토성에 비해 공전주기가 짧다. 화성은 외행성이지만 토성보다 그 영향력이 빠르고 짧게 일어나므로 소흉성이다.

중성

수성은 기본적으로는 차갑고 건조하지만 상황에 따라 건조하기도 습하기도 한데, 다른 행성과 어떻게 관계를 맺느냐에 따라 성질이 변한다. 특히 수성은 태양계의 행성 중 태양을 가장 빠르게 돌기 때문에 원래부터 변화에 민감하다. 따라서 수성은 주변 행성에 따라 영향을 크게 받는데, 긍정적인 길성의 영향을 받으면 길성으로 분류되고, 부정적인 흉성의 영향을 받으면 흉성으로 분류된다.

＊ 공전주기_ 토성(29년) 〉목성(12년) 〉화성(687일) 〉금성(225일) 〉수성(88일)

＊ 자전주기_ 화성(1.026일) 〉금성(243일) 〉수성(59일) 〉토성(0.426일) 〉목성(0.410일)

5 행성의 남녀 속성 분류

사물의 속성을 남녀의 성(性) 개념으로 바라보는 것은 서양의 분류이다. 이는 동양의 음양 개념에 해당한다고 할 수 있다. 동양의 음양 개념은 햇빛이 드리운 「밝은 곳」과 「그늘진 곳」에서 출발한다. 하지만 서양에는 음양 개념이 없고 남녀의 개념이 그것을 대신한다.

  행성을 남성성과 여성성으로 구분하는 기준은 크게 두 가지이다. 첫째는 행성 자체의 환경을 고려한 관점이고, 또 하나는 그리스신화와 관련지어 바라보는 관점이다.

환경적 관점

환경적 관점에서 뜨겁거나 건조한 것은 발산하는 기운이므로 남성성과 연결되고, 차갑거나 축축함에 가까우면 응축하는 기운이므로 여성성과 연결된다. 따라서 남성성은 적극적·도전적인 성향, 여성성은 소극적·방어적인 성향으로 여기는 것을 알 수 있다.

남성성	태양(뜨겁고 건조함), 화성(뜨겁고 건조함), 목성(뜨겁고 습함), 토성(매우 차갑고 건조함)
여성성	달(차갑고 습함), 금성(뜨겁고 습함, 오늘날 차갑고 습함으로 간주하기도 함)
중성	수성(상황에 따라 바뀜)

신화적 관점

각 행성의 이름은 그리스신화나 로마신화의 캐릭터와 연관성이 있다. 그리스신화의 관점에서 보면 남성성의 행성은 전부 남자로 구성되어 있으며, 여성성의 행성은 여자로 구성되어 있다.

  여기서 중성의 수성 캐릭터는 헤르메스인데, 헤르메스는 남자이지만 어리고 예쁘다. 고대 그리스는 성인 남자가 어린 소년을 자신의 연인으로 두는 관습이 있었다. 성인 남자를 에라스테스, 어린 소년을 파이디카 또는 에로메노스라고 불렀는데, 에라스테스는 파이디카를 훌륭하게 성장시키는 후견인 역할을 하였다. 이런 것을 보면 신화적 분류가 나름대로 설득력 있게 느껴진다.

남성성	태양(아폴론), 화성(아레스), 목성(제우스), 토성(크로노스)
여성성	달(아르테미스), 금성(아프로디테)
중성	수성(헤르메스)

7행성과 신화 속 인물들

7행성을 상징하는 그리스신화의 인물과 로마신화의 인물은 서로 비슷한 성향을 지니고 있다. 두 캐릭터를 함께 비교해서 보는 것도 재미있을 것이다.

아폴론(아폴로)	아르테미스(디아나)	헤르메스(메르쿠리우스)	아프로디테(베누스)
태양의 신 광명·의술·음악·시· 예언·궁술·진리의 신. 제우스와 레토의 아들.	**사냥과 달의 여신** 숲·처녀·출산· 야생동물 (사슴)의 여신. 제우스와 레토의 딸.	**신들의 전령 수성** 상업·체육·도둑·목동· 나그네의 신. 제우스와 마이아(혹은 님페)의 아들.	**미(美)의 여신 금성** 사랑·욕망·다산의 여신. 우라노스의 딸(모친 없음).

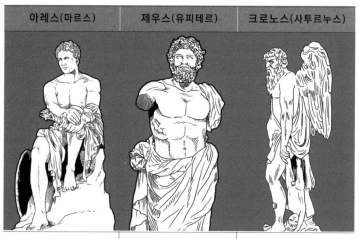

아레스(마르스)	제우스(유피테르)	크로노스(사투르누스)
전쟁의 신 화성	**올림포스12신들의 왕 목성**	**시간의 신 토성**
격분·증오·유혈의 신.	하늘·천둥·정의의 신.	시간과 세월의 신.
제우스와 헤라의 아들.	크로노스와 레아의 아들.	제우스의 아버지.
		가이아와 우라노스의 아들.

6 행성의 낮밤 속성 분류

행성을 밤과 낮으로 분류하는 것은 헬레니즘(대략 기원전 2세기 후반이나 기원전 1세기 초반) 점성술의 전통이다. 대략 5세기부터 15세기까지 중세시대에는 이러한 분류가 그 다지 중요하게 인식되진 않았지만, 이 책에서는 나름 중요하게 활용하고 있다는 것을 미리 밝힌다.

행성의 낮밤 분류 역시 두 가지 관점을 고려한다. 첫째는 행성의 환경적 관점이고, 두 번째는 그로 인한 개인적·사회적 성향의 관점이다. 낮의 행성은 태양이 지평선 위에 있는 천궁도에서 더 편안하고 강력하다. 반대로 밤의 행성은 태양이 지평선 아래에 있는 천궁도에서 더 편안하고 강력하다.

낮의 행성

낮의 행성은 태양, 목성, 토성이다. 먼저 태양은 매우 뜨겁고 건조하다. 낮은 밤보다 활동성이 훨씬 강하므로 태양은 그 자체로 낮을 상징한다. 목성은 뜨겁고 습하지만 뜨거움이 더 우세하며, 자전 속도도 가장 빠르므로 활동적이라고 할 수 있다. 매우 차갑고 건조한 토성은 얼핏 보면 태양에서 가장 멀리 있기 때문에 은둔이나 고립된 행성으로 느껴질 수 있다. 그러한 이유로 토성은 특히 낮의 뜨거움과 활동성이 필요한 행성으로 여겨 낮의 행성에 배치시킨 것이다.

점성학에서는 보통 화성 너머에 있는 목성과 토성이 가장 사회적이며 초월적인 행성으로 알려져 있다.

밤의 행성

밤의 행성은 달, 금성, 화성이다. 달은 차갑고 습하며, 금성은 적당히 따뜻하고 습하지만 지구의 습기를 머금고 있다. 물론 금성이 따뜻한 성질이 있는 것은 사실이지만 습함이 더 우세하다. 또한 금성은 목성과 달리 뜨거움보다 습함이 더 강조되고, 화성의 바깥으로 미는 힘보다 안으로 끌어당기는 힘 때문에 여성성으로 간주된다. 특히 안으로 끌어당기는 힘은 남녀의 은밀한 성적 끌림이나 욕망을 나타내므로 낮보다 밤이 잘 어울린다. 달과 금성은 여성성으로 분류되는 행성들인 만큼 밤의 행성으로 자연스럽다.

화성은 매우 뜨겁고 건조하다. 그럼에도 불구하고 밤의 행성으로 분류된 것은, 차갑고 건조한 토성이 낮의 행성으로 분류된 것과 같은 이유이다. 화성은 뜨거움과 건조함이 너무 지나치므로 그 극단적인 성질을 좀 누그러뜨릴 필요가 있다. 그러한 이유로 화성을 밤의 행성에 배치시킨 것이며, 토성은 너무 차고 건조하므로 그 열악함을 회복할 수 있도록 낮의 행성에 배치시킨 것이다.

중성

수성은 주변의 상황에 따라 뜨겁기도 차갑기도 하며, 건조하기도 하고 습하기도 하다. 그러한 이유 때문에 성별 분류에서도 중성이었던 것처럼, 낮밤의 영향력 역시 고정되어 있지 않다. 그러므로 수성은 상황적인데, 태양보다 빨리 떠오르면 낮의 행성으로, 태양보다 늦게 떠오르면 밤의 행성으로 간주한다.

12사인

1 타고난 별자리 원리

천동설 관점의 지구와 천구

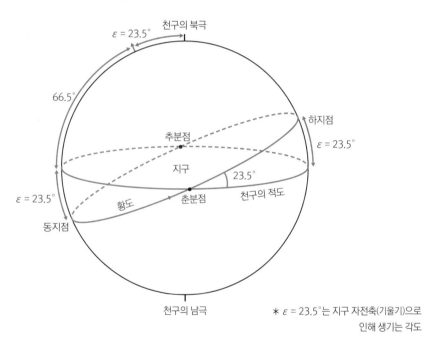

12사인(12별자리)을 이해하기 위해서는 우선 위 그림에서 황도라는 것을 이해해야 한
다. (위 그림은 지구를 중심으로 우주를 보는 천동설의 관점이다.) 한 사람의 운명을 보기

위해 별(행성)들의 운행을 표시한 천궁도(차트) 역시 위의 천동설과 같은 관점을 취한
다. 점성학이 생겼을 당시에는 지구를 중심으로 태양이 공전한다고 믿었기 때문이다.

황도란 태양의 적도를 중심축으로 7행성(달 포함)이 공전하는 궤도를 밖으로 더 크게
연장한 것을 말한다. 이 황도를 이해하기 위해서는 실제 태양을 중심으로 도는 지동설
관점의 다음 그림을 이해할 필요가 있다.

지동설 관점의 황도와 황도대

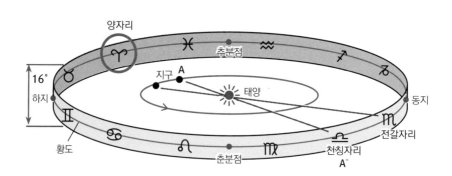

위 그림에서 지구가 태양을 공전하는 궤도가 황도이고, 이 황도를 기준으로 바깥으로
무한연장한 상하 8°씩 16°인 가상의 띠가 황도대이다. 우주에는 수많은 별자리가 있지
만 이 띠 안에 들어오는 별자리는 12개인데, 이 12별자리가 고전점성술의 12사인(Sign)
이다.

보통 우리는 생일을 기준으로 각자에게 부여된 별자리를 이용해 자신의 성격을 본
다. 사람마다 별자리가 규정되는 원리는 위 그림을 보면 된다. 예를 들어 A지점에서 태
어난 사람은 그 당시 A지점 밤(출생일과 가까운) 하늘에 떠 있는 양자리가 아니라, 출생
자가 태어나는 시각의 지구 — 태양 — 별자리를 일직선으로 놓고 그 일직선상에 있는
별자리, 즉 지구의 관찰자 시점으로 태양 뒤편에 있는 천칭자리(A⁻)가 자신의 별자리
가 된다. 그림으로 설명하면 다음과 같다.

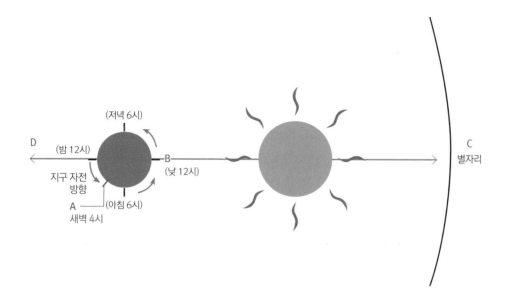

예를 들어 출생자가 어느 계절 새벽 4시에 태어났다고 가정할 때, 그 사람이 바라보는 하늘은 C방향보다 D방향 쪽이다. 그러나 그 사람의 타고난 별자리는 그 시각 지구의 B지점에 있는 어느 나라의 한 관찰자가 태양을 정면으로 주시하는 그 너머에 있는 별자리가 된다. 다시 말해 비록 출생자는 새벽에 태어났지만, 그의 별자리는 8시간 후(지구가 자전하며 B지점에 이른다)에 태양 너머에 있는 별자리가 된다는 것인데, 이는 지구의 관찰자 시점에서 태양이 자신의 배경으로 선점하고 있는 별자리라고 말할 수 있다. 물론 태어난 시간에 따라 B지점에 이르는 경과시간은 달라진다.

한편 이렇게 정해진 별자리는 누구나 자신의 출생차트 어센던트(AC)에 존재하게 된다. 다시 말해 어센던트에 해당하는 별자리가 자신의 별자리이다. 그런데 자신이 태어난 계절과 날짜, 시간, 지역 정보를 점성학 프로그램인 모리누스에 입력하면, 일반적으로 알려진 별자리의 기간(예를 들어 사자자리는 7월 23일~8월 22일)과 일치하지 않을 때가 종종 있다.

이러한 문제가 생기는 원인은 여러 가지인데, 첫째 지구가 태양을 타원형으로 공전하므로 지구 — 태양 — 별자리의 각도상 오차가 생길 수 있다. 둘째, 지구가 23.5° 기울어져 있기 때문에 같은 날짜에 태어난 사람이라도 태어난 지역의 위도와 경도의 차이 때문에 각도상 미세한 경계가 일반적으로 규정된 날짜와 오차를 나타낼 수도 있다. 셋째, 세차운동에 의해 과거와 현재의 시간 기준이 달라져 오차를 나타낼 수도 있으며, 간혹 점성학 프로그램의 설정기준 차이가 오차의 원인이 될 수도 있다. 마지막으로 서머타임 적용에 대한 부주의도 오차를 일으킬 수 있다.

2 12사인의 2극성·3특질·4원소

점성학의 해석원리 중 가장 기본적인 것은 사인(별자리)과 행성의 관계가 만들어내는 의미이다. 12사인은 저마다 고유한 기질이 있다. 즉, 기본적이며 반복적인 성향을 지니는데 크게 3가지 분류방식이 있다. 2극성·3특질·4원소가 그것이다. 2극성은 남성과 여성의 2대 분류이며, 3특질은 1년 사계절을 3달씩 나눈 것이며, 4원소는 만물을 이루는 네 가지 물질인 물·불·공기·흙의 네 가지 원소를 말한다.

2극성을 폴라리티(Polarity), 3특질을 쿼드러플리시티(Quadruplicity), 4원소를 트리플리시티(Triplicity)라고 한다. 점성학이 서양의 학문이다 보니 한국에서 출간된 책이나 인터넷에서 서양의 발음을 그대로 사용하는 경우가 많기 때문에 이 책에서는 영어발음을 그대로 사용하기도 한다. 물론 중요한 것은 영어발음이 아니라 용어의 개념이다.

다음 첫 번째 도표는 2극성·3특질·4원소를 한눈에 파악할 수 있게 정리한 것이다. 가장 안쪽의 +와 -는 각각 남성과 여성을 나타낸다. 그 다음 활동·고정·변통은 활동사인, 고정사인, 변통사인을 의미한다.

한편 점성학에서는 별과 별자리의 관계를 통해 질병의 상태를 보기도 한다. 예를 들어 12사인의 첫 번째인 양자리가 머리라면, 마지막인 물고기자리는 발을 나타낸다. 두 번째 도표를 보면 각각의 별자리가 나타내는 건강부위를 한눈에 알 수 있다.

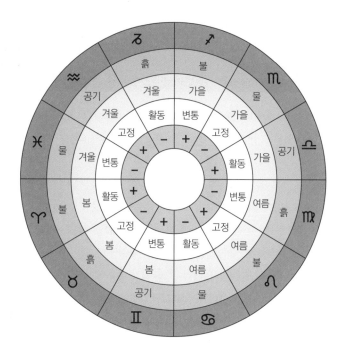

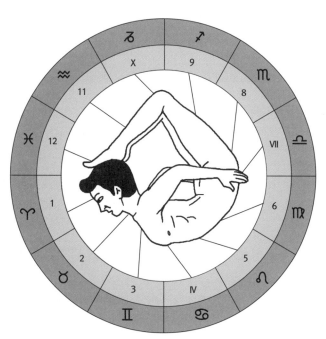

2극성

2극성 즉 폴라리티는 양극성을 의미한다. 동양의 음양 개념과 같은 서양의 개념으로 남녀의 2성(性)을 나타낸다. 이러한 관점으로 12사인이 지닌 남성적·여성적 속성과 그 특징을 다음 표와 같이 정리할 수 있다.

남성(+)	양자리, 쌍둥이자리, 사자자리, 천칭자리, 사수자리, 물병자리	발산적
여성(−)	황소자리, 게자리, 처녀자리, 전갈자리, 염소자리, 물고기자리	수용적

3특질

3특질 즉 쿼드러플리시티는 지구 공전의 원리를 바탕으로 한다고 볼 수 있다. 봄, 여름, 가을, 겨울의 사계절이 각각 3달씩 배분된다. 3달을 한 계절로 보고 인생에 비유하면 첫 달은 계절의 시작이므로 초년기와 같고, 두 번째 달은 계절의 중심이니 중년기와 같고, 마지막 달은 계절의 끝이니 말년기와 같다고 할 수 있다. 다시 말해 초년기인 카디널(cardinal) 또는 무버블(movable)의 아이는 시작하는 의욕만 강하다. 중년기인 픽스드(fixed) 또는 케루빅(kerubic)의 성인은 늘 안정적이다. 그리고 말년기인 뮤터블(mutable)의 노인은 체력부족으로 끝까지 유지하려는 뒷심이 약하다. 이러한 관점으로 12사인의 3특질과 그 속성을 한데 묶어 그 특징을 다음과 같이 정리할 수 있다.

활동사인	카디널(cardinal) 또는 무버블(movable) 사인	양자리, 게자리, 천칭자리, 염소자리	갑자기 시작—갑자기 마침
고정사인	픽스드(fixed) 또는 케루빅(kerubic) 사인	황소자리, 사자자리, 전갈자리, 물병자리	신중히 시작—끝까지 완성
변통사인	뮤터블(mutable) 사인	쌍둥이자리, 처녀자리, 사수자리, 물고기자리	신중히 시작—흐지부지 (변질·이중적)

4원소

4원소 즉 트리플리시티는 대략 BC 7세기~BC 5세기에 활동했던 그리스 자연철학자들이 우주생성의 근원으로 여긴 네 가지 물질, 즉 물[水]·불[火]·공기[風]·흙[土]을 말한다. 4원소설은 아리스토텔레스(BC 384년 ~ BC 322년)에게 계승되었는데, 그는 4원소에 고전점성학 7행성의 속성인 온도와 습도라는 네 가지 조건(뜨거움·차가움·건조함·축축함)을 더한 4기질론을 정립하였다. 다음 그림은 4기질의 물상과 속성을 나타낸 것이다.

4원소

불	콜러릭 (Choleric)	양자리, 사자자리, 사수자리	외향적이고 현실적_ 정치, 사업, 운동, 의지, 지배
흙	멜란콜릭 (Melancholic)	황소자리, 처녀자리, 염소자리	내향적이고 현실적_ 분석, 기획, 조직화, 견고
공기	생귄 (Sanguine)	쌍둥이자리, 천칭자리, 물병자리	외향적이고 감성적_ 봉사, 연예, 사교, 지식, 호기심
물	플레그매틱 (Phlegmatic)	게자리, 전갈자리, 물고기자리	내향적이고 감성적_ 문학, 종교, 감정, 안정

4기질

	뜨거움(Hot)_ 외향, 팽창	차가움(Cold)_ 내향, 수축
건조함(Dry)_ 현실, 분별	불_ 콜러릭(황담즙질)	흙_ 멜란콜릭(우울질)
	말쑥한, 화를 잘내는	우울한, 고급스런
축축함(Moist)_ 감성, 공상	공기_ 생권(다혈질)	물_ 플레그매틱(점액)
	자신감 있는, 사랑스런, 낙관적인	침착한, 냉정한, 환각적인

12사인 중에는 서로 공통된 특징을 가진 것들이 있다. 특징을 구분 짓는 요소로는 외모, 사회적 속성, 인간의 도구, 그리스신화 등이 있다. 대체적으로 12사인의 대표적 특징을 공통분모로 묶어 저마다의 그룹을 이루는데, 다음의 표로 정리하였다.

사인	별자리	특징
더블바디사인 Double Body signs	쌍둥이자리, 처녀자리, 사수자리, 물고기자리	두 개의 몸으로 이루어진 사인이다. 쌍둥이자리는 하나가 분리된 두 명으로 인식되고, 처녀자리는 처녀성의 보존과 훼손에 따라 처녀도 비처녀도 되며, 사수자리는 말과 인간의 결합이며, 물고기자리는 창 하나에 꿰인 두 마리의 물고기이다. 모두 뮤터블사인으로 픽스드와 카디널 기질의 혼합(이중성)이며, 융통성이 좋고 유연하다.
인간사인 Human signs	쌍둥이자리, 처녀자리, 천칭자리, 물병자리	사람이거나 사람이 사용하는 도구로 이루어진 사인이다. 본능을 뛰어넘어 이성적이고 사회적이며 소통을 중요시한다. 인간적이며 점잖고 예의 바르다.
짐승사인 Beast signs	양자리, 황소자리, 사자자리, 사수자리, 염소자리	네 발 달린 짐승으로 이루어진 사인이다. 인간사인에 비해 거칠고 감정적이다. 양은 거칠고, 황소는 고집이 세며, 사자는 포악하며, 사수는 맹목적이고, 염소는 냉혹하다. 그 중에서 특히 사자자리와 사수자리 15˚~30˚ 사이는 그 정도가 최고조에 이르러 「야수사인」이라고 불리기도 한다.
폭력사인 Violent signs	양자리, 천칭자리, 전갈자리, 염소자리, 물병자리	두 흉성이 다스리는 사인이다. 또한 천칭자리는 배우자의 폭력성을 의미하는 사인이다. 흉의 요건이 겹치면 매우 폭력적일 수 있다.

사인	별자리	특징
풀보이스 Full voice signs	쌍둥이자리, 처녀자리, 천칭자리	목소리가 크거나 소통을 즐기는 사인이다. 쌍둥이자리는 항상 가까이 대화를 나누고, 처녀자리는 수다가 많으며, 천칭자리는 사교적이다.
뮤트사인 Mute signs	게자리, 전갈자리, 물고기자리	전부 물의 사인이다. 물의 사인은 감성적이며 내성적이라 목소리가 작고 말수가 적다.
정욕사인 Desire signs	양자리, 황소자리, 염소자리, 물고기자리	성적·세속적 욕망과 관련된 사인이다. 양자리의 시기는 유아기이므로 본능에, 황소자리의 주인인 금성은 돈과 쾌락에, 염소자리는 그리스신화에서 남근의 신인 판과 관련이 있으며 통치와 권력에, 물고기자리는 괴물 티폰에게 쫓기던 사랑의 에로스가 변한 것으로 종교철학이나 오컬트 분야에 강하게 이끌린다. (특히 낮차트일 때 잘 드러난다.)
다산사인 Fertile signs	게자리, 전갈자리, 물고기자리	모두 생명과 관련된 물의 사인이다. 출산과 풍요를 상징한다.
불모사인 Barren signs	쌍둥이자리, 사자자리, 처녀자리	쌍둥이자리와 처녀자리는 더블사인이며 이들의 주인행성이 중성의 수성이기 때문에 불모의 사인이다. 또한 사자자리의 주인행성은 태양으로 너무 뜨겁기 때문에 불모의 사인이다.
롱 어센션 Long ascension signs	게자리, 사자자리, 처녀자리, 천칭자리, 전갈자리, 사수자리	「지휘자사인」이라고도 불린다. 이 사인들은 동쪽 지평선을 지나는 시간이 길어 그 영향력이 다른 사인보다 길다. 따라서 지배적 성향이 강한 사인이다.
숏 어센션 Short ascension signs	양자리, 황소자리, 쌍둥이자리, 염소자리, 물병자리, 물고기자리	이 사인들은 동쪽 지평선을 지나는 시간이 짧아 그 영향력이 다른 사인보다 짧다. 따라서 순종적 성향이 강한 사인이다.

4 12사인의 의미

고전점성술에서는 앞에서 설명한 12사인의 2극성, 3특질, 4원소의 속성을 강조해서 해석한다. 하지만 이 책에서는 좀 더 입체적으로 별자리를 이해할 수 있도록, 다음과 같이 현대심리점성술에서 사용하는 12사인의 부수적 속성(기호와 직업의 의미)을 추가하였다. 실전상담에서 반드시 필요한 것은 아니더라도 상담자의 능력에 따라 충분히 활용할 수 있음을 밝혀둔다.

양자리

* 기호는 새싹, 생명의 에너지, 분수, 숫양의 뿔 등을 의미한다.
* 시작으로 신생아 단계에 해당한다. 기질로는 난폭, 활달, 억지주장, 천진난만, 주관적 판단, 개인주의, 독립성, 결단, 의지, 정력을 의미한다.
* 화성은 양자리와 전갈자리의 지배성인데, 양자리 화성이 빨리 흥분하고 쉽게 포기하지만(카디널 영향), 전갈자리 화성은 천천히 달아오르고 끝을 본다(픽스드 영향).
* 반대쪽 천칭자리가 지닌 상대와의 조화가 필요하다.

시간적 경계	3월 21일~4월 20일, 초년기
긍정적 의미	도전적인, 모험적인, 독립적인, 과감한, 투지가 좋은, 화려한 것을 선호
부정적 의미	충동적인, 무모한, 자만심이 강한, 이기적인, 사나운, 호색한
질 병 부 위	머리 부위(뇌 관련, 두통, 치아 관련, 탈모, 뾰루지, 언청이)
직 업 종 류	정치인, 군인, 경찰, 의사, 스포츠맨, 스피드경기 관련, 건축가, 헤어 관련

황소자리

* 기호는 황소의 머리 또는 태양을 담는 그릇을 상징한다.
* 양의 뿔은 외적인 힘을 상징하고, 황소의 뿔은 내적인 힘을 상징한다.
* 황소자리의 계절은 짝짓기의 계절로 오감발달, 미식가(되새김질), 스킨십, 다산, 풍요, 재물 등 물질적 번영을 상징한다. 황소자리가 개인적이고 성실하며 평범한 금전·재물이라면, 전갈자리는 집단적이고 기회적이며 큰 금전·재물이라고 할 수 있다.
* 황소는 보통 온순하고 자상하지만, 가끔은 난폭하거나 괴팍한 성질로 돌변하기도 한다. 따라서 유아기의 단계에 해당한다.
* 금성은 황소자리와 천칭자리의 지배성인데, 황소자리 금성이 애정을 지속한다면(픽스드 영향), 천칭자리 금성은 애정에 빨리 싫증을 내며(카디널 영향) 새로운 애정을 찾는다(파트너가 있어야 하는 천칭자리의 속성).
* 반대쪽 전갈자리가 지닌 본인의 성실함보다 남을 이용하는 능력이 필요하다.

시간적 경계	4월 21일~5월 20일, 초년기
긍정적 의미	안정적인, 자상한, 끈기 있는, 순응적인, 낭만적인
부정적 의미	태만한, 집착이 강한, 고집불통, 과욕
질 병 부 위	목 부위(인후염, 편도선, 기도, 갑상선, 기관지, 성대)
직 업 종 류	주식·증권 관련, 요리사, 주류감정사, 원예·조경·농업 관련, 연예인, 예술가

쌍둥이자리

* 기호의 두 세로선은 두 사람의 계약을 상징한다. 또한 두 세로선은 책장의 책으로, 범주화와 분류 그리고 지식과 정보를 상징하기도 한다.
* 쌍둥이자리는 취학연령 어린아이 정도의 단계로, 동물과 구별되는 지성을 갖는 시기이다.
* 쌍둥이자리의 쌍둥이는 제우스의 아들 카스토르와 폴리데우케스로, 이들은 모험과 깊은 형제애를 상징한다.
* 쌍둥이자리는 두 사람을 나타내는 더블바디사인이므로 다양한 호기심을 충족할 수 있지만, 단점은 양쪽을 다 신경써야 하므로 집중력이 떨어진다.
* 반대쪽 사수자리가 지닌 깊은 지식이나 영적 지식이 필요하다.
* 쌍둥이자리와 처녀자리의 지배성은 수성이다. 두 사인은 언어, 글쓰기, 교육 등에 소질이 있어 학습을 좋아하고, 소통이나 논쟁 그리고 비판을 즐긴다는 공통점이 있다. 또한 두 사인은 태양과 달의 양쪽에 위치해 쌍둥이자리는 전령의 성향, 처녀자리는 시녀의 성향을 지니고 있다. 따라서 쌍둥이자리는 외부적이고 정보를 수집하는 일에 호기심이 있으며, 처녀자리는 내부적이고 정보를 분석하는 실무적인 일에 능력을 보인다.

시간적 경계	5월 21일~6월 21일, 초년기
긍정적 의미	지식적인, 소통적인, 교류적인, 사회적인, 재치 있는
부정적 의미	산만한, 불만스러운, 조급한, 권태로운
질병 부위	어깨 부위, 팔, 손, 신경계통
직업 종류	기자, 평론가, 기획자, 보험설계사, 편집자, 카피라이터, 카운슬러, 코칭, 성우

게자리

* 기호는 두 개의 작은 원과 그것을 둘러싼 더 큰 원으로, 모성을 의미하는 여성의 젖가슴이나 게의 집게발을 상징한다.
* 단단한 게의 껍질은 내부 또는 내면, 즉 가족이나 자식을 보호하는 기능을 한다. 하지만 성장단계에서 모성이 결핍되면 게의 집게발처럼 탐욕과 완강한 기질을 갖게 되기도 한다. 또한 보호는 가족과도 관련이 있어 게자리는 가족의 가장인 아버지, 조상, 유산을 의미하기도 한다. 게자리의 재물은 황소자리·전갈자리와 구별되는 재물(유산)의 성격을 띤다. 게자리가 자신의 원가족에게서 받은 안정적인 유산이라면, 전갈자리는 배우자나 타인으로부터의 갑작스러운 유산이다.
* 게는 직진하지 않기 때문에 늘 변하는 달과 함께 이리저리 이동이 잦은 가정을 상징하기도 한다.
* 반대쪽 염소자리가 지닌 절제력과 통제가 필요하다.

시간적 경계	6월 22일~7월 22일, 청년기
긍정적 의미	소속감 중시, 가정적, 감성적인, 보호적인, 양육을 잘하는, 헌신적인
부정적 의미	쉽게 상처받는, 불안·고민이 깊은, 나약한, 의존적인, 낯가림
질병 부위	전반적으로 건강이 약함, 가슴 부위(폐·유방), 위, 식도
직업 종류	베이비시터, 영양사, 사회복지사, 산후조리원 관련, 유치원, 호텔·레저·서비스 관련

사자자리

* 기호는 사자의 머리와 꼬리를 상징한다.
* 사자자리는 12사인 중에서 자기 인식과 자기 확신이 가장 강하다. 그리고 「나는 나」라고 하는 주체의식과 주인의식은 창조성과 개성화로 이어진다. 이런 성향의 부정적인 측면은 군림, 냉엄, 오만, 거만, 허영 등의 기질로 드러난다.
* 반대쪽 물병자리가 지닌 민주와 평등 그리고 자유가 필요하다.

시간적 경계	7월 23일~8월 22일, 청년기
긍정적 의미	주체적인, 의지적인, 배포가 큰, 관대한, 리더적인, 외향적, 화려함
부정적 의미	독단적인, 허풍스러운, 경쟁적인, 지배적인, 고집이 센
질 병 부 위	심장 부위, 척추, 갈비뼈, 옆구리, 눈
직 업 종 류	정치가, 배우, 영화감독, 연예기획사, 자영업

처녀자리

* 기호는 날개 달린 여신 혹은 천사의 날개를 상징한다.
* 결혼하기 전의 처녀는 몸가짐이 중요하므로 섬세함, 조심성, 분별심이 요구되며, 처녀성은 순결, 결벽증, 완벽성과 함께 폐쇄성을 요구받기도 한다. 그러므로 처녀자리는 극도의 분석력과 평가·비평·평론에 뛰어난 능력을 지니고 있다. 또한 집안의 온갖 잡다한 일을 하는 처녀자리는 노동, 식생활, 건강을 담당하기도 한다.
* 처녀자리는 더블바디사인이다. 처녀성을 기준으로 처녀와 비처녀가 나뉜다. 한 사람이 처녀였다가 다시 비처녀가 될 수 있으므로 두 사람이 공존하는 것과 같다.
* 처녀자리 태생은 수녀나 독신이 많다.
* 반대쪽 물고기자리가 지닌 영적인 직관이 필요하다.
* 쌍둥이자리와 처녀자리의 지배성은 수성이다. 두 사인은 언어, 글쓰기, 교육 등에서 소질이 있어 학습을 좋아하고 소통이나 논쟁 그리고 비판을 즐긴다는 공통점이 있다. 또한 두 사인은 태양과 달의 양쪽에 위치해 쌍둥이자리는 전령의 성향을, 처녀자리는 시녀의 성향을 지니고 있다. 따라서 쌍둥이자리는 외부적이고 정보를 수집하는 일에 호기심이 있으며, 처녀자리는 내부적이고 정보를 분석하는 실무적인 일에 능력을 보인다.

시간적 경계	8월 23일~9월 22일, 청년기
긍정적 의미	지적인, 학구적인, 순결한, 봉사적인, 섬세한, 분석적인, 현실적인, 손재주
부정적 의미	폐쇄적, 까칠한, 결벽증이 심한, 걱정이 많은, 잘 따지는, 잔소리가 많은, 지식·정보를 잘 공유하지 못하는
질 병 부 위	배 부위(위·장·복부지방), 스트레스성 복통
직 업 종 류	분석가, 통계전문가, 비평가, 교사, 심리학자, 뷰티디자이너, 간호사, 약사, 통역·번역가, 애완용동물 관련

천칭자리

* 기호는 천칭으로 조화와 파트너십을 상징한다.
* 천칭은 낮과 밤의 길이가 같은 달로 균형을 상징하며, 내 반대편 존재로서 거울, 배우자, 인간관계를 상징한다. 또한 천칭은 물질(또는 양심)을 재는 저울로서 법, 정의, 공공성에 대한 책임감을 상징한다.
* 천칭자리는 자기보다 나은 사람과 사귀려는 습성이 있으며, 긍정적으로는 동업자, 평화, 결혼, 부정적으로는 라이벌, 전쟁, 이혼 등을 상징한다.
* 양자리에서 처녀자리까지는 분화(성장)를 향해 가고, 천칭자리부터 물고기자리까지는 다시 통합(완성)을 향해 간다.
* 금성은 황소자리와 천칭자리의 지배행성인데, 천칭자리 금성이 애정에 빨리 싫증을 내며(카디널 영향) 새로운 애정을 찾는다면(파트너가 있어야 하는 천칭자리의 속성), 황소자리 금성은 애정을 지속한다(픽스드 영향).
* 반대쪽 양자리가 지닌 주체성이 필요하다.

시간적 경계	9월 23일~10월 22일, 중년기
긍정적 의미	친절한, 공정한, 균형적인, 조화로운, 인도주의적인, 낭만적인, 예술적 감각이 있는, 타협적인, 외로움을 잘 타는, 기회를 잘 포착하는, 이성적인
부정적 의미	불친절한, 불공평한, 조화롭지 못한, 낭비적인, 무책임한, 기회주의적인
질 병 부 위	허리와 골반 부위(신장, 방광, 전립선, 내분비계통)
직 업 종 류	외교가, 무역, 금융, 회계, 보석감정사, 보석디자이너, 파티플래너

전갈자리

* 기호는 전갈, 그리고 독침 또는 남성의 성기를 상징한다.
* 전갈은 사막의 모래 속에 숨어서 독침을 쏘므로 관통능력이 있다고 보아 직관이 강하며, 독침 때문에 음침, 냉혹, 잔혹의 기질이 있다. 또한 독침에 의한 죽음은 사후세계와 지옥으로 연결되기도 하지만, 승화하면 재생(불사조·독수리)을 상징하기도 한다.
* 전갈은 숨어서 적을 공격하는 비겁함 때문에 성폭행, 항문, 부조리, 비밀과 같은 부도덕하고 은폐하고 싶은 부분을 상징하며, 숨어서 일을 수행하기 때문에 배후, 조종을 상징한다. 또한 전갈의 부도덕함 때문에 이 기호는 검은 돈을 상징하기도 한다. 또한 황소자리가 개인적이고 성실하며 평범한 금전·재물이라면, 전갈자리는 집단적이고 기회적이며 큰 금전·재물이라고 할 수 있다. 게자리가 자신의 원가족으로부터 받은 안정적인 유산이라면, 전갈자리는 배우자나 타인으로부터 갑자기 들어온 유산이다.
* 화성은 양자리와 전갈자리의 지배성인데, 전갈자리 화성은 천천히 달아오르고 끝을 보지만(픽스드 영향), 양자리 화성은 빨리 흥분하고 쉽게 포기한다(카디널 영향).
* 반대쪽 황소자리가 지닌 성실한 보상을 추구하는 태도가 필요하다.

시간적 경계	10월 23일~11월 21일, 중년기
긍정적 의미	직관적인, 결단력 있는, 몰입하는, 신중한, 철저한, 조종하는, 재생·부활하는, 성적인 능력
부정적 의미	죽음, 파괴하는, 냉혹한, 폭로하는, 방어적인, 감정조절이 안 되는, 뒤끝 작렬, 무언의 공격성
질 병 부 위	생식기 부위(성병), 항문(치질·치루·탈장)
직 업 종 류	외과의사, 도살장·정육점 관련, 첩보원, 프로파일러, 장의사, 사채업자, 윤락업자

사수자리

* 기호는 케이론(상체는 사람, 하체는 말인 켄타우로스족)의 활과 화살을 상징한다.
* 사수자리는 전갈자리의 죽음을 지나온 확장된 의식으로, 종교, 공익, 진리, 지혜에 관심을 두고 개종, 설교, 설득과 관련된 영적 임무를 수행한다. 따라서 자연·물질에서 종교, 철학, 법률 쪽으로 관심을 갖거나, 말의 달리는 기질로 인해 운동, 모험, 여행에 눈을 돌리기도 한다. 모험을 좋아하여 부동산 투기나 투자에 관심을 갖기도 한다. 전갈자리가 기다렸다가 저격수처럼 독침을 쏜다면, 사수자리는 매우 적극적으로 목표물을 찾아다닌다. 이는 헤르메스보다 발 빠른 이론을 전개를 상징한다.
* 형이하학적인 쌍둥이자리가 근거리 여행을 상징하는 반면, 형이상학적인 사수자리는 원거리 여행을 상징한다. 또한 주체적인 양자리(1하우스)가 혼자서 고민한다면, 공익적인 사수자리는 고민을 함께 나누려고 한다.
* 목성은 사수자리와 물고기자리의 지배행성인데, 목성은 종교성이므로 사수자리에서 종교적 이상(외적)을 중시하고, 물고기자리에서는 종교적 성찰(내적)을 중시한다.
* 반대편 쌍둥이자리가 지닌 현실적 지식이나 물질적 지식이 필요하다.

시간적 경계	11월 22일~12월 20일, 중년기
긍정적 의미	관대한, 규율·규칙적인, 도덕적인, 공익적인, 주체적인, 적극적인, 계획적인, 확장하는, 낙천적인, 진리를 추구하는
부정적 의미	독선적인, 변덕스러운, 냉정한, 위선적인, 가식적인, 지나친 성취욕, 과로
질 병 부 위	허벅지 부위(좌골신경통·피부·근육·혈관), 엉덩이, 운동중독증
직 업 종 류	종교인, 법조인, 철학자, 교육자, 여행가, 탐험가, 스포츠맨, 동물 관련, 외교관

염소자리

* 기호는 염소의 뿔 또는 뿔 달린 염소의 얼굴을 상징한다. 염소자리는 그리스신화의 목양신 판(상체는 뿔 달린 염소이고 하체는 염소의 다리)과 관련이 있다. 서양에서 염소자리가 괴물로 형상화되는 이유는 시기상 과거와 시작의 접점으로 양면성(야누스)을 상징하며, 염소의 기질이 강한 자에게 약하고 약한 자에게 강하기 때문이다.

* 염소자리는 시기상 한겨울이며 천궁도에서 10하우스의 의미와 상응하므로 사회적으로는 직장, 가정적으로는 가장(아버지)을 의미한다. 직장에서는 사회적 성공을 좇으므로 명예욕과 야심이 강하고 늘 책임과 의무가 뒤따르며, 냉정·완벽·끈기의 기질을 상징하기도 한다. 가정에서는 정통성을 유지하므로 보수적이고 가부장적이며 자식의 교육을 위해 체벌을 하기도 한다.

* 염소자리와 상응하는 10하우스는 현대심리점성술에서는 보통 아버지의 역할을 상징하지만, 고전점성학에서는 게자리와 상응하는 4하우스의 반대편에 있다는 이유로 어머니의 역할을 상징하기도 한다.

* 염소자리의 기간은 두 해에 걸쳐 있어 이중성을 지니며, 카디널 사인이라 쉽게 변한다고 말하기도 한다. 하지만 염소자리의 가장 큰 특징은 책임과 의무이므로, 쉽게 변한다고 해서 같은 카디널인 양자리의「쉽게 변함」과 똑같이 생각해서는 안 된다.

* 반대편의 게자리가 지닌 안락함과 지지가 필요하다.

시간적 경계	12월 21일~1월 20일, 말년기
긍정적 의미	실천력이 좋은, 야심 있는, 목적지향적인, 실용적인, 책임지는, 통제하는, 신중한, 절제력 있는, 인내하는
부정적 의미	권위적인, 사교성이 없는, 독단적인, 무시하는, 경직된, 우울한, 깊은 외로움
질병 부위	무릎 부위(관절·골절·골다공증·인대), 피부질환(특히 건선)
직업 종류	과학자, 수학자, 분석가, 컴퓨터 관련, 교수, 치과 관련, 전문경영인, 자영업, 건축가, 골동품·경매 관련

물병자리

* 기호는 물결의 파동에너지를 상징한다.
* 물병자리의 상징은 발을 다친 헤베(그리스신화에 나오는 청춘의 여신)를 대신하여 신들에게 술을 따르는 트로이 왕자 가니메데이다.
* 염소자리가 정점의 위치라면, 물병자리는 전파되어 널리 쓰임을 뜻한다.
* 영(靈)의 기로서 전자기적 에너지이다.
* 태양이나 사자자리는 중심을 향해 가지만, 반대쪽에 위치한 물병자리는 중심에서 멀어진다. 이는 권력지향에서 보편지향을 의미한다.
* 물병자리는 공기 사인과 픽스드 사인인데, 공기는 지식(소통)이고 픽스드는 유지(고정)이므로 옛 지식을 고수한다.
* 반대편 사자자리가 지닌 장악력과 개성(주체적), 그리고 질서가 필요하다.

시간적 경계	1월 21일~2월 18일, 말년기
긍정적 의미	공익적인, 공정한, 논리적인, 심오한 지식, 자유로운, 민주적인, 보편적인, 공평하게 나누는, 개별성, 기발한(혁명적인)
부정적 의미	냉담한, 인정 없는, 이기적인, 반항적인, 일탈하는
질 병 부 위	종아리·발목 부위(혈관·관절·근육·아킬레스)
직 업 종 류	예술가, 이미지·영상·광고·디자이너 관련, 방사선 관련, 점성·점술가

물고기자리

* 기호는 2마리의 물고기로 합성과 모순(붕괴), 구원과 타락을 의미하거나, 물에 비친 달과 환영으로 의식과 현실의 분리를 의미한다.

* 기호는 환영이나 판타지로 예술, 연예, 오락, 연극, 영화 등을 상징한다. 또한 환영은 예지몽, 망상, 흐지부지 등의 의미로 파생되어 명확하지 않음을 상징하기도 한다.

* 예수가 물고기 2마리와 빵 5개로 기적을 행했는데, 이 때문에 물고기자리는 굶주림을 해결한 예수와 관련되어 구원, 신앙심을 상징하기도 한다.

* 마지막 별자리인 물고기자리는 12사인 모두를 경험한 주체로서 인생을 달관한 자를 상징한다. 또한 물에 비친 달로 환영을 나타내는데, 「달관+환영」은 초월적인 사람으로 영매를 상징한다.

* 환영+물(물고기자리이므로)로서 순백의 옷을 입은 순수한 무지개의 신 이리스를 상징하는데, 순수함 때문에 남자들에게 잘 이용당한다.

* 목성은 사수자리와 물고기자리를 지배하는데, 목성은 종교성이므로 물고기자리에서는 종교적 성찰(내적)을 중시하고, 사수자리에서는 종교적 이상(외적)을 중시한다.

* 반대쪽 처녀자리가 지닌 섬세한 이성이 필요하다.

시간적 경계	2월 19일~3월 20일, 말년기
긍정적 의미	감성적인, 낭만적인, 희생적인, 신비적인, 직관적인, 이해·지혜로운, 동정·공감적인
부정적 의미	망상에 빠지는, 중독성·술·쾌락·퇴폐적인, 민감한, 우유부단한, 나약한, 행동력 결여, 모든 이를 구원해야 한다는 강박증, 타인으로부터의 제한에 대한 강박(자유로운)
질병 부위	발 부위(발바닥, 발가락, 통풍)
직업 종류	종교인, 봉사업무, 사회복지사, 보모, 서비스업, 배우, 정신과의사, 심리학교수, 관광업, 무역업, 물 관련

12하우스

1 12하우스의 정의

천궁도에서 한 사람이 태어난 순간 상승점(지평선과 수평선이 맞닿는 지점)을 기준으로 나눈 12개의 집을 12하우스(House)라고 한다. 360°도를 12등분하므로 각각의 하우스는 30°씩이다. 12하우스는 제각각 삶과 관련된 주제가 하나씩 설정되어 있다.

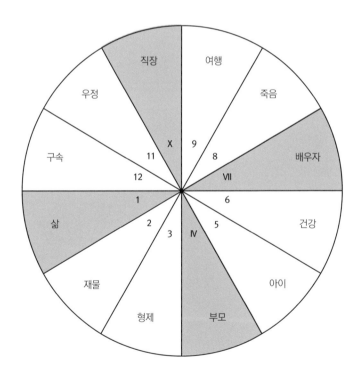

12사인에 상응하는 각각의 하우스에 삶의 주제를 처음 설정한 것은 바빌로니아 점성술에서 시작되었다고 알려져 있다. 그런데 고전점성술에서 일반적으로 사용하는 하우스의 근본 의미는 헬레니즘 점성술에 기초를 두고 있다. 헬레니즘의 사전적 의미를 살펴보면 그리스 문화나 정신을 의미하기도 하지만, 실상 헬레니즘은 그리스 문화와 오리엔트 문화가 서로 영향을 주고받아 탄생한 사상이다. 하우스는 장소, 공간 위치, 논제, 의제, 주제 등의 뜻을 지닌 그리스어 「토포스(Topos)」에서 비롯되었다. 정리하면 12하우스는 상승점(AC)을 시작으로 인생의 12가지 경험을 12개의 주제로 범주화한 것이다. 물론 12하우스의 12개 주제는 12사인의 의미를 기초로 형성된다. 즉, 1하우스에 양자리를 시작으로 마지막 12하우스는 물고기자리를 대응시킨다.

모든 사람의 차트에서 12하우스의 위치와 순서는 동일하다. 하지만 12사인은 생일에 따라 다르게 회전한다. 행성 역시 저마다 다르게 놓인다. 예를 들어 1하우스는 자신의 정체성을 나타내는데, 1하우스의 사인이 염소자리이고 그 하우스에 토성(염소자리 집주인)이 있으면 그는 강력한 염소 기질을 드러낸다.

그렇다면 하우스의 주제 설정시 사용된 양자리는 어떻게 되는가? 1하우스는 양자리 사인에 기초하여 「자신」이라는 주제를 도출했는데, 이때 이 주제는 양자리와 화성이 본능적인 속성이 강하므로 자기밖에 모른다는 것을 활용하여 자신, 성격, 기질 등으로 주제가 파생된 것일 뿐, 양자리의 도발적이고 전투적인 기질을 사용한 것이 아니다. 그냥 「주체」라는 큰 주제만 나타내고, 가령 1하우스에 처녀자리가 들어오고 수성이 들어오면 그 사람의 성격은 꼼꼼한 처녀자리의 기질을 보인다는 것이다. 다시 말해 처녀자리에 그 집주인인 수성이 들어오면 도머사일로 처녀자리의 장점을 잘 드러낸다. 하지만 처녀자리의 지배성인 수성이 다른 별자리에서 폴(본질적 위계의 하나)하면 오히려 특정부분에서 처녀자리의 장점을 잘 드러내지 못하거나 단점이 부각될 수도 있다. 또한 처녀자리에 위치한 행성들이 처녀자리에서 어떤 위계를 가지는지에 따라 그 행성이 상징하는 주제의 능력을 잘 발휘하거나 그렇지 못할 수도 있다.

2 12하우스의 의미

다음은 헬레니즘 점성술의 고전적 의미와 그것을 재해석한 기본 의미이다. 필요한 경우 2세기 점성가 베티우스 발렌스의 『명문집(Anthology)』과 현대 점성가 크리스 브레넌의 『헬레니즘 점성술(Hellenistic Astrology)』의 내용을 추가하였다.

1하우스_ 삶

❶ 헬레니즘 점성술의 의미_ 배의 조타장치

상승점(AC)이 존재하는 하우스이다.

❷ 기본 의미

자신의 하우스라 불린다. 자아, 정체성, 주체성을 내포하며, 신체적 특징으로 인상이나 외모를 나타낸다. 시간적 관점으로는 어둠에서 빠져나오는 상태이므로 시작, 출발, 출생을 의미한다.

2하우스_ 부

❶ 헬레니즘 점성술의 의미_ 하데스의 문

이 하우스는 차트의 지평선 아래에 있으며, 지평선 아래에 있는 또 다른 하우스(3·4·5·6)의 맨 앞에 놓여 있어 「하데스(지옥의 신)의 문」으로 불리지만 부정적인 하우스는 아니다.

많은 점성가들은 이 하우스에 속한 행성은 위계(행성의 질적 차이를 따져 행성의 강함과 약함을 나타내는 것)를 지니지 않는다고 말한다. 2하우스는 1하우스의 부하나 비서 혹은 대리인처럼 보조적인 성질을 지닌다. 그러므로 1하우스가 출생자의 성격이라면, 2하우스는 그 사람에게 딸린 물질적 환경이나 부속물이며 생산적 하우스이다.

❷ 기본 의미

가치의 하우스로 불리며, 천궁도의 주인인 출생자의 삶을 보조하고 지원하는 무형·유형의 가치로서 자부심, 재산, 취득물, 경작물 등을 의미한다. 또한 2하우스는 개인의 재산을 상징하기도 한다.

3하우스_ 형제

❶ 헬레니즘 점성술의 의미_ 여신, 달의 기쁨

3하우스와 9하우스는 달과 태양의 휴식처(Joy)라고 한다. 3하우스에서는 달이 쉬고 9하우스에서는 태양이 쉰다. 그런데 여기에는 신화적 관련성이 있다. 3하우스와 상응하는 쌍둥이자리의 룰러인 수성의 상징은 헤르메스이다. 헤르메스는 제우스의 전령이며 예언과 관련이 있다. 또한 9하우스와 상응하는 사수자리의 룰러인 목성의 상징은 제우스이다. 제우스는 헤르메스의 아버지이며 헤르메스에게 명령을 내리는 최고의 신이다. 3하우스와 9하우스는 「짧은 여행(소통)」과 「먼 여행(종교)」과 관련이 있다. 따라서 헤르메스는 변덕이 심하기 때문에 달을 3하우스와 관련시켰고, 9하우스는 변하지 않는 항성으로서 태양을 관련시켰다.

❷ 기본 의미

소통의 하우스라 불린다. 소통 대상은 형제, 친구, 이웃, 친척이며, 소통의 거리는 짧다. 따라서 여행도 단거리 여행이다. 9하우스가 고급지식이라면, 3하우스는 그보다 낮은 급의 지식이다.

❸ 베티우스 발렌스와 크리스 브레넌의 견해

* 헬레니즘 전통에서 4개의 케이던트(3·6·9·12) 하우스는 모두 여행과 관련이 있었다. 이후 중세 점성가들은 단거리 여행(3하우스)과 장거리 여행(9하우스)을 구분하기 시작했다.

* 3하우스의 주제는 「신녀」의 장소로 종교의식, 예배, 성지, 사원, 성직자와 관련이 있다. 그리스와 로마 문화에서 종교는 왕조의 지배를 정당화하기 위해 이용되었으며, 왕은 종교를 지원하는 구조였다.
* 3하우스는 지역 범주로서 여신의 상징에 관련되고, 9하우스는 국가 범주로서 남신의 상징에 관련되었다.

4하우스_ 부모

❶ 헬레니즘 점성술의 의미_ 지하, 부동산

이 하우스는 태양이 가장 어두운 북중점에 자리잡고 있으므로 지하 혹은 과거의 장소나 시간 등을 의미한다. 그러므로 4하우스는 출생자의 뿌리가 되는 토지, 부모, 가족 등을 상징한다. 고대인들에게 이 하우스는 아버지의 하우스였지만, 현대에 와서는 부모, 일반적 행복, 이동 수단 등의 의미로 확장되었다. 또한 이 하우스는 한 사람의 삶과 죽음에 관여한다.

❷ 기본 의미

집과 가족의 하우스라 불리며, 가문, 조상, 고향, 유산, 초년기의 성장환경, 집사 등과 관련이 있다.

❸ 베티우스 발렌스와 크리스 브레넌의 견해

* 자신의 집(출생), 주거지, 생활용품, 도시, 재산, 토지, 사유지, 조국, 숨겨진 일이나 비밀스러운 일, 종교적이거나 신비적인 일, 노년, 생의 끝, 죽음, 장례, 사후의 사물, 탄생자의 죽음과 관련이 있다.
* 10하우스가 공공의 영역이라고 한다면, 4하우스는 개인적인 영역이다.
* 카디널 사인은 1·4·7·10하우스와 상응한다. 카디널의 특질은 네 계절의 시작을 나타내므로 생산적이다. 따라서 1하우스는 출생이고, 4하우스는 아이의 양육이며,

7하우스는 공동의 생산물이고, 10하우스는 아이와 관련이 있다.

* 고전점성술에서 4하우스는 부모나 아버지를 상징한다. 하지만 현대심리점성학에서는 보통 4하우스가 어머니를 상징하고, 10하우스가 아버지를 상징한다.

5하우스_ 아이

❶ 헬레니즘 점성술의 의미_ 행운

이 하우스는 오래 전부터 성(性)이나 행운과 관련지어 해석되었다. 그런 이유로 많은 점성가들이 이 하우스에서는 행운을 상징하는 금성이 큰 힘을 발휘한다고 보았지만, 헬레니즘 시대에는 성적인 요소가 전혀 강조되지 않았다.

❷ 기본 의미

「내가 만들어내는 것」을 나타내며 즐거움의 하우스로 불린다. 아이, 사랑과 섹스, 개성을 토대로 연예, 오락, 여가, 휴양, 게임, 도박, 취미 등을 의미한다.

❸ 베티우스 발렌스와 크리스 브레넌의 견해

* 5하우스는 아이와 관련된 하우스이다.
* 개인의 재산이나 물질과 관련된 운명, 발전이나 성공의 수단, 행운, 명성, 명예, 권력 등 좋은 것은 더 유익하다고 해석되는 반면, 도박과 같은 부정적인 요소는 덜 악의적인 것으로 여겨진다.
* 노예 해방, 관대함, 우정과 같은 것과 선하거나 은덕적인 모든 행위와 연관시킨다.

6하우스_건강

❶ 헬레니즘 점성술의 의미_ 불운

이 하우스는 「내가 힘들게 해야 하는 모든 것」과 「타인에게 나의 주도권을 넘기는 것」을 나타내는데, 이는 타인에 대한 봉사를 의미한다. 나의 의견보다 상대의 의견에 따라 하기 싫은 일을 마지못해 하거나, 혹은 억지로 강압에 의해 하는「노예상태」를 나타내기도 한다. 또한「내가 다스리는 것」은 질병, 노동, 아랫사람, 의무적이고 고통스러운 일이다. 윌리엄 릴리는 이 하우스의 득실과 관련해 애완동물이나 작은 가축도 변수의 요소로 연관시켰다.

❷ 기본 의미

건강의 하우스라 불리며 일상업무로 인한 과로, 일에 대한 의무감 등을 나타낸다. 노동의 일환으로 직업과 고용을 나타내며, 보살피는 대상은 가족, 이웃, 애완동물 등이다.

❸ 베티우스 발렌스와 크리스 브레넌의 견해

* 6하우스가 나쁜 하우스인 이유는, 태양의 상승사인인 어센던트(1하우스)와 정반대에 위치한 앵글 하우스인 7하우스에서 떨어져 1하우스와 흉각(어버전) 상태에 놓이기 때문이다. (이 부분은 뒤에서 자세히 언급한다.)
* 부상, 병, 고통, 재난과 관련, 음모, 폭로와 관련된다.
* 지평선 위는 정신적 고통을, 지평선 아래는 육체적 고통을 상징한다. 6하우스는 7하우스에서 떨어진 것으로 보아 육체적 고통이 심한 노예 또는 네 발 달린 짐승을 상징한다. 또한 7하우스가 원만한 파트너라면, 6하우스는 파트너와의 굴종적인 관계를 나타낸다.
* 6하우스는 종종 여행과 관련되는데 하우스의 질이 떨어지는 상태이므로 부정적인 여행이나 추방을 나타낸다.
* 헬레니즘 점성술에서 6하우스는 억압, 종속, 낭비, 방탕, 불운, 저출생, 불구자를 상징하기도 한다. 6하우스는 직업을 상징하는 10하우스와 길각(트라인)을 맺고 있어 차라리 악한 영혼을 상징하는 12하우스보다 낫다고 여기기도 한다. 다시 말해 10하우스는 직업으로 활동성이 있지만 12하우스는 활동성이 정지되어 있기 때문이다. (이 부분은 뒤에서 자세히 언급한다.)

7하우스_배우자

❶ 헬레니즘 점성술의 의미_ 설정

헬레니즘 점성가들은 일반적으로 7하우스를 행운의 의미로 여겼지만, 이 하우스는 하강점으로 태양이 지는 일몰을 나타내기 때문에 다소 부정적인 의미로 해석하는 이도 가끔 있다.

❷ 기본 의미

「타자의 하우스」 또는 「협력의 하우스」라 불린다. 우리, 동료, 배우자, 동반자, 동업자 또는 타협이나 협정, 외교 등을 나타낸다.

❸ 베티우스 발렌스와 크리스 브레넌의 견해

* 1하우스가 「자아」라면, 7하우스는 정반대 하우스로 「타자」의 하우스로 불린다. 또한 해가 지는 하우스로 인생의 노년과 죽음을 상징한다고 보는 사람도 있다.

* 7하우스는 사라지는 하우스로 해외에 사는 것을 의미하기도 한다. 레토리우스는 7하우스가 흉성과 관계될 때는 부상, 위험, 폭력적인 죽음 등 부정적인 사건이 일어나지만, 길성과 관계될 때는 상속이나 재산 취득 같은 긍정적 사건이 일어난다고 여겼다. 한편, 7하우스와 8하우스 중에서 어떤 하우스가 죽음과 관련되는가에 대해 전통적으로 학자들의 논쟁이 있기도 했다.

8하우스_ 죽음

❶ 헬레니즘 점성술의 의미_ 비활동적

「나를 다스리는 것」을 나타내는 하우스이다. 이 하우스가 죽음을 의미하게 된 이유는 태양이 하강하는 위치이기 때문이다. 하지만 죽음이 누군가에게는 또 다른 기회(상속)이므로 반드시 부정적인 것만은 아니다.

❷ 기본 의미

환생의 하우스로 불리며, 성관계, 신비, 영매를 토대로 죽음과 부활, 서로의 맹목적이고 헌신적인 관계, 터부나 비밀, 갱생 등을 의미한다. 또한 큰 재물과 관련된 하우스로서 협력·협동의 기금 혹은 재정 등을 나타내기도 하며, 결혼을 통해 축적된「공동의 재산」을 상징하기도 한다.

❸ 베티우스 발렌스와 크리스 브레넌의 견해

*   8하우스는 죽음으로부터 파생된 의미(유산, 이익)를 지닌다.
*   8하우스의 행성들은 보통 게을러지고, 둔해지고 나약해지는 등 부정적인 의미로 변질된다.
*   서로 반대편에 있는 하우스는 서로를 보완하는데, 예를 들어 7하우스의 배우자가 1하우스라면 8하우스의 배우자는 2하우스에 해당한다. 따라서 배우자로 인한 돈이나 유산을 나타내기도 한다.

9하우스_여행

❶ 헬레니즘 점성술의 의미_ 신(God), 태양의 기쁨

이 하우스는 출생자의 높은 의식수준과 종교적 신념, 그리고 깨달음 혹은 수행의 정도를 나타낸다.

❷ 기본 의미

철학의 하우스로 불리며, 종교, 철학, 법률, 도덕, 교육, 지식의 확장을 토대로 대학, 문화, 외국여행이나 장거리 여행 등을 나타낸다.

❸ 베티우스 발렌스와 크리스 브레넌의 견해

*   9하우스는 태양이 기뻐하는 하우스, 즉 조이(Joy) 하우스이다. 어떤 행성이 자신의

특성과 유사한 하우스에 들어가면 그 하우스의 의미가 더 강해지게 된다. 길성이면 길한 의미가 강해지고, 흉성이면 흉성의 의미가 강해진다. 따라서 이 하우스는 「좋은 하강」을 의미하므로 외국, 해외여행 등과 관련하여 긍정적이며 생산적인 의미를 나타낸다. 하지만 부정적 조건일 때는 이 주제와 관련하여 부정적인 사건이 발생한다. 또한 이 하우스는 종교, 성직자, 철학, 국법, 신비, 예언과도 관련된다.

* 3하우스가 여왕의 주권을 나타낸다면, 9하우스는 왕의 주권을 나타낸다. 3하우스의 헤르메스는 예언과 관련되고, 9하우스는 종교, 법률과 관련되는데, 10하우스의 행정적 통치의 행위는 9하우스와 3하우스를 기초로 이루어진다고 볼 수 있다.

10하우스_ 직장, 왕국

❶ 헬레니즘 점성술의 의미_ 중천

이 하우스는 남중점(중천)으로 출생자의 생업, 경력, 창조물, 페르소나(사회적으로 보여지는 자기)를 나타내는 곳이다. 프톨레마이오스는 이곳을 자녀의 영향력을 짐작할 수 있는 하우스로 여겼다.

　원래는 왕국으로 표기되었던 하우스인데 현대에는 직장이라는 주제로 통용된다.

❷ 기본 의미

사회적 지위의 하우스라 불린다. 직업상 신분으로는 왕이나 가장(아버지)을 나타내며, 국가적으로는 정부, 권력기관을 나타낸다. 직업에서 권력욕, 상승욕, 야망, 경력, 동기부여 등을 나타내기도 한다.

❸ 베티우스 발렌스와 크리스 브레넌의 견해

* 10하우스는 최정상을 의미하며, 앵글 하우스 중에서 남중점은 가장 눈에 띄는 영역이다.

* 명성, 계급, 진보, 혁신, 변화를 상징하며, 통치 혹은 통제는 출생자의 성공과 관련

된다.

* 특히 아이들과 관련이 깊은 하우스인데, 아이들의 탄생과 이상적 성장은 인간사회에서 가장 중요한 사안으로 어른의 통치나 통제의 결과물이기 때문이다.

11하우스_ 우정
❶ 헬레니즘 점성술의 의미_ 선한 영혼

이 하우스는 「선한 신」으로 불리기도 하였다. 세속적 희망, 포부, 잠재력, 열정 등이 충만한 곳이다. 세속적 명성과 물질적 풍요가 이 하우스에 의해 드러난다. 고대인들에게 목성은 풍요의 행성이었는데, 목성은 이곳에서 기쁨을 누린다.

❷ 기본 의미

우정의 하우스로 불린다. 유대, 우정, 친근함을 토대로 좁게는 친한 친구, 모임, 단체, 직업적 이익과 행운, 희망과 바람 등을 나타내며, 넓게는 조언자, 의회, 동맹국 등을 나타낸다. 또한 11하우스는 사회적 경험을 통해 축적된 유형과 무형의 재산을 상징한다.

❸ 베티우스 발렌스와 크리스 브레넌의 견해

* 11하우스는 10하우스가 가장 높게 올라갈 수 있도록 돕는 역할을 한다.
* 11하우스는 희망과 기대를 의미한다.
* 1하우스에서 다섯 번째인 5하우스가 아이와 관련되는 것처럼, 7하우스를 기준으로 다섯 번째가 11번 하우스이므로 아이와 관련된다. 이렇게 특정 하우스를 1하우스로 간주하여 응용하는 방식을 「디라이브 하우스(Derived house)」라고 한다.

12하우스_ 구속, 감옥
❶ 헬레니즘 점성술의 의미_ 악한 영혼

이 하우스는 문젯거리, 자기 파멸, 숨은 적, 수용소나 감옥으로의 격리, 큰 가축 등을 나타낸다. 19세기 신비주의학자 애니 베전트는 전생의 업보(카르마)를 나타낸다고 주장하였고, 많은 점성가들이 그의 영향을 받았다.

원래는 감옥으로 표기되었던 하우스인데, 현대에는 구속이라는 주제로 통용된다.

❷ 기본 의미

자기 파멸의 하우스로 불리며, 고독, 무의식, 애로사항, 자기 희생, 남을 의식한 비밀, 사생활, 반성, 피신 등을 나타낸다. 또한 스스로 웅크리고 고립되므로 병원, 감옥, 격리시설 등을 나타낸다.

❸ 베티우스 발렌스와 크리스 브레넌의 견해

* 12하우스는 상실과 불행과 연관되며, 한 사람의 언행이 제한당하는 것으로 억압을 나타낸다.
* 12하우스가 엄마라면, 1하우스는 자식이다. 따라서 엄마 하우스는 고통의 하우스로 고통, 질병, 부상, 위험, 약함, 죽음, 그리고 환난과 연관되어 있다.
* 12하우스는 쇠퇴하는 하우스로 네 발 달린 짐승, 노예와 관련이 있다. 또한 추방되는 여행이다.

현대 점성가 크리스 브레넌은 베티우스 발렌스가 쓴 초기점성술 저서 『명문집(Anthology)』을 기초로 12하우스를 정리하였다. 점성학자마다 하우스의 의미가 간혹 차이를 보이는 부분도 있지만, 자세히 살펴보면 대동소이하다. 다음의 크리스 브레넌이 정리한 하우스 도표이다.

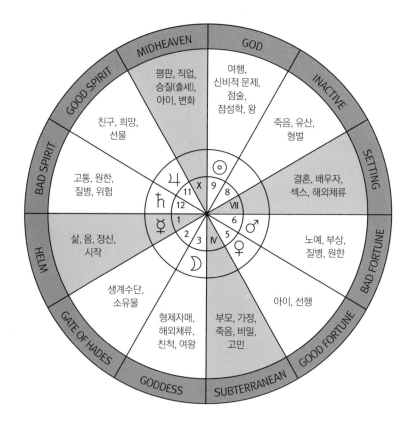

도표에서 보듯 크리스 브레넌은 맨 바깥쪽에 하우스의 대표적인 의미를 적어 놓았다. 그 안쪽에는 하우스의 주제가 각각 적혀 있으며, 그 다음 안쪽에는 12하우스에서 조이 하는 행성이 표시되어 있다. 어떤 행성이 자신의 특성과 유사한 하우스에 들어가면 그 하우스의 의미가 더 강해지는데, 그 하우스를 조이 하우스라고 한다. 길성이면 길한 의미가 강해지고 흉성이면 흉성의 의미가 강해진다. 보다시피 1하우스에서는 수성이, 3하우스에서는 달이, 5하우스에서는 금성이, 6하우스에서는 화성이, 9하우스에서는 태양이, 11하우스에서는 목성이, 12하우스에서는 토성이 조이한다.

3 12사인의 세 가지 하우스 그룹

12사인의 특성은 크게 세 가지 그룹으로 분류하여 이해할 수 있다. 하우스의 기본축이라 할 수 있는 앵글 하우스(모서리 하우스, Angular house)와 석시던트 하우스(연속 하우스, Succedent house), 그리고 「중심에서 멀어지는」의 의미를 지닌 케이던트 하우스(마침 하우스, Cadent house)가 그것이다.

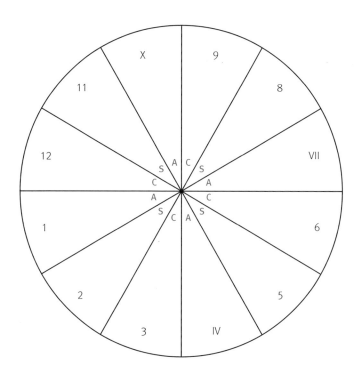

위 그림은 세 가지 하우스 그룹을 표시한 것이다. 각각 A로 표시된 1·4·7·10 하우스는 앵글 하우스, S로 표시된 2·5·8·11 하우스는 석시던트 하우스, C로 표시된 3·6·9·12 하우스는 케이던트 하우스이다. 다음은 각 하우스 그룹의 특징이다.

앵글 하우스(1·4·7·10)

이 앵글 하우스에 존재하는 행성은 자신의 힘을 100% 발휘한다. 점성가 윌리엄 릴리는 「앵글 하우스의 행성이 가장 강한 효력을 나타낸다」고 설명하기도 했다. 앵글 하우스는 외모, 가정생활, 결혼생활이나 동반자 관계, 직업과 같은 인생의 가장 결정적인 것들을 주관하는 곳이다.

석시던트 하우스(2·5·8·11)

이 연속 하우스에 존재하는 행성은 자신의 힘을 50% 발휘한다. 연속 하우스는 모서리 하우스를 보조하거나 모서리 하우스에 부속된 하우스로 이해해도 된다. 예를 들어 1하우스가 출생자이고 2하우스가 그에 딸린 부속물이나 환경이라면, 7하우스가 파트너이고 8하우스는 그 파트너(혹은 또 다른 파트너)의 부속물이나 환경이기 때문이다.

케이던트 하우스(3·6·9·12)

이 하우스에 존재하는 행성은 자신의 힘을 25% 발휘한다. 후기 로마제국의 점성술 작가인 파울루스 알렉산드리누스(Paulus Alexandrinus)는 「이 하우스에서 발견되는 행성들은 종종 적의가 있는 상황, 이별, 추방 등의 부조화스러운 상황을 발생시킨다」라고 말했다. 또한 르네상스 시기의 중세 점성가들은 이 하우스에 머문 행성들은 비효율적(약한 체력, 약한 생산성, 약한 안정감)이라고 여겼다. 가문에서 분가한 가정이나 둘째 이하의 자식을 의미하는 「cadet」은 「cadent」에서 파생되었다.

4 12하우스의 길흉과 특징

12개 하우스는 제각각 길과 흉으로 분류할 수 있다. 이 분류에서 가장 기본적 원리는 어센던트와 해당 하우스의 관계에서 비롯된다. 말하자면 어센던트는 차트의 주인이며, 12하우스는 환경으로서 그 주인에게 영향을 미치는 장(場)이다. 그리고 그 장에 머

무는 행성들은 영향력을 행사하는 직접적 요소이다. 특정 하우스에 존재하는 행성이
나 사인의 역할은 출생자의 삶(욕구·충동·의지 등)과 행동에 전적으로 영향을 미치기
때문이다. 대개 길한 하우스는 창조적이고 생산적이며, 흉한 하우스는 그 반대이다.

예를 들어, 길한 하우스인 9하우스의 사인이 사자자리이고 이곳에 사자자리의 룰러
인 태양이 존재한다면, 그 차트의 출생자는 자신의 직업(10하우스의 주제)에서 큰 성공
을 이룬다고 예상할 수 있다. 또 다른 예로 8하우스가 천칭자리이고 그곳에 태양이 존
재한다면, 해당 차트의 출생자는 자신의 유산(8하우스의 주제)을 차지하는데 큰 실패가
따른다고 예상할 수 있다. 8하우스는 흉한 하우스로 태양이 지는 하우스이며, 천칭자리
에서 태양은 폴(fall)하기 때문이다. (폴은 본질적 위계에서「기능저하」를 의미하는데, 이에
대해서는 이후의 장에서 다룰 것이다.) 다시 말해 매우 길한 하우스가 길하면 길함이 다른
하우스보다 더욱 길해지고, 매우 흉한 하우스가 흉하면 흉함이 더욱 흉해진다. 다음은
하우스별 길흉 관계를 표시한 것이다.

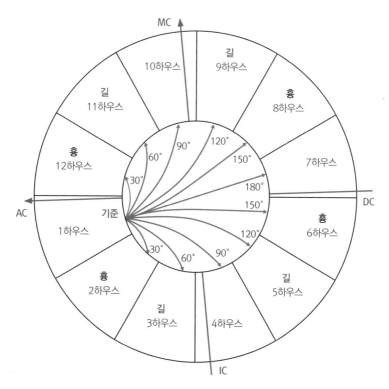

보통 모리누스 시스템에서 어센던트(AC)와 메디움 코엘리(MC)는 보통 1하우스와 10하우스에 위치한다. 물론 간혹 1하우스와 9하우스 혹은 1하우스와 11하우스에 존재할 때도 있다.

하우스별 길흉을 살펴보기 전에 크게 세 가지 원리를 알아둘 필요가 있다. 첫째는 크리스 브레넌이 제시한 하우스별 상징 의미이고, 둘째는 태양의 일주운동에 대한 원리이며, 셋째는 아스펙트(Aspect) 원리이다.

먼저 크리스 브레넌은 각 하우스의 상징 의미를 1하우스 — 키(Helm), 2하우스 — 지옥의 문(Gate of Hades), 3하우스 — 여신(Goddess), 4하우스 — 지하의(Subterranean), 5하우스 — 행운(Good Fortune), 6하우스 — 불행(Bad Fortune), 7하우스 — 설정(Setting), 8하우스 — 비활동(Inactive), 9하우스 — 신(God), 10하우스 — 천국(Midheaven), 11하우스 — 선한 영혼(Good Spirit), 12하우스 — 나쁜 영혼(Bad Spirit) 순으로 부여했다.

다음으로 태양의 일주운동 관점에서 보면, 태양은 AC에서 뜨므로 1하우스는 생명을, MC에서 태양은 가장 높으므로 10하우스는 명예·권위·평판을, DC에서 해가 지므로 7하우스는 죽음·해외(또는 낯선 장소)를, IC는 태양이 가장 낮으므로(관찰자의 지구 반대편) 4하우스는 부모·가족·땅을 의미한다.

마지막으로 아스펙트 관점을 말하기 전에 앞의 도식을 자세히 살펴보자. 1하우스의 기준점을 중심으로 각각의 각도가 양옆으로 매겨져 있다. 이 각도는 각도이면서 1하우스로부터의 거리이기도 하다. 30°·150°는 어버전, 60°는 섹스타일, 90°는 스퀘어, 120°는 트라인, 180°는 어포지션이라고 부른다. 이 중에서 1하우스를 중심으로 60°는 소길각, 120°는 대길각, 90°는 소흉각, 180°는 대흉각이다. 따라서 3·5·9·11은 길한 하우스가 된다.

나중에 아스펙트를 본격적으로 다루겠지만, 행성끼리의 어버전은 별로 의미를 두지 않지만 하우스의 관계에서는 앞의 도식을 보듯이 2·6·8·12 하우스는 전부 흉한 하우스로 여긴다. 그런데 소흉각을 나타내는 스퀘어(90°)의 4·10하우스와 대흉각을 나타내는 어포지션(180°)의 7하우스는 단순히 흉한 하우스로 취급하지 않는다. 4하우스는 지하의, 감금, 구속 등을 상징하기도 하고 부모, 가족, 땅을 상징하므로 길흉 공존 하우스로 여겼고, 10하우스는 비록 각도상은 스퀘어이지만 천국, 명예, 권위, 평판을 의미하므로 오히려 길한 하우스로 여겼다. 특히 7하우스는 비록 어포지션이며 죽음, 해외(또는 낯선 장소) 등을 상징하지만, 설정의 의미로 내가 좋아하는 파트너를 만나는 하우스이므로 길흉 공존 하우스로 여겼다.

한편, 11하우스는 루미너리인 태양이 상승하고 5하우스는 달이 상승하는 구간이면서 길각을 맺으므로 가장 좋은 하우스로 여겼다. 이를 의식하듯 크리스 브레넌도 11하우스는 좋은 정신의 하우스로, 5하우스는 행운의 하우스로 여기는 것을 앞에서 설명하였다. 이러한 사실들을 종합해서 길흉의 관점으로 하우스를 크게 네 가지 유형, 즉 ❶ 매우 길한 하우스, ❷ 길한 하우스, ❸ 길흉 공존 하우스, ❹ 흉한 하우스로 나누면 다음과 같다.

❶ 매우 길한 하우스(5·11)
5하우스는 행운(Good Fortune)을 나타내고, 11하우스는 선한 영혼(Good Spirit) 또는 선한 신(Good God)을 나타내기 때문이다. 특히 선한 신은 큰 행운을 의미한다.

❷ 길한 하우스(1·3·9·10)
매우 길한 하우스인 5하우스와 11하우스만큼은 아니지만, 비교적 긍정적인 하우스라 할 수 있다.

❸ 길흉 공존 하우스(2·4·7)
2·4·7하우스는 평상시는 길한 하우스이지만, 종종 흉한 하우스로 변질되기도 한다. 예를 들어 2하우스의 경우에 어떤 점성가들은 「지옥의 문(Gate Of Hades)」이라 여겼는데, 인간은 물질욕에 사로잡힌 노예나 다름없다는 관점 때문이다. 또한 2하우스에 흉

성이 자리하면 재물에 대한 고통을 수반하기 때문이다. 7하우스는 관계의 설정(Setting)으로 내가 좋아하는 파트너를 만나는 곳이지만, 이 하우스에 흉성이 자리하면 7하우스의 파트너는 적으로 변질될 수도 있기 때문이다. 4하우스는 출생자의 근본이 되는 부모의 하우스로 길하지만, 가장 낮은 지하의(Subterranean) 상징으로 한 사람의 삶은 물론이고 구속이나 감금 그리고 죽음까지도 관장하기 때문이다.

❹ 흉한 하우스(6·8·12)

6하우스는 불행(Bad Fortune)으로 질병을, 8하우스는 비활동적(Inactive)으로 죽음을, 12하우스는 나쁜 영혼(Bad Spirit)으로 적이나 감금의 의미를 지니기 때문이다. 또한 6·8·12하우스는 어센던트의 어버전 하우스인데, 어버전 하우스는 「자기 뜻대로 안 된다」는 의미가 있어 흉한 하우스로 여긴다.

5 12하우스에 위치한 행성의 의미

어떤 하우스에 위치한 특정 행성은 흉성·흉각의 영향을 받으면 더욱 나빠지고, 길성·길각의 영향을 받으면 더욱 좋아진다. 길흉에 영향을 미치는 또 다른 요인으로 섹트, 아스펙트, 디그니티(위계) 등이 있다. 뒤에서 다루겠지만, 여기서 간단히 설명하면 섹트는 낮의 행성은 태양이 존재하는 반구나 남성 사인 사이에 위치할 때 해당 행성의 힘이 강화되고, 밤의 행성은 태양이 존재하지 않는 반구나 여성 사인에 위치할 때 해당 행성의 힘이 강화됨을 말한다. 또한 아스펙트는 행성 간의 각도차에 의해 서로에게 긍정 혹은 부정의 영향을 미치는 것을 말한다. 디그니티는 「행성의 힘의 세기」를 의미하는 말로, 행성이 존재하는 사인과 관련된 힘의 세기, 혹은 행성과 태양의 관계나 행성 자체의 속도나 순행·역행·정지 등의 관계를 통한 힘의 세기로 구분된다.

그 밖에도 영향을 미치는 여러 요소가 있지만, 여기서는 단지 하우스와 행성의 기본적인 관계만을 감안하여 설명한다. 특히 독자 여러분을 위해 한 가지 당부하자면, 행성과 하우스의 관계적 의미는 행성의 속성과 하우스의 주제가 서로 맞물려 긍정으로 작용하는지 부정으로 작용하는지를 예상하여 정리한 것들로, 이는 초심자를 배려한 것이며 또한 모든 상황을 일일이 다 적을 수 없다는 점을 미리 밝혀둔다.

하우스	차트	태양
1 하우스	긍정	야심차고 의욕적인, 낙천·긍정적인, 독립심·자발심·결단력, 강한 회복력, 부·명예·권력 지향
	부정	오만한, 허세가 강한
2 하우스	긍정	소유욕이 강한, 많은 재물을 버는, 정치가·사업가의 가정에서 출생, 자신의 가치와 소유물에 큰 자부심이 있는, 공적·명예적인 지위나 직업으로부터 재물을 얻는
	부정	돈을 잘 쓴다(발산의 행성)
3 하우스	긍정	심리·교육·집필 활동에 관심이 많은, 지식 최고의 과정(박사) 참여, 새로운 문화·정보·언론·번역·교사·외국어 등에 관심, 조기교육, 공적업무를 위한 여행, 이동·여행을 즐기는, 가족과 친밀한 접촉, 힘 있는 형제·친척, 국가의 관리자
	부정	긍정적 의미가 약해지거나 악화된다
4 하우스	긍정	권위 있고 힘 있는 아버지나 조상, 교양이 있고 풍요로운 가정에서 태어난, 가족·가정에 애착, 가족의 구성원이 정체성에 영향을 미침, 전통·관습·유산·가문을 중요시, 실질적 장남 역할, 땅 관련 직업을 갖는, 숨겨진 유산을 받는
	부정	긍정적 의미가 약해지거나 악화된다
5 하우스	긍정	아이들과 교육적 소통, 높은 지위나 능력있는 자녀를 두는, 자존감이 강한, 독창·개성적인, 자신의 재능에 대한 인정 욕구, 파티의 주최자, 대중의 스타, 로맨틱한 연애를 즐김
	부정	긍정적 의미가 약해지거나 악화된다
6 하우스	긍정	월급쟁이·회사원·종업원·기술자·장인 등의 직업을 갖는, 충실한 직무수행, 계획적이고 빈틈없는 생활, 일을 통해 자신을 찾고 보람을 느끼는, 주변인을 잘 돌보고 치유하는, 건강을 잘 신경쓰는
	부정	윗사람의 질투나 방해를 받는, 아랫사람이 비협조적인

7 하우스	긍정	사회적 지위가 있는 동업자나 배우자와 만나는, 동업자·배우자와 좋은 관계를 유지하는, 사교성·협상력으로 평화와 안정을 가져옴, 다양한 관계성을 갖거나 즐김
	부정	자기중심적인 동업자나 배우자, 파트너에 매우 의존적인, 파트너에 대해 변덕스러움
8 하우스	긍정	배우자나 동업자의 유산을 넘겨받는, 숨겨진 사회적·물질적 가치를 잘 간파하는, 자원관리·재테크 능력이 있는, 유산복·대출운이 따르는, 초능력·영적·철학적 지식에 호기심, 섹스를 통한 유지관리, 배후 조종력이 탁월한
	부정	갑작스런 사건·사고나 사망, 파산·부도, 지위가 높은 사람이나 상사로 인한 재산 손실
9 하우스	긍정	철학·종교·법률에 깊은 이해, 열렬한 여행자, 국제적 업무·무역·교역에 종사하는, 외국의 문화·유학·공부에 탐닉하는, 이상주의자, 인도주의자, 종교인·언론인·작가·인플루언서·연설가·용병·군인 관련 직업에 능한
	부정	광신자 또는 무신론자
10 하우스	긍정	야망과 카리스마가 있는, 관리자·지배자·정치인을 지향하는, 목표·성공·성취감을 위해 일하는, 불굴의 정면돌파형, 대기만성형, 가족보다 일에 더 몰입하는, 대중의 관심을 요구하는
	부정	가짜 지위를 이용, 폭군이나 강압적 리더
11 하우스	긍정	개방적이며 관대한, 집단·사회단체를 이용해 세상의 변혁을 원하는, 지위가 높은 사람들과 교류를 통한 명예·이익·인기를 추구하는, 상대를 자기편으로 만드는 능력, 인적 네트워크가 풍부한, 평범한 것보다 특별한 것을 추구하는, 기획력·아이디어가 풍부한 리더
	부정	사람의 지위나 수준을 지나치게 구별하는
12 하우스	긍정	무의식의 영역에서 활동(수도·명상)하는, 부와 명예를 좇지 않는, 평화로운 내면, 신비적이며 감수성이 강한 예술가, 마음 편한 외톨이, 자신을 잘 드러내지 않는, 깊은 동정심, 야간근무에 적합한
	부정	고단한 인생살이, 가족과의 이별, 권력자나 비천한 지위의 사람에 의한 해악이나 수모를 당하는, 사람과 사회에 자신을 개방해야 할 필요성, 오타쿠, 히키코모리, 부모의 애정·관심·지지 등이 결핍된

하우스	차트	달
1 하우스	긍정	대중에게 인기 있는, 여성에 대한 호의나 친밀성, 감성적이며 모성본능이 강한, 탁월한 직관으로 문제해결, 상대의 심리적·육체적 고통을 잘 꿰뚫는
	부정	삶의 변화와 이동이 잦은, 자신의 감정만 중요시, 심한 변덕이나 정서불안, 의존적

2 하우스	긍정	서민이나 여성을 상대하는 직업을 갖는, 정서적 행복과 물질적 풍요가 비례하는, 타인에게 물질적·정서적 배려, 부동산·골동품·재테크에 관심이 많은, 요식업으로 돈 버는, 가족에게 돈을 잘 쓰는, 정서적으로 커피·음악과 같은 분위기에 잘 매료되는
	부정	재정적 변화가 잦은, 금전적 어려움을 지나치게 경계함, 돈의 증가와 감소가 빈번한, 연인과 이별할 때 냉정한
3 하우스	긍정	학문을 즐기며 조기교육에 힘쓰는, 기억력이 좋은, 자신의 감정을 잘 표현(시적 표현 등), 합리적이지만 뛰어난 직관도 사용, 변화·이동을 즐기는, 여행사·가이드·상담 관련업, 몽환적·기발한 상상력
	부정	형제자매·친척·이웃의 변덕이나 변심, 지나친 직관과 감정에 의존, 비밀스러운 대화, 시시콜콜한 대화
4 하우스	긍정	원가족에 대한 애착, 가장 역할을 하는, 부모에 대한 기억, 어머니와의 정서적 유대, 전통·골동품·옛것 등에 대한 집착, 유산상속 가능성
	부정	가족간의 상처, 정착의 불안정함, 집·가구를 자주 바꿈
5 하우스	긍정	자신의 로맨틱한 감정을 잘 드러냄, 아이들과 잘 지냄, 감수성을 이용해 상대를 홀릭시킴, 예술·공연·음악·패션·연애·집 꾸미기·아이와 놀기 등의 활동 욕구, 자녀가 많은
	부정	남들의 관심을 요구하는, 애정에 대한 지나친 몰입, 유흥업소를 자주 찾는, 도박·연애의 불안정성, 잘 보여줘야 한다는 압박감, 자녀에 대한 집착
6 하우스	긍정	일에 대한 의무감이 강해 수의를 집중하는, 청소·요리·집안일·동물관련 일에 능률적인, 주변인의 보살핌·대접·챙겨줌을 은근히 좋아하는, 창의적·효율적·다재다능한 작업이나 업무방식, 봉사정신·동정심이 강한, 활인업(의사 등 사람을 살리는 일)에 능한
	부정	건강에 민감해 과로·스트레스·배탈·우울증 동반(체계적이고 균형적인 생활이 요구됨), 상사나 부하직원이나 잦은 변동이나 변심
7 하우스	긍정	감성적·수용적인, 서비스업에 능한, 우정·사업·결혼에 대한 책임을 이행하는, 법률·계약·자문에 대한 봉사, 적재적소에 필요한 사람을 잘 이용하는
	부정	배우자의 바람기, 여러 번 재혼하는, 경쟁구도 속에서 사는, (감수성 때문에) 파트너와의 교류가 어려운, 감정의 불안정과 변덕스러움, 파트너나 상대가 있어야 즐기거나 안정됨, 누군가의 보살핌·챙김 등에 의존하는 마마보이 기질, 상대를 지나치게 의식하는(인정욕구가 지나친)

8 하우스	긍정	어머니나 아내로 인한 유산상속, 주변 사람의 비밀·죽음·간통을 잘 간파하는(영적 직관력이 강한), 직접 돈관리를 하는, 귀중품을 좋아하는, 신비주의·대체의학에 대한 관심, 카리스마나 사람 끄는 매력
	부정	미신에 집착, 무병의 고통, 깊은 가난이나 슬픔을 겪는
9 하우스	긍정	종교적·철학적인 삶, 이상적인 선각자, 해외여행을 즐기는(육체적·정신적 만족을 위한), 이국적인 문화와 사람들에 대한 편안함
	부정	떠돌이 인생
10 하우스	긍정	서민이나 부녀자에게 인기 있는, 대중을 돌보며 대중의 인정과 감동을 즐기는, 비권위적인 직업을 갖는, 장애물은 많지만 성공하는, 재정독립·성공지향적인 여성
	부정	자신의 적성을 찾지 못하거나 결정하지 못해 직업변동이 잦음, 충동적인 일처리, 남보다 늦은 사회적 안정 후 쇠락하는, 변질되는 행운
11 하우스	긍정	서민이나 부녀자와의 친분이나 교류, 가족적인 지인·친구(특히 이성)가 많음, 단체나 조직 속에서의 안정감, 원대한 포부, 이성보다 감정적인 친구, 새로운 친구에 대해 열정적, 사회참여의식
	부정	부녀자와의 스캔들, 의리·우정에 의한 사업 실패, 혼자 있는 것을 싫어함(금방 우울해짐)
12 하우스	긍정	여성들로부터 도움을 받는, 공감능력이 있는, 폐쇄된 보호소·교도소 일에 적합한, 은둔을 즐김(혼자가 편한)
	부정	격리된 장소에서 거처, 가정불화(마약·술·중독·망상으로 빠짐), 어린 시절 엄마의 부재, 민감하고 상처받기 쉬운, 신병·정신병의 가능성, 지나친 동정심·자기연민·피해의식, 숨기고 싶은 비밀이 많은

하우스	차트	수성
1 하우스	긍정	소통·토론·대중연설을 즐김, 지적(고대·신비) 호기심, 깊은 사유·통찰력·분석력, 언어지능 탁월, 강한 추진력, 다재다능
	부정	기질적으로 자의식 과잉, 지나친 사색·몰입, 대화 독점, 수다스러움, 산만한, 상대의 감정을 무시하며 이성적 접근
2 하우스	긍정	경제적 관념이 강해 금융·회계·분석·기업가 관련 직업, 지적재산 보유·지식·교육의 수익화, 물질의 실용적이며 안정적인 관리, 수입과 지출을 잘 파악(회계능력)
	부정	경제관념이 강해 물질적 욕망을 위한 지나친 지적 활동

3 하우스	긍정	소통의 전문성, 의사표현의 창의성·상상력·자발성·합리성, 예술·문학·철학·수학·물리학·생물학 등 다양한 분야에 관심과 정보 공유, 문서·외국어·정보통신·기자·방송관련 직업적 능력
	부정	소통이 가볍고 피상적임, 다양하고 즉흥적인 시도로 집중력 부족, 효율성·생산성 저하, 싫증을 빨리 냄, 지식의 질보다 양에 집중, 사기를 치는
4 하우스	긍정	가정교육을 잘 받아 교양·식견이 있는, 자식교육이 훌륭한, 새로운 세계·문화·사람들에 대한 호기심, 연구·저술·요리·부동산에 대한 호기심
	부정	가족이나 전통에 매여 정신적 자극(호기심)이 필요함, 통제·규율·한계에 대한 스트레스(비관적이고 불안정함)
5 하우스	긍정	사교성이 좋으며 재치와 유머가 있는, 말·글쓰기·독서·교육 등에 대한 능력, 자신을 드러내는 연기에 능함, 다양한 정신적 영감·재미를 추구
	부정	사교성과 지적 허영심을 이용한 문란한 애정 관계, 유치하며 쾌락적, 장난으로 남을 짜증나게 함
6 하우스	긍정	일처리가 꼼꼼한, 타인의 능력을 잘 활용하는, 기획력(행사·파티·이벤트) 있는 전문가, 학습·연구한 지식을 체계적이고 효율적으로 축적, 뛰어난 손기술과 특수기술 능력, 위생적인
	부정	섬세함으로 인한 결벽증·신경과민·우울증·노이로제 등의 정신질환, 과도한 일중독, 여성으로 인한 사기를 당하는
7 하우스	긍정	파트너와의 즐겁고 부담 없는 소통, 대인관계를 통한 성장과 유대감, 전문가적인 설득·중재 능력, 저술·방송·지식 관련인과 교류, 지적인 배우자를 얻는
	부정	파트너와 소통의 어려움이나 구설수, 생각이 많고 따지는 게 많아 우유부단, 너무 부담스럽고 심각한 대화
8 하우스	긍정	죽음·성·금전에 대한 관심, 비밀스럽거나 독특한 이야기를 즐기는(수성은 압력완화 밸브), 사업적 아이디어나 자산관리 능력이 좋은, 기획력·분석력이 좋은, 타인·초자연·미래예측(점성가)에 대한 통찰력, 자기 절제력이 강한, 최후의 결정자, 타인에 대한 조종능력, 사람을 모으는 카리스마
	부정	서류 위변조, 사기를 치는, 비밀을 공유하면 위험한, 교묘한 험담, 충동적 언사, 교활한 설득력
9 하우스	긍정	외부세계의 변화·문화·지식에 대한 수용력, 한계 탈출 욕구, 강한 정신력·모험심·멘토·관대함으로 영웅 기질, 작가·번역·기자·사상가적 성향, 고된 노력·분석·연구를 통해 축적된 지식, 손쉬운 문제해결 능력(해결사), 빠른 의사결정, 공공의 이익에 적극적 부합, 다양한 언어에 관심

9 하우스	부정	외부세계에 대한 동경으로 영원한 방랑자·학생(현실의 불안정성), 냉소·냉담, 무신론적인, 주장이 강해 논쟁·언쟁적인
10 하우스	긍정	다른 문화·사상에 대한 탐구나 수용력, 야망과 실현을 위한 인내, 자수성가, 어려운 문제를 해결하는 능력, 강한 정신력과 냉정한 지적능력, 청중 장악력, 권위와 겸손함, 조직화(팀워크) 능력, 자기 어필이나 광고 능력 탁월, 저술·강연·방송·통역·교육적 능력
	부정	근거 없는 자신감이나 고양된 자신감으로 무모한 일에 도전, 상대의 매력·지위를 분석적으로 공격함
11 하우스	긍정	공감·설득·사교·사회성이 탁월한, 독특한 상상력과 기발한 아이디어, 지적인 집단과 교류, 정보에 소외된 대중을 위한 봉사, 집단무의식·사회학적 심리에 매우 관심이 있음
	부정	공감능력이 지나쳐 주체성이 확고하지 않아 우유부단한, 지나친 비평·비판 능력
12 하우스	긍정	타고난 직관력(영매 기질), 이성보다 감성적 접근에 익숙, 뛰어난 직관적 일처리, 유능한 작가적 기질(혼자서 작업하는 지적 분야)
	부정	지나친 수줍음이나 자신감 결여, 작은 문제에 과민반응하거나 과장하여 험담·모략·밀고·재앙화·비극화 하기, 말없이 듣기(권리 주장의 어려움), 비논리와 비합리성, 철학적 열등감, 어눌한 말솜씨, 우울한, 자폐증적인, 비현실성, 정신착란증
하우스	차트	금성
1 하우스	긍정	매력적인 외모와 교양이 있는, 이성에게 매력적·사교적, 예술적인, 후원자가 잘 생기는
	부정	애정결핍, 관심욕구, 피상적이며 소비성이 강한, 잦은 스캔들
2 하우스	긍정	재산상 풍요로운, 심미적인, 사교적인, 이성과 예술을 이용한 부의 축적
	부정	재산상의 어려움, 애정관계 혼란·만혼 등을 겪는
3 하우스	긍정	세련된 재치·유머·소통 능력, 외교·정치적인 설득력, 예술·문학·심리에 조예가 있는, 형제자매·친척·이웃 등과 우애가 좋은
	부정	소통이 지루한, 불평·불만이 많은, 스캔들·구설수가 생기는, 자신감이 결여된, 질투가 심한
4 하우스	긍정	가족·친척의 유대, 멋진 집이나 세련된 가정 분위기, 유산복이 있는, 가정에 집중하고 즐거움을 느끼는

4 하우스	부정	가족에게 의존적, 주도력 저하, 고집·집착·탐닉, 부모의 과잉보호
5 하우스	긍정	예술·낭만·패션으로 감각적 자기 표현, 매력으로 팬덤 형성, 낭만적인, 연애를 통한 부와 행운이 따르는, 창작에 능한, 유아교육을 잘하는
	부정	여가활동으로 섹스·오락·쇼핑·주식·도박 등에 중독, 애정결핍이 강한
6 하우스	긍정	주변인과의 다정·성실한 관계를 유지하는, 파트너에게 봉사하는, 아랫사람복이 좋은, 애완동물과 친밀한 관계나 생활, 미술·인테리어·사회복지사·간호사 직업 관련
	부정	파트너에게 무심하거나 지나친 집착, 여성으로 인한 질병
7 하우스	긍정	파트너와의 조화·안정, 평화·균형·외교적인 능력, 로맨틱한 결혼생활, 잘생긴 배우자, 여성으로부터의 기쁨
	부정	복잡한 이성관계, 파트너와의 대립·의존, 물질에 집착하는
8 하우스	긍정	비밀스런·독특한·느낌 있는 이성관계나 섹스를 즐김, 극적인 것을 선호, 유산복이 있는, 타인의 원조가 생기는, 부로 인한 안락한 생활, 행복한 말년과 죽음
	부정	헌신적 배우자 원함, 배우자를 통제하려 함, 변태·집착·중독적 이성관계, 콤플렉스(과거의 비천함에 대한)가 심각함, 유산복 약한, 사치가 심한, 어머니와 불화
9 하우스	긍정	외부세계에 대한 동경, 새로운 종교·문화·여행·모험을 좋아하는(그러한 파트너 선호), 국제결혼, 외국의 친구가 많은, 자유롭고 경험을 즐기는 낙관주의자
	부정	외부세계에 대한 동경으로 학업 중단, 연애·결혼의 장애나 어려움
10 하우스	긍정	사회생활을 잘하고 인기 있는, 직업적 스펙이 화려한, 연예인 기질이 있는, 권위 있는, 음악·미술·문학 등 예술적인 직업관련, 술이나 사교성으로 인한 지위 상승, 지위 높은 여성으로 인한 이익
	부정	사회·직업적 일에 홀릭, 연애만 지속하거나 비혼주의 가능성
11 하우스	긍정	친절·명랑·헌신적 파트너관계를 유지하는, 인복이 좋은, 여러 동호회 참여
	부정	가식적·비배려적 파트너관계를 유지, 질투와 편애가 심한
12 하우스	긍정	신비스러운 매력, 오컬트에 심취하는, 비밀스러운 연애, 자기만의 예술성을 추구하는, 남모르게 봉사하는
	부정	불운으로 파트너와의 애정·결혼의 장애나 실패, 욕망이 금지된 생활, 나쁜 여성으로 인한 고통

하우스	차트	화성
1 하우스	긍정	주체성이 강한, 자신감 있는, 활기찬, 도전적인, 자유분방한, 독립적·리더적인, 솔직한, 강력한 에너지와 투지, 성취욕이 강한
	부정	성급한, 충동적, 무모한, 호전적인, 무례한, 적대적인 경쟁·논쟁, 비사교·비배려적인
2 하우스	긍정	성실한 일이나 타고난 운동능력으로 많은 부를 축적하는, 위험한 일을 잘 처리하는, 도전적·모험적 기업가, 판단·결력이 빠른, 성적 능력이 있는
	부정	충동적 소비, 채워지지 않는 물질욕, 급한 포기, 늘 힘겨운 경쟁에 노출, 소유물을 빼앗거나 빼앗기는, 도박·투기에 빠지는
3 하우스	긍정	명확한 자기 표현, 공부에 대한 노력, 글재주(범죄·폭력 관련 장르), 현장기자·통신 업무에 뛰어난, 단거리 여행, 조기교육
	부정	독설적·직설적 언사, 거만한 대화방식, 불안정한 계획·분석, 주변인과 말다툼·갈등, 약한 수용력, 성급한
4 하우스	긍정	가족·친척을 보호하거나 부양하는, 엄격한 가정에서 강인하게 성장한, 독립된 가정을 원하는
	부정	부모의 그늘을 벗어나지 못하는, 이혼 후 사과하는, 수동적인 공격성, 독선적인 아버지, 가족 간의 잦은 논쟁이나 칼부림, 사고 및 화재, 인생의 극단적 종결
5 하우스	긍정	창의적인 취미·스포츠·여가활동을 선호, 능력 있는 운동코치, 파티를 주도하는, 낭만적인 사랑 갈구, 노련한 섹스 스킬, 셀럽이 되길 원함, 사춘기 때 독립심 강함, 아이들과 잘 놀아줌
	부정	도박을 즐김, 지나친 성생활 추구, 아이처럼 자기 감정만 중요, 종종 비열한, 승리 만능주의, 충고 무시, 자녀의 반항이나 도발, 난산·유산·자녀를 잃는 사고, 배다른 자녀
6 하우스	긍정	매우 성실하고 생산적으로 일함, 기초체력이 좋은, 의사·지압사·요가 관련업, 일에 대한 몰입 능력
	부정	협업 능력이 떨어짐, 불공평한 일을 못 견딤, 악덕업주를 만나는, 일중독·과로로 탈진, 성공에 대한 지나친 조급증, 결벽증

7 하우스	긍정	파트너와의 관계에서 열정적·헌신적인, 애정에서 기사도 정신이 강한, 강한 경쟁력, 일대일 경쟁에서 강한 승률
	부정	파트너와의 대립·충돌·비타협 등이 발생, 충동·폭력·불안정한 결혼생활, 자기주장이 강해 협업력 상실, 사교성 필요, 일대일 경쟁에서 목숨 거는
8 하우스	긍정	경제력 있는 파트너를 만남, 탁월한 섹스어필과 스킬, 신비·미스터리·비밀스러움을 잘 연출하는, 탁월한 직관능력, 재테크 전문가, 타인의 돈을 끌어오는 능력, 유산을 상속받는
	부정	물질적·성적·쾌락적, 충동적인 지출, 배금주의적인, 다양한 성경험, 세금·유산·수익배분 분쟁, 재산 손실을 겪는, 가난으로 멸시받는, 수술·교통사고·강도 상해를 당하는, 처참한 죽음을 맞는
9 하우스	긍정	외부세계의 고급지식·문화에 대한 적극적인 수용, 여행가, 외국용병으로 적합, 종교·철학·관광·출판·교육에 관심 있는, 여행이나 모험을 즐기는, 종교·정치·사상과 관련된 토론을 즐기는
	부정	외국이나 여행 중 재난이나 위험, 광신적·무신론적·독선적인, 타인의 충고를 매우 싫어하는
10 하우스	긍정	목표지향적, 성실·성공의 동기는 타인의 인정욕구(간혹 부모의 바램), 조직화 능력이 강한 경영자, 리더십이 좋은, 성실하며 솔선수범, 법을 잘 이용하는 업무(변호사·경찰관), 육체적 능력을 이용하는 직업, 직업적 경쟁력과 성취욕이 강한
	부정	권력자에 의한 구속, 무자비한 상사, 성공제일주의로 실패시 충격·좌절이 매우 큰, 가난한
11 하우스	긍정	주변 사람에게 능력 있는 사람으로 여겨짐, 다양한 사회활동가, 공공의 목적에 부합(아이디어·캠페인), 스포츠경기 선호(구기종목), 네트워크를 중요시함, 의리로 맺어진 친구를 두는
	부정	폭력서클이나 조직, 독선적이거나 호전적인 친구를 두는, 동료들과 지나치게 논쟁적, 단합을 무너뜨리는 트러블메이커
12 하우스	긍정	자신을 잘 통제하는, 통제된 공간인 감옥·정신병동·정신과의사 직업 적합, 동정심이 강한, 프리랜서나 자영업 적합
	부정	미래에 대한 불안, 억압된 분노(콤플렉스·마마보이)가 있는, 비현실(꿈·환상)적 욕구분출, 자기 표현이 약한, 외부의 자극에 수동적, 범죄에 연루되거나 구설이 따르는, 모함을 당하는, 섹스나 약물에 의지하는, 보이지 않는 적으로부터의 해악

하우스	차트	목성
1 하우스	긍정	야심이 크고 자기개발적인, 정직한·도덕적·준법적·원칙적인, 낙관적·사교적·확장적인, 상냥한 말·미소, 종교적인, 유머러스한, 행운이 따르는
	부정	자기만족·자기중심적인, 지나치게 관대, 극단적인 기질, 너무 운을 믿는, 자존감·자신감 과잉, 규칙과 경계의 필요성
2 하우스	긍정	부유한 가정에서 태어난, 돈을 잘 버는, 부유한 배우자와 결혼, 종교·여행관련 사업, 안정적이며 고정적인 수익, 공공기관으로부터의 수익, 돈 되는 사업을 아는
	부정	개념 없는 소비로 파산할 수 있는, 사치스러운, 수단과 방법을 가리지 않고 돈을 버는, 물질의 노예
3 하우스	긍정	사람들의 훌륭한 멘토, 합리적 토론, 작가·연설가·교육자 기질, 여행과 관련된 공부, 지식습득이 뛰어난, 형제나 친인척으로부터의 이익
	부정	희망고문, 형제나 친인척에 대한 지나친 조력
4 하우스	긍정	부모가 공직에 있는, 조상복이 좋은, 대가족이나 큰집에서 자란, 어른을 공경하는, 다복한 가정, 가정적·가족적인, 자식·집의 확장에 관심이 많은, 부동산을 이용한 수익, 유산복이 있는, 전통을 잇는
	부정	지나치게 배려하는, 전통이나 가족을 지나치게 챙기는, 이복형제가 있는
5 하우스	긍정	창의적·개방적인, 정치인 자질의, 자식복이 있는, 자식을 가르치는 능력이 있는, 유명세를 누리는(달·태양의 긍정적 영향), 아이들과 정직한 소통, 예체능·연예기획사로 성공 가능성, 투자감각이 있는
	부정	이기적인, 계획한 공부를 중도하차하는, 책임감 없는 연애, 도박·술·섹스에 지나치게 탐닉하는
6 하우스	긍정	철학과 관련된 일을 하는, 일자리·취업복·직장복이 있는, 적이 없음, 강한 윤리의식, 기부·자원봉사, 인사 관련 부서에 적합, 윗사람·부하복이 있는, 건강·의학·보육에 능력 있는, 가축에 의한 행운
	부정	일에 극단적으로 빠져 건강을 조심해야 하는 ＊(염소·물병자리)＋목성은 질병
7 하우스	긍정	법적인 문제에서 승리하는, 배우자복(고위직·공무원)이 있는, 미인·부자·외국인과의 결혼, 철학·종교·영적인 고급지식으로 상류사회에서 성공, 사교·협상·외교력, 갈등 중재 능력
	부정	상대를 너무 편하게 여겨 사람을 잃는, 이혼 가능성, 여러 번 결혼할 수 있는

8 하우스	긍정	유산복이나 타인으로부터 재물복이 있는, 탁월한 자산관리 능력, 타인의 부를 내것으로 만드는 능력, 이성을 잘 유혹하는 능력, 상대의 심리를 파악하는 능력, 직관이 강한
	부정	채무불이행, 쓸데없는 과소비, 불법 혹은 법적문제 발생, 성관련 문제 발생
9 하우스	긍정	종교·철학적 사유능력이 탁월한, 종교활동을 통한 이익, 장거리 여행과 교육의 많은 기회, 교육·작가·언론·출판·스포츠에 능한, 법적인 승리, 고급지식 추구(석사·박사 지원), 깊은 신앙심, 이민 가능성(목성·수성이 관련되는 경우), 목적지 없는 자유여행을 즐김
	부정	자기 주장이 지나치게 강함
10 하우스	긍정	공무원, 원활한 사회활동, 부유한, 직업과 관련된 행운, 타고난 리더십, 카리스마 있는, 럭셔리한 삶을 추구, 깊은 신앙심, 전략적 확장력이 강한, 목성의 영향으로 여유로운 일처리, 아버지·성직자·성공한 사람을 롤모델로 삼는, 정치·법률·실업·금융인의 자질, 유머·재치를 갖춘 영업능력, 빠른 승진 능력, 천부적인 대중적 매력
	부정	형제나 가족에게 경제적 지원 요청, 일처리가 시원하지 않은, 돈만 버는 사람
11 하우스	긍정	뛰어난 표현능력의 리더십, 수용·융통성이 있는, 혁신적인 아이디어로 세상을 바꾸려는, 모임을 즐기는, 팀워크로 장기적 승리, 대의명분 중요시, 다양한 인종과 종교·문화 토론, 능력 있는 인맥·조직이 행운으로 작용, 법적 멘토링 능함, 이타적인, 훌륭한 후원자 혹은 후원복이 있는, 개인의 자유를 중시하는
	부정	지나치게 운에 의존함, 주변 인연이 나쁠 수 있는, 위선적 우정, 실속 없는 친구
12 하우스	긍정	보이지 않게 타인으로부터 후원·자선·구원을 받는, 자비롭고 관대한, 명상이나 영적인 성장과 재능, 뛰어난 공감능력, 동정심이 있는
	부정	바현실적, 낭비벽, 감금과 속박, 심적으로 잘 흔들리는, 일시적으로 불안한, 현실적·세속적 삶의 고통
하우스	차트	토성
1 하우스	긍정	자수성가하는, 성실·성숙·책임감 있는, 매사에 진지한 태도, 자기 통제(절제력)와 목표지향적인 접근, 주변 환경을 잘 안 바꾸는
	부정	우울증, 강박관념, 스트레스와 질병, 자신·사람·단체·정부마저도 비관하고 불신하는 경향, 지나친 사색, 과도한 죄책감과 불안감, 융통성 없는, 황소고집
2 하우스	긍정	부동산복이 있는, 신중한 재정관리, 채무를 먼저 갚는, 오랜 고생 후 경제적 안정
	부정	가난한, 일의 대가에 대한 불만족, 모험을 하지 않아 적은 이익, 재테크를 못하는, 인색한

3 하우스	긍정	완전하게 이해해야 안심하는
	부정	형제자매·친척·이웃과의 불화, 의사소통·자기 표현이 원활하지 않은, 대인관계에서 순수·수줍어함, 소소하고 일상적인 대화·토론, 조기교육 부정적, 새로운 문화에 잘 적응하지 못하는, 지나치게 소심한, 짧은 여행도 매우 겁내는, 짧고 조심스러운 여행, 형제로 인한 고난이나 고통, 느린 이사·이동(보통 가족문제가 요인)
4 하우스	긍정	재산을 소유하고 전통을 고수하는, 스스로의 치유를 위해 안정적이고 따뜻한 가정을 꾸리고 싶어하는 열망, 늘 진정성을 앞세우는
	부정	엄격한 가정, 가정불화, 가족·친척과의 잦은 다툼, 물질적 곤란, 부모의 조기 사망, 애정결핍, 가족으로부터의 소외감, 유산상속이 불리한, 스트레스성 질병, 타인에 대해 방어적, 환경의 변화를 싫어하는, 고독한 인생
5 하우스	긍정	현명하고 사려 깊은, 아이들을 사랑하며 교육적인, 충고를 수용하므로 나중에 예술·낭만을 깨닫게 됨, 건축·토지·광산 등 투자
	부정	알코올 의존, 예술감각 전무, 낭만을 모르는, 자녀로 인한 슬픔이나 고통, 불임, 난산, 유산, 자녀의 죽음, 즐겁게 노는 것에 대한 죄책감, 분위기를 저해하는, 애정표현이 서툰, 연애의 고통, 늦은 결혼, 자신은 주목·사랑받지 못할 거라는 비관적 생각을 하는
6 하우스	긍정	봉사·의무에 편안함을 느낌, 자신의 능력·성과에 불만을 가지며 더욱 열심히 노력함
	부정	천하고 힘든 노동, 가정과 일의 불균형, 억압이나 과로로 인한 질병, 일중독자, 우울증, 난치병, 불순종하는 종업원
7 하우스	긍정	신중한, 책임감 있는 결혼생활, 파트너에게 자상·진지·헌신적, 서두르지 않는 결혼, 나이 많은 이와 결혼 후 평등관계, 소수와 만나는 대인관계, 정치인·사업가·변호사·브로커 적합
	부정	파트너에게 냉대, 결혼생활의 불운이나 이혼 심하면 사별, 독신, 나이 든 배우자, 배우자의 유산을 못 받는, 동업자의 배신, 소송의 어려움
8 하우스	긍정	갱생·반성·재탄생의 삶, 깊은 통찰력, 대인관계에서 잘못될 것을 미리 대비하는, 섹스나 치료로 인해 불안감이 해소되는, 금융·은행 관련업 적합, 장수하는
	부정	변화에 대한 두려움, 정신적·신체적 폭행을 당하는, 단명하는, 독신의 삶, 유산상속을 고통스럽게 기다림, 세금·유산상속 관련 불이익, 배신에 대한 지나친 두려움, 고립된 생활이 지속되면 무기력해지는, 고통스런 성생활, 배신을 경계하는

9 하우스	긍정	보수적·철학적·종교적 신념을 가짐, 정신적 수행을 하는, 논리·지략적, 자발·모험·진화적, 장거리 여행을 통해 외부문화나 정보를 즐기는, 여행, 멘토링·강연회·체험학습 등을 즐기는, 만학하는
	부정	지나친 신념으로 융통성 부족, 관료주의, 권위주의, 문제에 지나치게 집중·집착, 아이디어 고갈, 융통성 결여, 상대의 말을 무시하는 경향, 지나친 양심·죄책감, 휴학이나 힘든 편입, 장거리 여행의 고통이나 장애, 종교상의 문제와 장애
10 하우스	긍정	야심, 끈질긴 노력, 큰 재물을 얻는, 직장생활을 잘하는, 사무적이고 성실하며 아버지나 상사의 역할을 잘하는, 일에 대한 전문성과 리더십, 최종 책임자, 대중의 관심과 성공에 대한 강한 욕구
	부정	직업·지위·성공에 대한 엄청난 부담감, 권력자로부터의 위험
11 하우스	긍정	내성적이며 타인을 의식하는, 소수의 사람들과 깊고 헌신적인 관계, 사회적 문제에 적극적, 봉사단체 참여, 실속 있는 친구, 연상과 교우관계
	부정	불확실한 미래, 친구가 주는 근심, 친구의 비협조, 교우관계가 원활하지 않은, 지인은 많지만 친구는 적은, 감정표현이 적어 교제에 싫증을 내는, 독립적이며 군중 속의 외로움, 팀의 멤버로서 비효율적인
12 하우스	긍정	영적인 의사소통과 치유력, 무책임한 사람들에 대한 비판, 묵묵히 일하는
	부정	종교적 광신자나 알코올·마약 중독자, 감추는 게 많아 비밀스러운, 현실도피나 망명생활, 지나친 불안감, 의심과 불안, 현실도피, 범죄연루, 고발, 감금, 은둔, 죄의식, 좌절과 억압이 심한, 환상을 꿈꾸는

7행성과 12사인의 관계

1 7행성의 속성

지금부터 7행성과 12사인이 서로 관계를 맺으면서 일어나는 기본적인 변화들을 알아
보고자 한다. 본격적인 설명에 앞서 7행성의 속성을 다시 한 번 표로 정리한다. 참고로
주행성과 야행성은 각각 낮의 행성과 밤의 행성을 나타낸다.

길성과 흉성	남성과 여성	주행성과 야행성
길성_ 목성, 금성, 태양, 달 흉성_ 토성, 화성 중성_ 수성	남성_ 태양, 목성, 토성, 화성 여성_ 금성, 달 중성_ 수성	주행성_ 태양, 목성, 토성 야행성_ 달, 금성, 화성 중성_ 수성

2 12사인과 룰러

점성술에서 7행성은 자기 자신으로 볼 수 있다. 이들은 제각각 하나나 두 가지 별자리
를 다스린다. 이렇게 12사인을 지배하는 행성을 룰러(Ruler) 또는 로드(Lord)라고 한다.
다음 첫 번째 그림을 보면 태양과 달을 중심으로 지구를 제외한 5개의 행성이 태양에
가까운 순서대로 수성에서 토성까지 줄을 지어 서 있고, 이 행성들은 다시 좌우에 2개
의 별자리를 지배하고 있다. 이러한 원리를 토대로 두 번째 그림은 하나의 사인(별자
리)에 하나의 룰러(지배행성)가 들어가 있는 것을 볼 수 있다.

참고로 현대심리점성학에서는 천왕성, 명왕성, 해왕성을 룰러로 활용하고 있지만, 이 책에서 다루는 고전점성학에서는 19세기 이후에 발견된 천왕성, 명왕성, 해왕성은 빠져 있다.

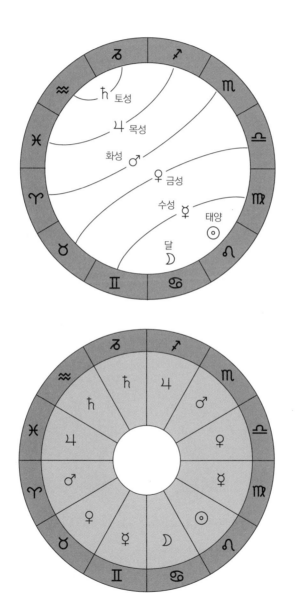

룰러가 자기 사인에 위치할 때 가장 이상적이다. 예를 들어 양자리와 전갈자리의 룰러인 화성이 해당 사인에 존재할 때, 행성은 자기 확신이 가장 강하고 자기의 힘을 가장 안정적이며 수월하게 드러낼 수 있다.

3 12하우스와 조이 행성

앞에서 낮의 행성(주행성)과 밤의 행성(야행성)을 설명한 바 있다. 낮의 행성은 낮차트에서 그 기능이 원활하고, 밤의 행성은 밤차트에서 그 기능이 원활하다. 이를「유사성의 원리」라고 말한다. 그와 같은 원리로 어떤 행성은 자신이 지배하는 하우스 이외에 또 다른 하우스에서 자신의 기능을 잘 발휘할 때가 있는데 이를「조이(Joy)」, 즉「기뻐하다」라고 표현한다.

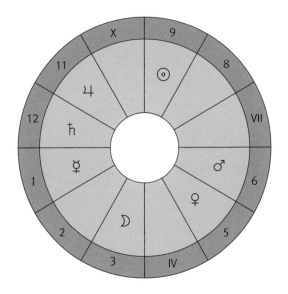

예를 들어 수성은 자신의「지각」과 관련된 1하우스에서 조이하고, 달은「변화」혹은「이동」으로 여행을 나타내는 3하우스에서 조이하며, 금성은「성적 쾌락」즉 유희로서 여행

을 나타내는 5하우스에서 조이하며, 화성은「투쟁」으로 질병이나 상해를 나타내는 6하우스에서 조이하며, 태양은「신」으로 종교를 나타내는 9하우스에서 조이하며, 목성은「대길성」으로 행운을 나타내는 11하우스에서 조이하며, 토성은「구속」이나「감금」으로 감옥을 나타내는 12하우스에서 조이한다.

그런데 차트 해석에서 명심해야 할 것이 있다. 길한 행성은 조이 하우스에서 좀 더 길하게 드러나고, 흉한 행성은 조이 하우스에서 더 흉하게 드러난다는 것이다. 또한 조이하는 행성이 비록 케이던트(3·6·9·12번째 하우스)에 위치하더라도 네이티브(출생자)에게 유익함이 있다.

4 본질적 위계

디그니티(Dignity)는「위엄」이나「품위」를 의미하는데 일종의 계급(행성의 힘의 세기)이다. 디그니티에는 에센셜 디그니티(Essential dignity, 본질적 위계)와 엑시덴탈 디그니티(Accidental dignity, 우발적 위계)가 있다. 본질적 위계는 일차적으로 행성과 그 행성이 위치한 사인의 관계에서 비롯되는 행성의 힘의 세기이며, 우발적 위계는 이차적으로 주변 행성의 영향에 의한 힘의 세기이다. 17세기 점성가 윌리엄 릴리는 본질적 위계를 「행성(운명점)의 강함과 약함」으로 정의하였다. 어떤 사인에 존재하는지에 따라 행성의 힘은 세지기도 약해지기도 한다. 쉽게 말해서 본질적 위계는 사인에 따른 행성의 힘의 세기이다.

본질적 위계에서 계급을 규정하는 조건은 크게 8가지로 도머사일(Domicile), 엑젤테이션(Exaltation), 트리플리시티(Triplicity), 텀(Term), 페이스(Face), 디트리먼트(Detriment), 폴(Fall), 페러그린(Peregrine)이 있다. 이 조건들 중에는 행성의 힘이 강건(포티튜드, Fortitude)한 다섯 가지 조건과, 행성의 힘이 쇠약(디빌리티, Debility)한 두 가지 조건이 있으며, 이도저도 아닌 한 가지 조건이 있다.

먼저 포티튜드에 해당하는 것은 도머사일, 엑젤테이션, 트리플리시티, 텀, 페이스이다. 나아가 이 다섯 가지 조건은 행성의 힘이 강해지며 행성과 사인의 관계가 긍정적이어서 별들이 자신들의 고유한 속성을 잘 발휘한다. 참고로 13세기 중세 유럽의 유명 점성가 귀도 보나티와 윌리엄 릴리 같은 점성가들에게 위계는 계급으로 인식되었고, 위계에서 가장 중요한 것은 도머사일과 엑젤테이션이었다.

다음으로 디빌리티에 해당하는 것은 디트리먼트, 폴이다. 이 두 가지 조건은 행성이 약해지며, 행성과 사인의 관계가 부정적이어서 별들이 자신들의 고유한 속성을 잘 발휘하지 못한다.

나머지 조건인 페러그린은 포티튜드에 해당하지도 않고, 디빌리티에 해당하지도 않는다. 디그니티와 디빌리티를 대조적으로 쓸 때는 위계(계급)적 측면을 나타내지만, 포티튜드와 디빌리티를 대조적으로 쓸 때는 행성의 강건하거나 쇠약한 측면을 나타낸다. 그런데 종종 디그니티가 행성의 위계적 측면과 행성의 강건한 측면을 오가면서 사용되기 때문에 필자는 디그니티와 포티튜드를 아래 도표에서 동일한 의미로 함께 병기한다는 것을 밝혀둔다.

본질적 위계의 분류

디그니티 (포티튜드)	* 별(행성)이 강해지는 것을 의미한다. * 별과 별자리(사인)의 관계가 긍정적이어서 별이 지닌 고유한 속성이 잘 발휘된다. * 도머사일, 엑젤테이션, 트리플리시티, 텀, 페이스가 여기에 속한다.
디빌리티	* 별이 약해지거나 방해받는 것을 의미한다. * 별과 별자리의 관계가 부정적이어서 별이 지닌 고유한 속성이 잘 발휘되지 못한다. * 디트리먼트, 폴이 여기에 속한다.
페러그린	포티튜드와 디빌리티에 해당하지 않을 때를 말한다.

다음은 사인과 사인에 위치한 행성을 통해 도머사일, 엑젤테이션, 폴, 디트리먼트, 페러그린을 재구성한 그림이다.

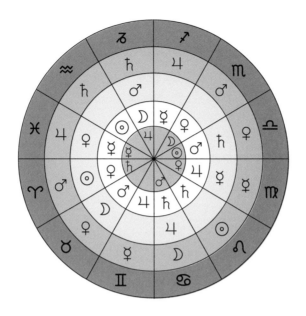

원의 가장 바깥쪽에는 12사인이 있고, 그 안쪽이 12사인을 지배하는 룰러인데 일반적으로 위계의 관점에서 말할 때는 도머사일(본적지)이라 부른다. 그 다음 안쪽이 엑젤테이션(격상)이며, 그 다음 안쪽이 디트리먼트(손상)이며, 가장 안쪽이 폴(추락)이다. 예를 들어, 양자리의 경우 가장 바깥쪽 화성이 도머사일이며, 그 다음 안쪽의 태양이 엑젤테이션이며, 그 다음 안쪽의 금성이 디트리먼트이며, 가장 안쪽의 토성이 폴이다.

한편 이 도표를 잘 살펴보면 계급 중 네 가지 상태가 다 존재하거나 두 가지 상태만 존재하는 사인이 있는 것을 알 수 있다. 각 사인이 지정한 네 가지 행성 또는 두 가지 행성에 해당하지 않는 것이 페러그린이다.

지금부터 에센셜 디그니티의 여덟 가지 조건들을 하나하나 자세히 알아보자.

도머사일

도머사일은 별이 자신의 본적지, 즉 자신이 다스리는 별자리에 머물고 있는 상태를 뜻한다. 예를 들어 양자리의 화성은 그 하우스의 왕이다. 이 경우에 화성은 자신감을 가지며, 안정적이고 수월하게 자신의 힘을 발휘한다. 도머사일한 행성이 자신이 위치한 사인과 마주하는 반대 사인으로 가면 디트리먼트가 된다.

각각의 별이 다스리는 별자리는 다음과 같다.

* 토성_ 물병자리, 염소자리에 있을 때

* 목성_ 물고기자리, 사수자리에 있을 때

* 화성_ 양자리, 전갈자리에 있을 때

* 태양_ 사자자리에 있을 때

* 달_ 게자리에 있을 때

* 금성_ 황소자리, 천칭자리에 있을 때

* 수성_ 쌍둥이자리, 처녀자리에 있을 때

엑젤테이션

별자리의 주인은 아니지만 귀한 손님과 같은 별을 말한다. 이 경우 자동차의 액셀러레이터를 급가속하는 것처럼 자신의 힘을 매우 빠르고 강하게 발휘한다. 하지만 주인이 아니므로 최대속도는 내지 못하며, 급가속을 일으키므로 안정적이지 못하고 기복이 있을 수 있다. 엑젤테이션한 행성이 자신이 위치한 사인과 마주하는 반대 사인으로 가면 폴이 된다.

각각의 별이 엑젤테이션을 갖는 별자리는 다음과 같다.

* 토성_ 천칭자리에 있을 때

* 목성_ 게자리에 있을 때

* 화성_ 염소자리에 있을 때

* 태양_ 양자리에 있을 때

* 달_ 황소자리에 있을 때

* 금성_ 물고기자리에 있을 때

* 수성_ 처녀자리에 있을 때

디트리먼트

자신을 드러내지 못하는 별을 말한다. 이 경우에 별은 힘이 분산되며 자신을 컨트롤하기 힘들다. 또한 자신과 정반대 속성인 사인에 놓여 있어 매우 불편함을 느낀다. 디트리먼트한 행성이 자신이 위치한 사인과 마주하는 반대 사인으로 가면 도머사일이 된다.

각각의 별이 디트리먼트하는 별자리는 다음과 같다.

* 토성_ 사자자리, 게자리에 있을 때

* 목성_ 쌍둥이자리, 처녀자리에 있을 때

* 화성_ 황소자리, 천칭자리에 있을 때

* 태양_ 물병자리에 있을 때

* 달_ 염소자리에 있을 때

* 금성_ 양자리, 전갈자리에 있을 때

* 수성_ 물고기자리, 사수자리에 있을 때

폴

좌절이나 우울에 빠진 별을 말한다. 별이 자신의 기질에 대해서 부정적인 쪽으로 급격한 변동을 겪는 상태로, 자신의 힘을 거의 발휘하지 못한다. 네 가지 주요 기능 중에서 가장 나쁜 상태이다. 폴한 행성이 자신이 위치한 사인과 마주하는 반대 사인으로 가면 엑젤테이션이 된다.

각각의 별이 폴을 하는 별자리는 다음과 같다.

* 토성_ 양자리에 있을 때

＊ 목성_ 염소자리에 있을 때

＊ 화성_ 게자리에 있을 때

＊ 태양_ 천칭자리에 있을 때

＊ 달_ 전갈자리에 있을 때

＊ 금성_ 처녀자리에 있을 때

＊ 수성_ 물고기자리에 있을 때

페러그린

도머사일, 엑젤테이션, 디트리먼트, 폴, 트리플리시티, 텀, 페이스에 해당하지 않는 행성이다. 페러그린(Peregrine)은 「송골매」 또는 「방황하다」라는 의미가 있으며, 별이 특정 사인에서 강건함이나 쇠함을 얻지 못한 상태를 말한다. 사인에서 어떤 위계도 얻지 못했으므로 행성의 기능이 강해지지도 약해지지도 않지만, 다른 요인에 의해 영향을 받게 되면 그 기능이 긍정적이거나 부정적으로 바뀔 수도 있다. 이러한 행성은 자신이 차지한 사인에서 주인의 권한을 갖지 못하고 해당 사인의 원주인 행성의 상태에 따라 영향을 받는다. 해당 사인의 행성이 길한 상태라면 길한 영향을 받고, 흉한 상태라면 흉한 영향을 받는다. 이때 해당 사인의 원주인 행성을 디스포지터(Dispositor)라고 부른다.

트리플리시티

트리플리시티는 앞서 12사인을 설명하면서 언급한 적이 있다. 각각 사인을 구성하는 불, 흙, 공기, 흙의 4원소를 뜻하는데, 불의 원소는 양자리, 사자자리, 사수자리이다. 양자리의 룰러는 화성으로, 화성은 같은 그룹인 사자자리와 사수자리에서도 일정한 지분을 갖는다. 다시 말해 성향이 동일한 이들 그룹은 가족 정도로 볼 수 있고, 이 세 사인의 룰러들은 서로의 사인에서 공동의 관리자로 환영받는다. 나머지 흙, 공기, 물의 원소도 마찬가지다. 이를 표로 정리하면 다음과 같다.

트리플리시티	별	별자리
불	화성, 태양, 목성	양자리, 사자자리, 사수자리
흙	금성, 수성, 토성	황소자리, 처녀자리, 염소자리
공기	수성, 금성, 토성	쌍둥이자리, 천칭자리, 물병자리
물	달, 화성, 목성	게자리, 전갈자리, 물고기자리

텀

모든 사인은 각자 주인행성(룰러)이 있다. 특정 사인 안에 있는 행성은 그 사인의 속성에 영향을 받는다. 하나의 사인에는 또 다시 특정 행성이 다스리는 구간이 있는데 이를 텀이라고 한다. 도머사일이 한 사인의 황제라면, 텀을 다스리는 주체는 일정지역을 관할하여 다스리는 영주라고 볼 수 있다. 따라서 텀의 영역에 위치한 행성은 텀의 주인에게 제한적으로 영향을 받는다. 텀의 종류는 이집트 텀, 칼데아 텀, 프톨레마이오스 텀 등이 있으며, 헬레니즘 시대에는 텀의 위상이 도머사일, 엑절테이션, 디트리먼트, 폴과 동등했다고 알려져 있다.

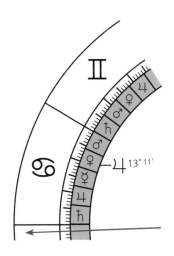

위 그림은 차트의 일부분이다. 텀은 위 차트의 색칠된 부분처럼 한 사인을 5행성(화

성·금성·수성·목성·토성)으로 나눈 것을 말한다. 텀을 바운드(Bound)라고도 한다. 한편, 한 사인을 5등분하는데 간격이 서로 일정하지 않고 차이가 난다. 이 텀의 길이는 점성학을 사용하는 지역이나 시기마다 차이가 있는데, 르네상스 시대 점성가들은 보통 프톨레마이오스의 텀 공식을 주로 이용한다. 헬레니즘 점성가들은 텀을 매우 중요하게 여겼지만, 중세 점성가들에게 이르러서는 그 중요성이 많이 감소되었다.

한편, 앞의 그림에서처럼 목성이 게자리 사인에서 금성이 관할하는 위치에 존재한다면 금성의 텀을 얻었다고 볼 수 있다. 게자리의 로드인 달은 가족적이며 자식에 대한 양육을 뜻하는데, 이 사인에 목성이 있으면 가족이나 자식과 관련된 이상, 정신, 철학, 종교성, 여행 등과 관련이 있다. 위와 같이 어느 행성이 금성의 텀을 얻은 경우 실질적으로 이 행성이 추구하는 것은 금성이 지배하는 황소자리나 천칭자리의 어떤 정신적 지향성을 나타낸다. 예를 들면 배우자 혹은 결혼에 대한 이상을 나타낸다고 할 수 있다.

참고로 이 책은 초심자의 효과적인 학습을 위해 모리누스 프로그램을 사용할 때 텀은 다루지 않는다는 것을 미리 밝힌다.

페이스

페이스(Face)는 데칸(Decan)으로 불리며, 이집트어로 「바큐」라고도 한다. 고대 이집트 점성가들은 이 데칸을 다양한 질병을 완치하기 위해 부적을 만드는 시간적 기준(항성시계)으로 이용하기도 하고, 마술이나 주술을 부리기 위한 시간적 용도로 사용하기도 했다. 고대 이집트인들은 하늘의 별자리를 36개로 나누어 태양이 어떤 별자리와 함께 상승하는지를 10일마다 관찰하였다고 한다.

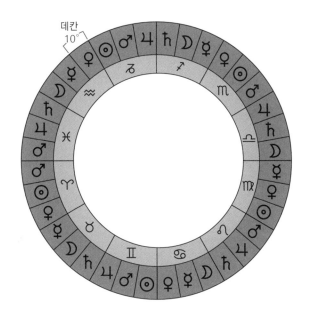

위의 그림에서 보듯 한 사인은 30°인데, 이를 삼등분하여 각각 10°씩 분할한 것이 데칸이다. 하나의 차트는 모두 12사인이므로 3×12=36개 구간으로 나뉜다. 어센던트를 중심으로 분할된 공간에는 화성 — 태양 — 금성 — 수성 — 달 — 토성 — 목성 순으로 반복적으로 배당한다. 출생자 정보에 따라 어센던트에 위치한 사인은 저마다 다르지만, 12사인과 데칸의 행성 배열은 모든 출생자가 동일하다. 다시 말해 양자리가 어디에 있든 양자리 첫 데칸 안의 행성은 화성이고, 처녀자리 둘째 데칸은 금성이다.

「인상」이라는 의미의 페이스라고 명명한 이유는 그 지역의 작은 위계라도 얻고자 하는 것으로, 한 사인에 위치한 태양이 어느 데칸에 있는지가 중요하다. 태양은 「정신적 특징」을 나타내므로, 가령 태양이 사수자리 토성에 머문다면 「보수적·철학적·종교적 신념을 가진」 것으로 간주한다. 그런데 고전점성술에서는 페이스의 자격을 간신히 페러그린은 면한 상태라고 규정한다. 참고로 이 책은 초심자의 효과적인 학습을 위해 모리누스 프로그램을 사용할 때 페이스는 다루지 않는다는 것을 미리 밝힌다.

5 우발적 위계

본질적 위계가 일차적으로 행성과 그 행성이 위치한 사인과의 관계에서 비롯되는 행성의 힘의 세기라고 한다면, 우발적 위계는 이차적으로 주변 행성의 영향에 의해 행성의 힘의 세기가 산출된 것이다. 영향을 주는 조건은 오리엔탈·옥시덴탈, 카지미·컴버스트·서브 래디즈·언더 선빔·파시스, 섹트, 행성의 순행·역행·정지·스피드 등이며, 이러한 조건에 의해 행성의 강건한 정도를 밝힌다.

오리엔탈·옥시덴탈

태양의 진행방향을 기준으로 태양보다 먼저 뜨는 행성을 오리엔탈(Oriental, 동쪽의)이라고 하고, 태양보다 뒤에 뜨는 행성을 옥시덴탈(Occidental, 서쪽의)이라고 한다. 오리엔탈 행성이 빠르고 적극적이라면, 옥시덴탈 행성은 느리고 수동적이다.

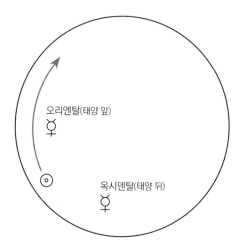

지구를 중심으로 외행성인 화성, 목성, 토성은 오리엔탈의 위치에 머무는 것이 좋고, 내행성인 수성, 금성, 달은 옥시덴탈의 위치에 머무는 것이 좋다.

카지미·컴버스트·서브 래디즈·언더 선빔·파시스

아래 그림에서 각 구간의 도수(각도값)는 학자마다, 지역마다, 시기마다 완전히 일치하지는 않는다는 점을 미리 밝혀둔다.

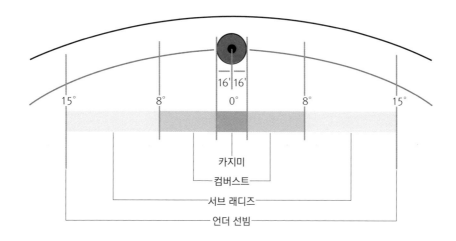

❶ 카지미

1°는 60분(60')인데, 태양을 중심으로 좌우 16분씩 도합 32분이 카지미(Cazimi) 구간이다. 이 구간의 행성은 자신을 강하게 드러낸다. 태양과 결합한 카지미는 왕(태양)의 자비와 면죄부로 일시적인 존엄과 고상함을 누리지만 오래가지 않는다고 전해진다.

9세기 페르시아 태생의 점성가 살 빈 비쉬르(Sahl bin Bishr)는 태양의 중심에서 1° 내에 있을 때를 카지미라고 했지만, 이탈리아 중세 점성가 귀도 보나티는 태양의 중심에서 좌우 16분씩 도합 32분 내를 카지미라 여겼다.

❷ 컴버스트

카지미의 좌우 가장자리 16분부터 8° 이내는 컴버스트(Cumbust) 구간이다. 여기에 존재하는 행성은 태양에 의해 불타게 된다. 태양 아래는 감옥에 갇힌 사람이고, 불타는 행성은 죽어가는 사람과 같다. 점성가들은, 태양은 생명의 근거지이지만 너무 강렬해 가까이 가면 행성은 타버리게 된다고 믿었다. 윌리엄 릴리는 태양을 중심으로 좌우 8°이내는 행성이 탄다고 했지만, 또 다른 점성가들은 6°~7° 이내라고 말하였다.

컴버스트 구간에 위치한 행성 중 습기가 많은 달과 금성은 재앙적이지만, 건조한 행성은 영향을 덜 받는다고 말하기도 한다. 특히 화성의 경우는 그 자체로 뜨겁고 건조해서 태양에 타지 않는다고 주장하는 점성가도 많고, 수성은 태양과 가깝고 매우 자주 접촉하기 때문에 손상이 매우 경미하거나 손상당하지 않는다고 주장하기도 한다.

❸ 서브 래디즈

컴버스트의 좌우 가장자리인 8°부터 15°까지의 구간을 서브 래디즈(Sub Radiis)라고 한다. 이 구간에서 행성은 태양으로부터 손상을 덜 받는다. 일부 점성학자는 서브 래디즈를 8°~17°까지 적용하기도 한다.

❹ 언더 선빔

언더 선빔(Under the sunbeam)은 태양의 영향을 받는 구간, 즉 태양의 중심으로부터 좌우 15°씩 모든 구간으로 카지미, 컴버스트, 서브 래디즈를 포괄한다. 언더 선빔의 경우 행성은 약간의 기능 저하를 초래한다. 하지만 이 구간에서 도머사일이나 엑젤테이션, 그리고 텀 중 어느 하나에 해당하는 행성은 부정적 영향이 약하거나 아예 받지 않는다고 주장하는 사람도 있다.

❺ 파시스

언더 선빔 안에 있는 행성은 너무 밝은 태양빛 때문에 육안으로 구별하기 힘든데, 이 행성이 태양이 가리고 있던 빛의 구간을 탈출해 동녘 하늘에 아침의 별로 드러나는 것을 두고 그리스인들은 파시스(Phasis)라고 불렀다. 그들에게 파시스는 「갑작스럽게 드러냄」을 의미했다.

특히 지구의 관찰자에게 하늘에 떠 있는 태양의 진행방향 반대로(반시계방향으로 15°

이상 벗어나는) 나타나는 행성의 힘은 매우 강화된 것으로 여겨졌다. 동방박사들이 예루
살렘에 와서 유대인의 왕을 찾은 것도 바로 파시스가 그 증표였다는 말도 전해진다.

섹트

섹트(Sect)는 종파, 학파를 뜻하는 그리스어 「하이레시스」가 어원으로, 주행성 종파와
야행성 종파를 통칭하는 용어이다. 주행성 종파는 태양이 지평선 위에 있는 낮에 권력
을 잡고, 야행성 종파는 태양이 지평선 아래에 있는 밤에 권력을 잡는다. 낮에 태어난
사람은 낮차트라 부르며, 밤에 태어난 사람은 밤차트라고 부른다.

주행성(주성)과 야행성(야성)에 대해서는 다음 표를 참조하기 바란다.

주행성		야행성
☉	섹트 루미너리	☽
♃	유익한	♀
♄	해로운	♂
☿	중립적인	☿

이집트 점성가 레토리우스는 섹트에 따른 행성의 구별과 활용을 위한 세 가지 조건을
제시했다. 이들 조건을 모두 갖추는 것을 헤이즈(Hayz)라고 하고, 헤이즈는 최고로 길
한 조건이 된다. 또한 되도록 많은 조건을 충족할수록 행성은 자신을 확고히 드러내며
길하다고 본다. 하지만 이 세 가지 조건 중 단 한 가지도 획득하지 못한다면 이를 매우
흉한 상태인 「엑스트라 컨디션(Extra condition)」이라고 부른다. 그 세 가지 충족 조건은
다음과 같다.

① 태양이 수평선 위에 있을 때를 낮차트라고 한다. 낮차트에서 태양·목성·토성은 반구 위에 있든 아래에 있든 힘을 가진다. 반대로 밤차트라면 태양이 반구 아래에 있고, 이 경우 야행성(달·금성·화성) 역시 그 위치가 어디든 힘을 갖게 된다.

예1) 주행성이 힘을 갖는 경우

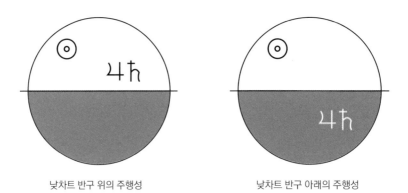

낮차트 반구 위의 주행성

낮차트 반구 아래의 주행성

예2) 야행성이 힘을 갖는 경우

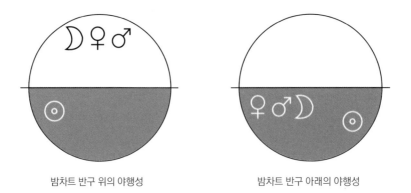

밤차트 반구 위의 야행성

밤차트 반구 아래의 야행성

② 태양이 있는 장소가 낮의 공간이므로 낮의 공간에는 주행성이 있는 것이 길하고, 밤의 공간에는 야행성이 있는 것이 길하다. 이 경우는 태양이 중심이 된다.

예1) 태양이 있는 장소에서 주행성이 힘을 갖는 경우

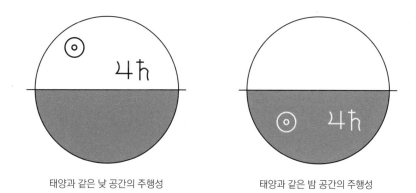

태양과 같은 낮 공간의 주행성   태양과 같은 밤 공간의 주행성

예2) 태양이 없는 장소에서 야행성이 힘을 갖는 경우

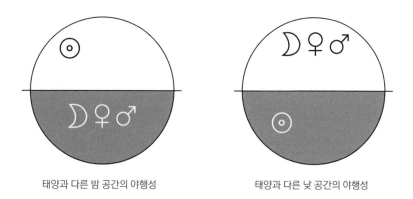

태양과 다른 밤 공간의 야행성   태양과 다른 낮 공간의 야행성

③ 주행성은 12사인 중 남성 사인에 있는 것이 길하고, 야행성은 여성 사인에 있는 것이 길하다. 이 경
  우는 사인이 중심이 된다.

사인의 성별에 따른 주행성과 야행성

역행

하늘의 별이 사람의 육안으로 종종 역행하는 것을 볼 수 있는데, 이러한 역행
(Retrogression)을 천궁도에 표시한 것이 다음 첫 번째 그림의 ℞이다. 그렇다면 태양계
의 행성 중 과연 실제로 역행하는 행성이 있을까? 없다. 이는 (지구의 공전과 자전에 몸
을 의지하고 있는) 관찰자의 착시현상일 뿐, 실제로 태양계의 행성은 지구를 도는 달(좌
우로는 움직이지만)까지 포함해서 역행하지는 않는다.

　두 번째 그림은 지구의 관찰자(E)가 외행성(P)을 관찰할 때 역행(A)하는 모습을 나
타낸 것이다. E1~E5는 지구가 태양을 공전하는 방향과 속도, P1~P5는 다른 행성이
태양을 공전하는 방향과 속도, A~A5는 지구(E)와 행성(P)의 공전속도 차이에서 비롯

되는 시각 차이이다. 이렇게 역행하는 착시를 가능하게 하는 것은 지구의 공전과 자전, 그리고 그것들의 속도, 여기에 외행성의 공전속도 등의 조건들이다.

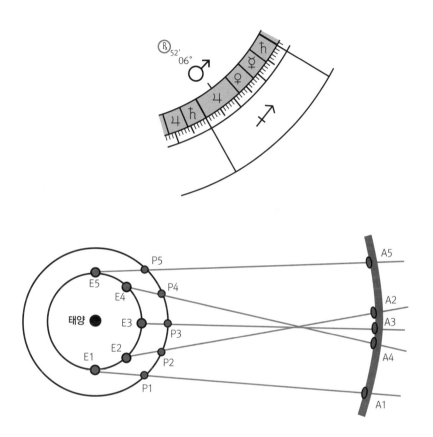

그렇다면 역행하는 행성은 점성술에서 어떻게 해석되고 통변될까? 대략적으로 말하면, 행성이 역행하는 기간에는 그 행성과 관련된 일이 지연되거나 계획이 틀어지거나 상황이 변질될 수 있다. 또한 역행기간에는 원래 행성의 속성과 정반대의 현상이 일시적으로 일어날 수도 있다. 이는 다시 말해 행성이 자신의 규칙성을 잃는다는 것을 의미한다. 다음은 역행하는 각각의 행성들에 대한 좀 더 자세한 통변의 예이다. 참고로 태양과 달은 역행하지 않는다.

수성	역행하는 시기는 정보전달, 지식활동, 소통 등의 기능이 원활하지 못하고, 학업욕구 등이 저하된다.
금성	역행하는 시기는 부부관계, 애정관계, 예술활동, 물질적 이익 등의 기능이 원활하지 못하고, 성적 기능이 저하된다.
화성	역행하는 시기는 사고, 부상, 화재, 다툼, 분쟁, 소송 등의 곤란한 일들이 일어나거나 계획한 일이 중단 또는 지연된다. 사랑, 화합, 우정 등이 일시적으로는 좋더라도 나중에 부정적 결말을 맞게 된다.
목성	역행하는 시기는 정신적 성공, 종교적 깨달음, 교육·지식활동, 여행 등이 원활하지 못하고, 법·질서가 문란해지고 도덕적 해이가 일어난다.
토성	역행하는 시기는 위엄, 지위, 카리스마, 지배력, 승진 등이 원활하지 못하고, 자신의 책임감, 의무감, 야망이 저하되거나 체면을 깎이는 일이 발생한다. 일시적으로 주위 사람들로부터 관심 받고 인정받지만, 나중에 배신을 당하거나 중상모략을 당하게 된다.

6 위계가 가장 높은 행성(알무텐)

한 사람의 네이탈차트를 종합적으로 해석할 때 당사자에게 가장 강한 영향을 미치는 행성이 있기 마련인데, 이 행성이 바로 알무텐(Almuten)이다. 알무텐은 아랍어 「알 마틴(al-mateen)」을 라틴어로 음역한 것으로, 「강한 자」 또는 「힘 있는 자」를 의미한다. 알무텐 기법은 프톨레마이오스를 비롯한 헬레니즘 초기 점성가들의 기록에 근거한다. 알무텐은 배의 선장 역할을 하는 행성, 즉 큐리오스(Kurios)를 의미한다. 알무텐을 구하는 방식은 헬레니즘 방식과 중세 방식이 있는데, 우리가 사용하는 모리누스 프로그램 방식은 중세의 방식이다.

알무텐은 길한 행성(목성, 금성, 태양 순으로)일 수도 흉한 행성(토성, 화성, 달 순으로)일 수도 있다. 다만 중성인 수성은 무난하고 변덕이 심하므로 그 영향력이 애매모호하게 느껴질 수도 있다. 따라서 알무텐 중에서도 가장 최상급 알무텐은 바로 대길성인 목성이다.

알무텐은 행성의 「질적 상태」 혹은 「힘의 세기」를 점수로 환산한 것인데, 헬레니즘 점성술 초기에는 본질적 위계만을 고려했지만 이후에는 우발적 위계까지도 고려하여 산출했다. 오늘날에는 본질적 위계와 우발적 위계를 함께 고려하여 점수로 계산하는 것이 일반적이며(17세기 유럽의 저명한 점성가 윌리엄 릴리 역시 마찬가지), 모리누스 프로그램 역시 이 두 가지 조건을 고려하여 계산한다.

헬레니즘 점성술 초기에는 본질적 위계 계산법에서 행성에 부여하는 점수가 점성가마다 조금씩 달랐다. 아래 표와 같은 프톨레마이오스의 자료가 유럽의 점성학적 기술들을 표준화하는데 도움이 된 것은 사실이지만, 프톨레마이오스가 행성의 본질적 위계에 대해 남긴 기록 중 특히 텀과 관련된 행성의 순서와 숫자, 그리고 배열의 수수께끼는 아직도 베일에 가려져 있다.

A Table of the Essential Dignities of the PLANETS according to Ptolemy

Sign	Houses of the Planets	Exaltation	Triplicity of Planets D	Triplicity of Planets N	The Terms of the Planets					The Faces of the Planets			Detriment	Fall
♈	♂ D	☉ 19	☉	♃	♃ 6	♀ 14	☿ 21	♂ 26	♄ 30	♂ 10	☉ 20	♀ 30	♀	♄
♉	♀ N	☽ 3	♀	☽	♀ 8	☿ 15	♃ 22	♄ 26	♂ 30	☿ 10	☽ 20	♄ 30	♂	
♊	☿ D	☊ 3	♄	☿	☿ 7	♃ 13	♀ 21	♄ 25	♂ 30	♃ 10	♂ 20	☉ 30	♃	
♋	☽ D/N	♃ 15	♂	♂	♂ 6	♃ 13	☿ 20	♀ 27	♄ 30	♀ 10	☿ 20	☽ 30	♄	♂
♌	☉ D/N		☉	♃	♄ 6	☿ 13	♀ 19	♃ 25	♂ 30	♄ 10	♃ 20	♂ 30	♄	
♍	☿ N	☿ 15	♀	☽	☿ 7	♀ 13	♃ 18	♄ 24	♂ 30	☉ 10	♀ 20	☿ 30	♃	♀
♎	♀ D	♄ 21	♄	☿	♄ 6	♀ 11	♃ 19	☿ 24	♂ 30	☽ 10	♄ 20	♃ 30	♂	☉
♏	♂ N		♂	♂	♂ 6	♃ 14	♀ 21	☿ 27	♄ 30	♂ 10	☉ 20	♀ 30	♀	☽
♐	♃ D	☋ 3	☉	♃	♃ 8	♀ 14	☿ 19	♄ 25	♂ 30	☿ 10	☽ 20	♄ 30	☿	
♑	♄ N	♂ 28	♀	☽	♀ 6	☿ 12	♃ 19	♂ 25	♄ 30	♃ 10	♂ 20	☉ 30	☽	♃
♒	♄ D		♄	☿	♄ 6	☿ 12	♀ 20	♃ 25	♂ 30	♀ 10	☿ 20	☽ 30	☉	
♓	♃ N	♀ 27	♂	♂	♀ 8	♃ 14	☿ 20	♂ 26	♄ 30	♄ 10	♃ 20	♂ 30	☿	☿

점성학이 상징학인 만큼 행성의 질적 상태(힘의 세기)를 점수로 환산한다는 것은 그리 쉬운 일이 아니다. 따라서 헬레니즘 초기 점성가마다 행성의 조건에 대한 기준값을 조금씩 다르게 산출했는데, 이는 점성학이 전적으로 기계적인 수학으로만 접근할 수 있는 것이 아닌 어떤 「직관」이 개입될 수 있다는 것을 방증한다.

중세 아랍에서는 일반적으로 강건함(포티튜드)을 얻은 경우로서 도머사일 5점, 엑젤테이션 4점, 트리플리시티 3점, 텀 2점, 페이스 1점을 부여했고, 쇠약(디빌리티)을 얻은 경우로서 디트리먼트 -6점, 폴 -4점, 페러그린 -5점을 부여했다. 이러한 점수는 중세부터 적용되었고, 17세기 윌리엄 릴리를 거쳐 현재에도 크게 변하지 않았다. 다만, 윌리엄 릴리는 페러그린 점수를 -5점 대신 -6점을 적용하였다. 나아가 그는 우발적 위계를 18항목으로 좁히고 각 항목마다 점수를 부여했는데, 일례로 1·10하우스는 5점, 4·7·11하우스는 4점, 12하우스는 -6점, 6·8하우스는 -2점 등을 부여했다.

실전상담에서는 알무텐을 적용하는 상담자도 있고 하지 않는 상담자도 있다. 이전의 점성가들은 알무텐의 값을 일일이 수기로 계산하여 산출하였지만, 모리누스 프로그램은 자동으로 그 값을 계산해주므로 초심자의 부담을 크게 덜어준다. 하지만 고수가 되면 알무텐 계산법도 한번 연구해볼 기회를 갖길 바란다. 참고로 필자는 차트를 해석할 때 알무텐을 감안하여 해석한다.

모리누스 프로그램에서 알무텐을 사용하는 방법은 다음과 같다.

① 먼저 출생자의 천궁도를 띄운다(〈02 출생천궁도 이용방법〉 참조). 여기서는 크리스티안 호날두 (Cristiano Ronaldo, 1985년 2월 5일 오전 5시 25분)의 출생정보를 입력한다. 태어난 장소는 포르 투갈 푼샬(Funchal)이다.

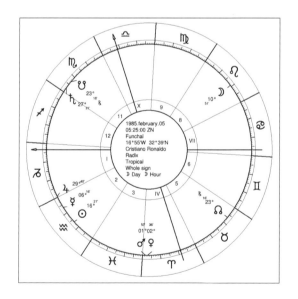

② 「Tables」를 클릭하고 「Almutens」를 클릭한 후에 「Chart」를 누른다.

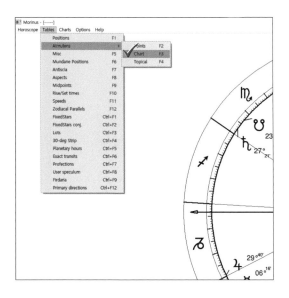

③ 아래와 같이 본질적 위계와 우발적 위계가 종합적으로 계산된 점수표가 나오면 가장 높은 행성부
터 가장 낮은 행성의 점수를 주목하여, 실전 차트 해석시 그 중요도를 감안하여 해석에 적용한다.

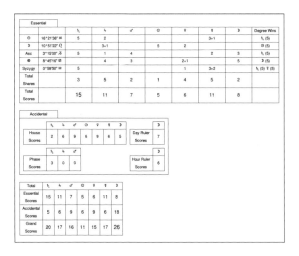

호날두의 알무텐은 토성과 달이 가장 높은 점수를 받았고, 태양이 가장 낮은 점수를 받았다는 것을 알수 있다. 결과적으로 호날두의 인생에서 매우 의미 있게 작동하는 행성은 토성과 달이라고 할 수 있다.

7 아스펙트

아스펙트(Aspect)는 양상, 측면, 각도를 뜻한다. 점성술에서 아스펙트는 행성과 행성끼리 이루는 각도로, 그로 인해 서로에게 어떠한 영향을 미치는지를 살펴보는 데 활용한다.

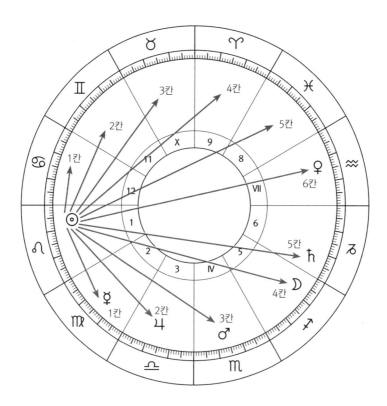

위 그림을 보면 먼저 1하우스에는 태양이, 2하우스에는 수성이, 3하우스에는 목성이, 4하우스에는 화성이, 5하우스에는 달이, 6하우스에는 토성이 위치하고, 태양이 있는

1하우스의 정반대쪽 7하우스에는 금성이 위치한다. 이때 1하우스 태양으로부터 수성이 있는 2하우스까지는 1칸(약 30°)이므로 수성 옆에 1칸이라고 쓰여 있고, 목성은 태양으로부터 2칸(약 60°)이며, 화성은 3칸(약 90°), 달은 4칸(약 120°), 토성은 5칸(약 150°), 금성은 6칸(180°)이다. 물론 엄밀히 말해서 정확한 각도는 한 하우스 안에서도 어느 지점에 존재하는지를 정확히 계산해야 하지만, 여기서는 초심자들을 위한 학습인 만큼 정확한 각도보다는 칸을 중심으로 대략적인 각도를 활용하도록 한다.

행성과 행성의 관계를 볼 때, 1칸은 어버전(Aversion)이라고 부르며, 2칸은 섹스타일(Sextile), 3칸은 스퀘어(Square), 4칸은 트라인(Trine)이라고 한다. 5칸 역시 어버전, 정반대편인 6칸은 어포지션(Opposition)이라 부른다. 만약 태양이 있는 하우스에 행성이 함께 있다면 0칸인데 이를 컨정션(Conjunction)이라 부른다. 이 7가지 양상 중에서 어버전인 2와 6하우스를 빼면 아스펙트는 5가지 종류가 나온다. 물론 태양을 중심으로 그 반대편에 행성이 있다고 해도 마찬가지이다. 위 그림에서는 태양을 기준으로 예를 들었지만, 아스펙트는 행성과 행성의 관계를 살피는 것이므로 차트의 모든 행성이 기준이 될 수 있다.

메이저 아스펙트

아스펙트는 인생 전반에 얼마나 영향력을 미치는가에 따라 메이저(Major) 아스펙트와 마이너(Minor) 아스펙트로 나뉜다. 소위 원탁에 앉은 기사들의 친밀성을 나타내는 것으로 비유되기도 하는데, 아스펙트가 발생하는 원인은 한 사인에 머무는 행성을 기준으로 그 행성이 관계를 맺는 또 다른 행성이 위치한 사인·하우스와의 친밀성(길한지 흉한지) 때문이다. 먼저 메이저 아스펙트에는 컨정션, 섹스타일, 스퀘어, 트라인, 어포지션의 다섯 가지가 있으며, 마이너 아스펙트에는 어버전, 오브, 파틸 아스펙트(파틸각), 오버컴·도미네이션·스트라이킹 레이, 인클로저 등이 있다.

아스펙트	기호	길흉 구분	해석
컨정션	♂	중립각	두 행성이 같은 사인 안에 위치하는 경우이다. 길성이거나 중성일 경우에는 같은 공통점을 지니므로 지향점이 같고 조화로워 길각이지만, 흉성일 경우에는 부조화로 흉각이다.
섹스타일	✳	길각	두 행성이 서로 60°(2칸)를 이루는 경우이다. 서로 친근하고 조화롭게 영향을 주고받거나, 서로를 자극하여 열정적이며 발랄하고 강렬하여 길각이다.
스퀘어	☐	흉각	두 행성이 서로 90°(3칸)를 이루는 경우이다. 서로에게 비타협적이라 장애나 억압이 발생한다. 따라서 서로 불편하므로 흉각이다.
트라인	△	대길각	두 행성이 서로 120°(4칸)를 이루는 경우이다. 서로 호의적이라 도우면서 변화를 추구한다. 따라서 대길각이다.
어포지션	☍	대흉각	두 행성이 서로 180°(6칸)를 이루는 경우이다. 두 행성이 대립하므로 서로 반목하고 적대적이며 과민반응한다. 따라서 대흉각이다.

마이너 아스펙트

❶ 어버전

앞서 그림으로 설명했듯이, 행성과 행성의 각도(거리)가 30°(1칸)나 150°(5칸) 간격으로 만나는 것을 어버전(Aversion)이라고 하며, 그 사전적 의미는 「혐오」이다. 다음 그림은 어센던트의 행성을 기준으로 어버전을 표시한 것으로, 한 차트에서 행성을 기준으로 어버전 사인 혹은 하우스는 총 4개가 나온다.

예를 들어, 다음 차트에서 1하우스 사자자리의 행성을 기준으로 하면 2·6·8·12 하우스가 어버전 하우스이다. 혐오는 서로를 비호의적으로 여긴다는 뜻인데, 기준이 되는 사자자리와 어버전하는 사인은 서로의 속성(2극성·3특질·4원소)이 매우 이질적임을 의미한다.

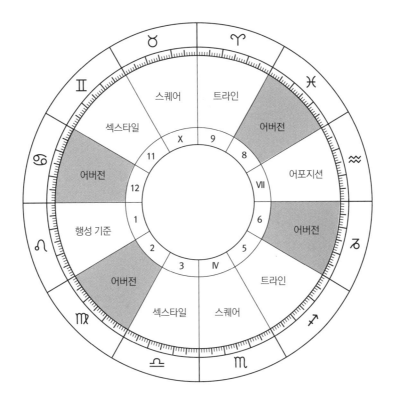

어버전 관계가 형성되면 크게 두 가지 문제가 발생한다. 첫째, 행성끼리의 관계에서 길성과 어버전하면 길한 영향을 받을 수 없기 때문에 부정적이며, 흉성과 어버전하면 흉한 영향을 피해갈 수 있기 때문에 긍정적이다. 둘째, 행성과 사인의 관계에서 자신이 다스리는 사인이 어버전에 있으면, 그 사인의 하우스가 상징하는 주제를 컨트롤할 수 없는 상황이 된다. 앞의 차트에서 2하우스 처녀자리의 룰러가 수성인데, 수성이 1하우스 사자자리에 있으면 수성은 자신이 다스리는 사인과 어버전 관계에 놓인다. 이 경우에 2하우스는 개인의 재산을 상징하므로 이 차트의 주인공은 자신의 재물을 제대로 관리하지 못한다고 간주할 수 있다. 다시 말해, 해당 하우스에 부여된 임무나 역할이 지연되거나 정체되는 등 제대로 기능하지 못한다.

❷ 오브

카지미나 언더 선빔처럼 행성의 힘이 좌우로 미치는 범위를 오브(Orb)라고 한다. 오브는 좌우 각을 합친 게 아니라 한쪽의 각(1/2)만을 일컫는다. 한편, 모이어티(Moiety)는 그보다 좁은 오브각의 절반(1/2)정도를 말한다. 다음은 윌리엄 릴리가 사용한 전통적 표준 오브이다.

고전점성술에서 행성의 유효각

행성	오브 유효각	모이어티 유효각
태양	15°	7½°
달	12°	6°
수성	7°	3½°
금성	7°	3½°
화성	8°	4°
목성	9°	4½°
토성	9°	4½°

중세의 점성학자인 알비루니(Al-Biruni, 973~1048년)와 이븐 에즈라(Ibn Ezra, 1088~1167년) 등이 사용한 오브는 위의 표에서 제시한 범위와 다소 차이가 있다. 하지만 16세기 인도 지역을 통치한 무굴 제국의 궁정점성가이며『프라스나 탄트라(Prashna Tantra)』의 작가인 닐라칸타(Neelakantha)에 따르면 오브 유효각에서 태양은 15°이며, 달은 12°, 수성과 금성은 7°, 화성은 8°, 목성과 토성은 9°이다. 오늘날 점성학자들 중에는 개인에 따라 다양한 범위를 사용하기도 한다.

❸ 루미너리 모이어티

루미너리 모이어티(Luminary moiety)는 태양과 달의 아스펙트와 각도값에 의한 행성들의 강력한 영향력을 말한다.

플래틱 아스펙트

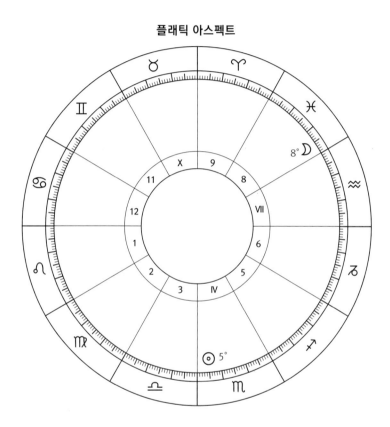

위 차트에서 4하우스 태양과 8하우스 달은 서로 아스펙트(트라인)를 이룬다. 특히 태양은 5°에 위치하고 달은 8°에 머물고 있는데, 이들의 도수(각도값)는 3° 차이로 모이어티 유효각인 13.5° 안에 놓이게 된다.

모이어티(Moiety)는 하프(Half), 즉 반절의 의미이다. 태양이 좌우로 영향을 미치는 유효각은 30°이며, 좌든 우든 한쪽은 15°이다. 모이어티 유효각은 15°의 1/2이므로

7.5°이다. 달은 같은 방식으로 모이어티가 6°인데, 태양과 달이 모이어티 유효각을 이루는 최초의 각이자 최대의 각은 태양(7.5°)＋달(6°)=13.5°이다. 따라서 13.5° 이내로 좁혀질수록 모이어티의 영향력은 강해지고, 서로가 같은 도수(파틸 아스펙트)에 위치할 때 모이어티의 영향력은 최대치가 된다.

　참고로 행성끼리의 아스펙트와 오브의 관계로 볼 때, 두 행성의 고유한 오브 범위 안에서 행성끼리 아스펙트를 맺는 것을 「플래틱 아스펙트(Platick aspect)」라 부르고, 두 행성이 동일한 도수에서 아스펙트를 맺는 것을 「파틸 아스펙트(Partile aspect)」라고 부른다.

행성의 유효각		
행성	오브 유효각	모이어티 유효각
태양	15°	7½°
달	12°	6°

다음 도식은 태양과 달의 모이어티 유효각을 알기 쉽게 그림으로 나타낸 것이다.

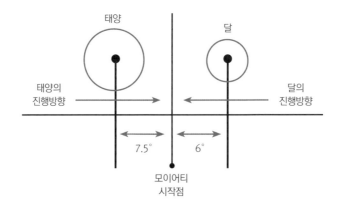

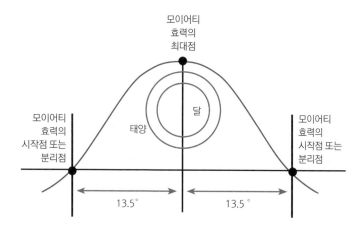

모이어티
효력의
최대점

모이어티
효력의
시작점 또는
분리점

달

태양

모이어티
효력의
시작점 또는
분리점

13.5°

13.5°

다시 앞의 차트로 돌아가서, 태양 5°에 달 8°로 두 행성의 간격은 3°로 모이어티의 영향력이 매우 강하다. 만약 태양이 5하우스에 위치하고 달이 10하우스에 위치한다면, 어버전으로 아스펙트를 맺지 못하기 때문에 루미너리 모이어티, 즉 유효각은 실격되어 아무런 의미가 없다. 그런데 태양과 달이 길각(섹스타일·트라인)이든 흉각(스퀘어·어포지션)이든 상관없이 아스펙트를 맺고 서로의 도수가 같다면 파틸 아스펙트가 된다. 파틸 아스펙트는 모이어티 관점에서 서로의 중심점이 완전히 겹친 상태이므로 그 모이어티의 영향력이 최대치이고, 이때 출생자의 명예나 지위는 최상급이 된다고 할 수 있다.

❹ 파틸 아스펙트

파틸 아스펙트는 두 행성이 완벽한 0°, 60°, 90°, 120°, 180°를 이룰 때를 말한다. 보통 1°까지는 파틸각으로 간주한다.

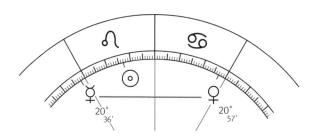

20°
36'

20°
57'

앞의 그림을 보면 수성과 금성이 같은 도수(각각 2°)로 섹스타일을 맺고 있다. 파틸 아스펙트를 맺으면 두 행성이 서로에게 매우 강한 영향력을 행사한다.

❺ 오버컴·도미네이션·스트라이킹 레이

오비컴·도미네이션·스트라이킹 레이는 행성의 이동방향과 영향을 주는 행성의 위치, 그리고 행성끼리의 아스펙트의 관계를 고려한 작용을 말한다. 아래 그림의 A를 보면 행성의 이동방향을 따라 토성이 달을 2칸 뒤에서 섹스타일을 맺는데 이를 오버컴(Overcome)이라고 한다. 그리고 B를 보면 태양이 달을 3칸 뒤에서 스퀘어를 맺는데 이를 도미네이션(Domination)이라고 한다. 도미네이션은 스퀘어일 때를 말하며, 스퀘어를 뺀 나머지 각은 오버컴이다.

C에서 화성은 자신을 따라오는 달을 앞에서 섹스타일을 맺으므로 화성의 입장에서는 스트라이킹 레이(Striking ray)이다. 물론 달의 입장에서 보면 달은 화성을 오버컴한다고 할 수 있다.

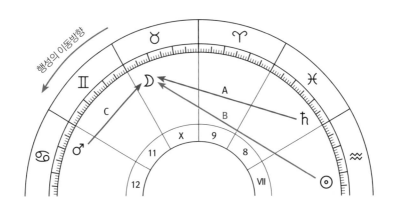

❻ 인클로저

인클로저(Enclosure)는 「울타리」라는 뜻으로 비시지드(Besieged, 포위)라고도 한다. 차트에서 두 흉성(화성과 토성)이나 두 길성(금성과 목성)의 도수(실제 각도는 더 클 수도 있음) 차이가 7° 이내이고, 그 값 사이에 어떤 행성이 그들과 유의미한 아스펙트를 맺으면서 위치할 때, 즉 한 행성이 두 길성이나 흉성에 둘러싸이는 것을 말한다.

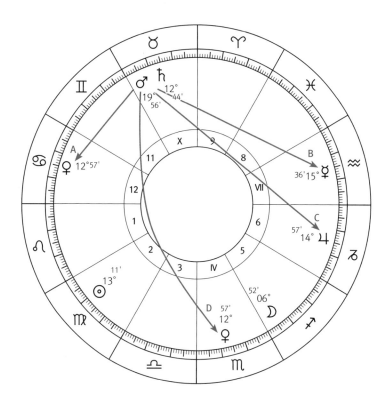

위 그림에서 두 흉성, 즉 화성(19°)과 토성(12°)의 각도차는 7°이다. 금성(A)은 화성·토성과 섹스타일로 각을 맺으며 화성·토성에 둘러싸여 포위된다. (여기서 주의할 점은, 금성이 화성과 토성 사이에 위치하는 것이 아니라 금성의 도수가 두 흉성의 각도 사이라는 점이다.) 흉성에게 인클로저 당하면 금성의 기능이 저하되면서 금성이 위치한 12하우스의 상태는 물론, 금성이 지배하는 황소자리와 천칭자리의 하우스 역시 부정적 영향을 받는다.

물론 길성인 금성(12°)과 목성(14°)의 도수도 2° 차이로 7° 이내로 각을 이루었고, 태양(13°)이 금성과는 섹스타일을 이루고 목성과는 트라인을 이루고 있다. 이렇게 태양이 길성인 금성과 목성의 포위구조 속에 놓이게 되므로 태양이 현재 위치한 처녀자리 하우스와 태양이 지배하는 사자자리 하우스는 모두 길한 영향을 받아야 하지만, 참고로 루미너리인 태양과 달은 인클로저 기법에서 예외이다.

다시 돌아와서 앞의 그림을 보면, 수성(B) 역시 화성·토성과 스퀘어를 이루고 15° 지점이므로 수성 자체와 관련된 하우스는 부정적 영향을 받게 된다. 목성(C) 역시 화성·토성과 트라인을 이루고 목성의 도수가 14°이므로 수성과 마찬가지 조건으로 부정적 영향을 받는다. 특히 금성이 4하우스 전갈자리 12°(D)에 존재한다면, 이때 금성은 화성·토성과 어포지션으로 각을 맺고 도수가 12°이므로 역시 흉성인 화성·토성의 부정적 영향을 받는다.

사실 이렇게 설명하면 모든 행성과 별자리가 다 문제가 되는 것 같지만, 실제 차트에서 모든 행성이 이런 조건을 갖추는 경우는 매우 희박하다.

❼ 안티스키아

점성술은 외적 행위와 내적 심리의 상호연결에 초점을 맞추고 있다. 내적 심리(자아)를 온전하게 이해하기 위해서는 「나」라는 존재와 그 존재가 경험한 모든 것을 통틀어서 인식해야 한다. 안티스키아(Antischia) 기법은 고대 그리스의 프톨레마이오스와 4세기 점성가 마테누스까지 거슬러 올라간다. 솔나이트 포인트(Solnights Points)라고도 알려져 있는 이 기법은 우리 자아(의식)의 분열된 그림자(무의식)를 탐험하고 찾아내 우리 자유의 일부로 인식하는 것이다. 때때로 그림자는 비정상적이고 반사회적으로 표출되거나 대상에 투사되기도 한다. 한 사람의 차트가 보여주는 시간에 따른 행성들의 위치는 그 그림자의 발현을 나타낸다.

안티스키아는 크게 안티스키아와 콘트라 안티스키아로 나뉜다. (단, 이 두 시스템의 조건은 아스펙트와는 아무런 상관이 없다.) 안티스키아는 앤티션(Antiscion)이라고도 하며 길각의 기능을 한다. 쌍둥이자리와 게자리의 경계선인 하지와, 사수자리와 염소자리의 경계선인 동지를 중심으로 이등분하여 좌우 두 하우스에 있는 행성의 합이 30°가 되는 것을 말한다. 하지만 태어난 시간이 정확하지 않을 수도 있음을 감안하여 그 합이 29°~31°이면 안티스키아가 형성된 것으로 판단한다.

아래 그림에서는 목성(7°)과 태양(23°)의 합이 30°이다. 이 경우 차트 해석은 「명예가 높은 위치까지 올라갈 수 있다」라고 말해준다. 태양은 명예를 향해, 목성은 이상을 좇는 행운의 작용으로 여긴 결과이다.

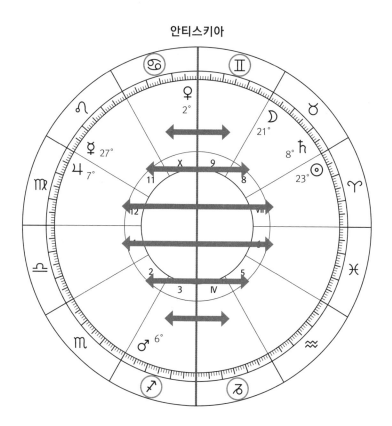

안티스키아

다음으로 콘트라 안티스키아는 콘트라 앤티션(Contra antiscion)이라고도 하며 흉각의 기능을 한다. 양자리와 물고기자리의 경계선인 춘분과, 처녀자리와 천칭자리의 경계선인 추분을 중심으로 이등분하는데, 조건은 안티스키아와 같다.

아래 그림에서는 금성(3°)과 수성(27°)의 합이 30°이다. 이 경우 차트 해석은 「사랑 때문에 공부가 방해를 받거나 공부 때문에 사랑이 방해를 받는다」라고 말해준다. 이는 금성과 수성의 속성을 활용한 경우로서 금성을 사랑으로, 수성을 공부의 작용으로 여긴 결과이다.

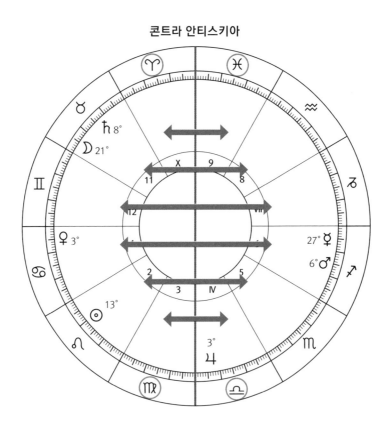

콘트라 안티스키아

❽ 어플리케이션 · 세퍼레이션

천궁도는 특정한 시간을 정지상태로 보여주지만, 사실 당시 우주의 행성들은 한순간도 쉬지 않고 계속 움직이고 있었다. 어플리케이션과 세퍼레이션은 이 시간적 흐름에 따라 행성끼리 서로 가까워지거나 멀어지는 것을 관찰하는 기법이다.

어플리케이션(Application)은 한 행성이 다른 행성에 접근할 때를 말한다. 모든 행성이 다 적용되지만, 필자는 어플리케이션을 볼 때 보통 달을 중심으로 본다. 달과 아스펙트를 맺는 행성 중 달의 도수(각도값)를 기준으로 가장 빠른 행성을 주목해서 보는 것을 퍼스트 어플리케이션(First application) 또는 퍼스트 어플라잉(First Applying)이라고 한다.

어플리케이션

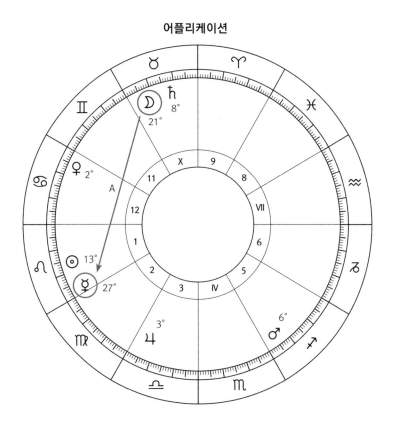

위의 차트에서 10하우스 달의 도수는 21°이다. 달과 아스펙트를 맺고 있는 행성은 토성(컨정션), 금성(섹스타일), 태양(스퀘어), 수성(스퀘어)으로 네 가지이며, 목성과 화성은 어버전이다.

A의 상황에서 아스펙트를 맺는 행성 중 달이 가장 먼저 만나는(달은 쌍둥이자리로 진행 중) 행성, 즉 퍼스트 어플라잉은 스퀘어를 맺는 수성이다. 좀 더 자세하게 말하면, 달의 도수는 현재 황소자리 21°로 이후 더 진행하면 황소자리 22°, 23°, 24°로 나아갈 것이다. 그런데 아스펙트를 맺고 있는 행성 중 금성(2°), 토성(8°), 태양(13°)은 이미 지나온 도수이다. 그러므로 앞으로 달이 만나게 될 행성은 바로 27°에 있는 수성이다. 만약 목성이 아스펙트를 맺고 26°에 있다고 가정하면, 달이 먼저 만나게 되는 행성은 27°의 수성보다 빠른 26°의 목성이 된다. 여기서 「퍼스트」는 가장 먼저 만난다는 것을 의미한다.

다시 돌아와서, 현재 이 차트에서 달의 퍼스트 어플라잉의 대상은 수성이다. 만약 그 대상이 길성이면 그 행성의 기능이 긍정적으로 작용하며, 흉성이면 부정적으로 작용한다. 길성을 만나면 아스펙트가 흉각이라도 별 문제가 되지 않지만, 흉성은 흉각을 만나면 그 행성의 기능이 크게 훼손된다. 수성은 중성으로 흉성은 아닌 만큼 그 기능을 긍정적으로 읽어주면 된다. 예를 들어 이 차트의 경우에 달은 가정이나 거주지 혹은 이사와 관련이 있고, 수성은 쌍둥이자리의 룰러로 언변이나 소통, 정보의 수집이나 계획, 계약이나 매매, 여행 등과 관련이 있으므로 집과 관련된 계약이나 매매 혹은 여행에 대한 계획 등이 매우 길하다고 볼 수 있다.

세퍼레이션(Separation)은 임의의 두 행성이 일정한 아스펙트를 이룬 후 멀어져 갈 때를 말한다. 필자는 세퍼레이션을 볼 때 보통 길성인 목성과 금성을 중심으로 본다. 이들 길성과 아스펙트를 맺고 있던 행성이 점점 분리되어 멀어지면 그 행성은 길함이 줄어들 것이다. 그런데 만약 아스펙트를 맺고 있던 흉성이 점점 분리되어 멀어져 간다면, 이 경우는 앞서와 달리 기존의 흉함이 사라져 더 안정된 상황이 될 것이다.

어플리케이션의 경우 필자는 7행성 중 가장 빠른 달만을 사용하지만, 세퍼레이션의 경우는 목성과 금성에서 멀어져 가기 위해서는 목성과 금성의 속도보다 더 빨라야 하므로 7행성이 하룻동안 이동하는 속도를 미리 알아둘 필요가 있다. 행성의 속도를 빠

른 순서로 나열하면 달(13° 10분) 〉태양(59분) 〉수성(59분) 〉금성(59분) 〉화성(31
분) 〉목성(5분) 〉토성(2분) 순이다.

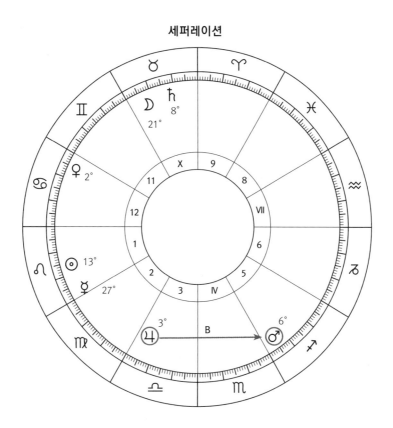

세퍼레이션

위 차트는 B상황에서 3하우스의 목성과 5하우스의 화성이 아스펙트를 맺고 있다. 목성
이 3°에 위치하고 있으므로 3° 이후에 오는 행성 중 가장 빨리 만날 수 있는 행성은 6°
인 화성이다. 도수만 보면 그 다음이 8° 토성이고, 그 다음은 13° 태양, 그 다음은 21°
달, 그 다음은 27° 수성, 그 다음은 지나간 도수인 2° 금성이다. 분당 같은 거리를 움직
인다고 할 때, 하루 중 토성의 운행속도가 2분이라면 화성은 31분이다. 다시 말해 화성
이 토성의 약 15배나 빠르다. 그러므로 위 그림에서 목성이 화성을 퍼스트 어플리케이

션 하는 게 아니라 화성이 목성으로부터 점점 더 멀어져 가는 세퍼레이션을 하고 있는 것이다.

목성은 종교를 상징하고 화성은 분쟁을 상징한다고 할 때, 길성인 목성의 입장에서 흉성인 화성과 아스펙트하고 있는 것을 종교적 갈등 정도로 해석할 수도 있다. 그런데 다행히도 흉성인 토성이 세퍼레이션하므로 토성의 흉함이 완화된다. 따라서 이 경우 「종교적 갈등이 해소된다」라는 해석이 가능하다. 필자와 달리 세퍼레이션 기법을 모든 행성에 다 적용하는 점성가도 가끔 있는데, 일반적으로 길성이 떠나면 부정적으로, 흉성이 떠나면 긍정적으로 해석한다.

❾ 스텔리움

스텔리움(Stellium)은 하나의 하우스에 3개 이상의 행성이 몰려 있는 것을 말한다. 이 경우에는 그 하우스가 내포하고 있는 주제에 대한 경험이 풍부해진다고 한다.

❿ 뮤추얼 리셉션 · 리셉션

뮤추얼 리셉션(Mutual reception)은 상호 교환, 상호 수용, 상호 환영의 의미가 있으며, 두 행성이 서로 상대방의 사인에 위치할 때를 말한다. 헬레니즘 점성가들이 일부 사용했지만, 중세 점성가들은 거의 사용하지 않았다. 하지만 아랍 점성술에서는 매우 복잡하고 세밀하게 다룬다. 이 책에서는 실전차트 해석에서 꼭 필요하고 자주 사용하는 것만 설명한다.

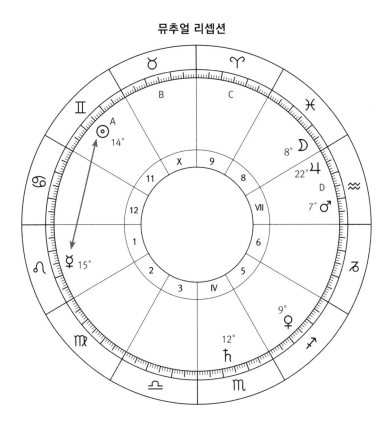

뮤추얼 리셉션

위 그림을 보면 쌍둥이자리와 사자자리는 서로의 룰러를 교환한 상태라는 것을 알 수 있다(쌍둥이자리의 룰러는 수성, 사자자리의 룰러는 태양이다). 이렇게 두 사인이 서로의 지배행성을 교환한 것을 뮤추얼 리셉션이라고 한다. (고대와 중세 때에는 엑젤테이션, 트리플리시티, 텀, 페이스에 의한 상호 교환도 활용했다.) 위 차트에서는 수성이 A 위치에 있는 태양과 섹스타일로 각을 맺고 있는데, B(스퀘어)·C(트라인)·D(어포지션)으로 각을 맺어도 이 뮤추얼 리셉션은 형성된다. 물론 어버전처럼 각을 맺지 못하면 소용이 없다.

이렇게 뮤추얼 리셉션이 되면 1하우스와 11하우스는 긴밀한 관계를 맺게 되는데, 출생자의 역경을 극복할 수 있는 추가적인 힘이 생긴다. 예를 들어 1하우스의 문제는 11

하우스의 요소가 도와주고, 11하우스의 문제는 1하우스의 요소가 도와준다. 위 차트의 경우 1하우스는 나 자신이고 11하우스는 친구나 모임 혹은 단체 등의 우정이나 사회적·직업적 동맹관계를 나타내며, 이 둘이 서로 강하게 연결되어 있기 때문에 출생차트의 주인공은 「친구나 모임을 통해 발전한다」거나 「친구들의 우정을 결속시키는 역할을 한다」 등으로 해석할 수 있다.

하지만 뮤추얼 리셉션의 관계를 맺어도 힘이 약해지는 경우가 있는데, 대략 다음과 같은 상황일 때이다.

① 만약 관계를 맺는 행성이 그 사인에서 폴이나 디트리먼트처럼 힘이 없거나, 다른 흉성과 각을 이루어 나쁜 영향을 받고 있거나, 흉성이거나 흉성은 아니지만 역행하면 해당 행성의 충분한 원조를 기대할 수 없다. 단 상승사인(AC)과 뮤추얼 리셉션이 된다면 서로의 관계가 매우 강해진다.

② 아스펙트상 스퀘어나 어포지션으로 각을 맺으면 해당 행성의 충분한 원조를 기대할 수 없다.

리셉션(Reception)은 뮤추얼 리셉션의 작은 버전 정도로 이해하면 된다. 「리셉션」은 「접대하다」 또는 「받아들이다」라는 의미로, 이 기법은 후대 아랍 점성술에서 체계화되었다. 그보다 이전인 헬레니즘 점성술에서는 주인의 상태가 좋으면 대접받는 손님이 편하지만, 주인의 상태가 나쁘면 대접받는 손님이 불편해진다고 여긴다. 이처럼 리셉션은 손님과 주인의 형성 관계를 다루는데, A라는 행성이 B행성이 지배하는 사인에 들어가면 A는 대접받는 손님이 되고 B는 대접해야 하는 주인이 된다. 다시 말해 A가 B행성의 지배사인에 들어오는 순간, B에게는 「주인(룰러)」이라는 권리(디스포지터)와 함께 「대접」이라는 의무가 발생한다. 특히 여기서 디스포지터(Dispositor)는 B행성의 사인에 들어온 A행성에게 영향을 미치는 자로, 바로 B행성을 말한다. 특히 네이탈차트에서는 모든 행성이 리셉션의 주인공이 될 수 있다. 다음 차트를 통해 이를 좀 더 쉽게 알아보자.

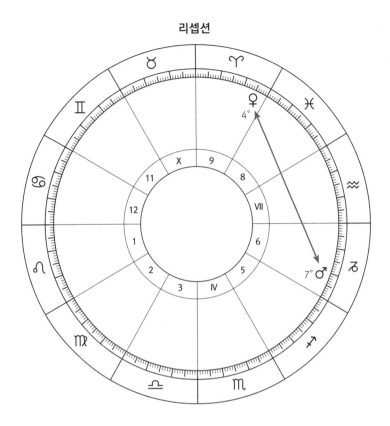

리셉션

위 차트에서 금성은 양자리 9하우스 4°에 위치한다. 양자리의 룰러는 화성이며, 화성은 염소자리 6하우스에 있다. 양자리에 들어온 금성은 손님이며, 양자리를 지배하는 화성은 주인이며 곧 금성의 디스포지터이다. 양자리의 금성이 불편한지 또는 편안한지는 화성의 상태에 달려 있는데, 염소자리에서 화성은 엑젤테이션하므로 상태가 좋다. 따라서 단순하게 생각하면 금성은 손님으로서 편안한 대접을 받을 수 있는 듯 보인다.

　그런데 아랍이나 중세 점성술에서는 여기에 아스펙트 상황까지 고려한다. 손님과 주인행성이 아스펙트를 이루면 리셉션으로, 이루지 못하면 리셉션으로 취급하지 않는다. 필자 역시 이 책에서 공부하는 네이탈차트에서는 아스펙트를 이루어야 리셉션이 성립한다고 보므로 위 차트는 리셉션이 성립된 상태이다.

여기서 한 가지 알아둘 것이 있는데, 리셉션에서는 행성의 힘의 세기보다는 아스펙트가 더 중요하다. 6하우스에서 화성이 엑젤테이션으로 힘을 가졌다 해도, 화성은 자신의 집에 들어온 손님 금성을 스퀘어로 대하므로 아주 못살게 구는 식이다. 특히 화성이 머문 6하우스는 흉한 하우스로 금성에게 가해지는 그 흉함이 더욱 심하다. 다만, 금성이 4°이고 화성이 7°이며 금성이 화성보다 속도가 빠르므로, 금성이 화성을 어플라잉하고 있다. 따라서 염소자리의 화성은 금성의 긍정적 에너지로 인해 6하우스의 주제를 잘 수행하고 있다고 말할 수 있다. 따라서 금성의 디스포지터인 화성의 흉함은 다소 줄어든다고 볼 수 있지만, 금성은 스퀘어로 자신을 때리는 화성에게 바짝 엎드려야 한다.

이를 실전상담으로 풀어내면, 9하우스는 정신적인 것이고 금성은 결혼이나 돈과 관련되지만 금성은 이 하우스에서 디트리먼트하므로 매우 불편하다. 6하우스의 주제는 힘든 노동이고 화성은 이 하우스에서 엑젤테이션으로 비록 좋은 체력과 전투력이지만, 노동에 대한 스트레스가 결혼, 배우자, 재물에 대한 비판, 비난, 비관 등으로 나타난다고 말할 수 있다.

⓫ 도리포리

헬레니즘 점성학에 의하면, 도리포리(Doryphory)란 창을 든 호위무사나 수행원, 수호자 등을 의미한다. 도리포리는 큰 명예를 얻거나 이름을 떨칠 수 있는 차트상의 구조를 말한다. 즉, 루미너리인 태양은 왕이고 달은 여왕인데, 호위무사나 신하라고 할 수 있는 나머지 행성들이 이 왕과 여왕을 잘 보필하는 구조이다.

점성학적 관점에서 도리포리는 루미너리나 앵글 하우스에서 에센셜 디그니티의 주요 행성과 밀접한 연관을 갖는 행성을 의미한다. 점성가마다 다소 차이가 있지만, 대략 다음 세 가지 경우로 정리해볼 수 있다.

① 앵글 하우스에 도머사일 혹은 엑젤테이션하는 행성이 있고, 이들 행성과 아스펙트를 맺는 행성 역시 다른 앵글 하우스에서 도머사일 혹은 엑젤테이션하는 경우이다. 아스펙트를 맺는 행성이 앵글

하우스가 아닌 자신이 머무는 하우스(물론 해당 하우스의 사인을 살핀다)에서 도머사일이나 엑젤테이션 할 경우도 포함된다. 위계가 높다는 것은 행성의 역할이나 임무가 막중하다는 의미이므로 호위무사나 수행원의 자질이 있다는 증거가 된다. 다음 예를 보자.

일반적인 도리포리

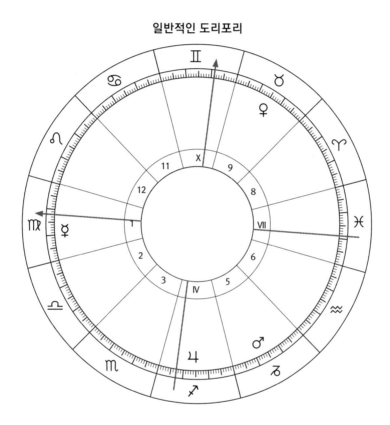

위 차트에서 상승사인(AC) 1하우스는 처녀자리이고 수성은 이 사인에서 도머사일이다. 그런데 앵글 하우스인 4하우스 사수자리의 목성 역시 도머사일하면서 1하우스와 아스펙트(스퀘어)를 맺고 있다. 또한 비록 앵글 하우스는 아니지만 5하우스 염소자리에서 엑젤테이션하는 화성이 수성과 트라인을 맺고 있다. 게다가 9하우스 황소자리에서 금성은 도머사일하면서 수성과 다시 트라인을 맺고 있다. 이 경우, 수성의 도리포리는 목성과 화성 그리고 금성이 된다. 물론 목성의 도리포리는 같은 방식으로 수성이 된다.

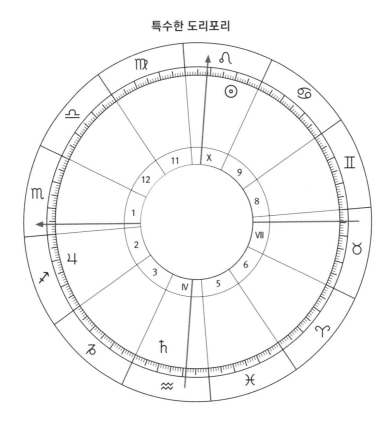

특수한 도리포리

위 차트는 특수한 경우의 도리포리이다. 태양이 앵글 하우스인 10하우스 사자자리에 있다. 그런데 태양이 마주보는 어포지션 하우스인 4하우스 역시 앵글 하우스이다. 물병자리인 4하우스에서 토성은 아무 위계를 얻지 않는 페러그린 상태이다. 일반적으로 태양을 토성이 어포지션하면, 이는 대흉성이 대흉각으로 작용해 매우 흉한 것으로 받아들인다. 그러나 물병자리의 토성은 2하우스 사수자리에서 도머사일하는 목성과 섹스타일을 이루어 그 흉함이 많이 줄어든다. 이 경우는 토성의 디그니티가 긍정적이므로 토성은 태양의 도리포리가 된다.

② 루미너리에 관련된 것으로 태양과 달은 디그니티에 상관없이 앵글 하우스에 위치해야 한다. 또 하나의 조건은 루미너리의 섹트와 관련된 것으로 태양은 주행성인 목성, 토성, 오리엔탈 수성을 기준

으로 하고, 달은 야행성인 금성, 화성, 옥시덴탈 수성을 기준으로 한다. 태양에게 도리포리하는 행성은 주행성이며, 달에게 도리포리하는 행성은 야행성인데, 태양은 주행성을 자신의 앞 도수에서 아스펙트를 맺어야 도리포리가 형성되며, 달은 야행성을 자신의 뒷도수에서 아스펙트를 맺어야 도리포리가 형성된다. 다음이 이에 대한 예이다.

태양의 도리포리

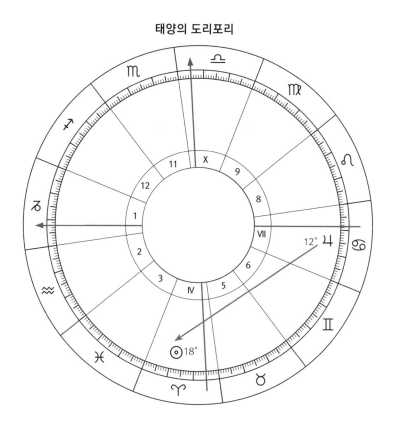

위 차트에서 보듯, 먼저 이번 조건에서 가장 중요한 것은 루미너리인 태양이 디그니티와 상관없이 무조건 앵글 하우스에 있어야 하는데, 태양이 앵글 하우스인 4하우스에 위치하여 이를 만족한다. 또한 주행성인 목성이 7하우스이며 앵글 하우스인 게자리에서 엑젤테이션하고 있다. 또한 목성이 태양과 아스펙트(스퀘어)를 맺으면서 태양의 앞 도수인 12°에 캐스트 레이(cast lay, 빛을 발하다)를 하고 있으므로, 목성은 태양의 도리포리가 된다. 한 행성이 진행방향 반대로 빛을 발하는 것을 캐스트 레이 혹은 스트라이킹 레이(Striking ray)라고 부른다.

달의 도리포리

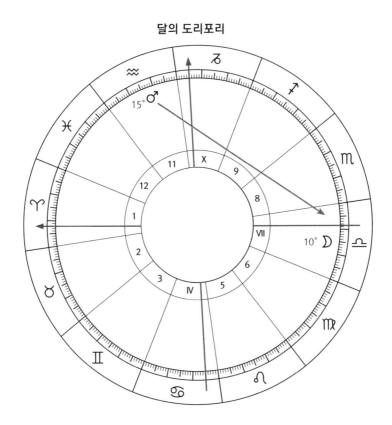

위 차트에서 루미너리인 달이 디그니티와 상관없이 무조건 앵글 하우스에 있어야 하는데, 7하우스이며 앵글 하우스인 천칭자리에서 도머사일하고 있어 이를 만족시킨다. 또한 야행성인 화성이 11하우스인 물병자리에서 도머사일하고 있으면서 달과 아스펙트(트라인)를 맺는다. 또한 화성은 달의 뒷도수인 15°에 캐스트 레이를 하고 있으므로 화성은 달의 도리포리가 된다.

③ 먼저 차트가 낮차트인지 밤차트인지 살펴야 한다. 낮차트에서는 태양의 도리포리가 좋고, 밤차트에서는 달의 도리포리가 좋다. 그 다음 조건으로 상승사인이나 남중점에 루미너리가 존재해야 하는데, 그 루미너리 중 낮차트는 오리엔탈 상태(앞 도수 혹은 앞 사인)에 주행성(목성, 토성, 오리엔탈

수성)이 존재해야 하며, 밤차트는 옥시덴탈 상태(뒷도수 혹은 뒷사인)에 야행성(금성, 화성, 옥시덴탈 수성)이 7° 이내로 존재해야 한다. 특히 낮차트에서는 태양에 의해 컴버스트하거나 언더 선빔하면 실격이며, 길한 하우스에서 도리포리할 때 더욱 길하다. 이때 태양은 오리엔탈, 달은 옥시덴탈의 도수가 좋은데 혹자는 왕(태양)이 여왕(달)보다 늘 앞서서 걸으니 왕은 앞으로 보호하고, 여왕은 뒤를 보호하는 것과 같은 이치라고 추측한다. 다음이 이에 대한 예이다.

낮차트 도리포리

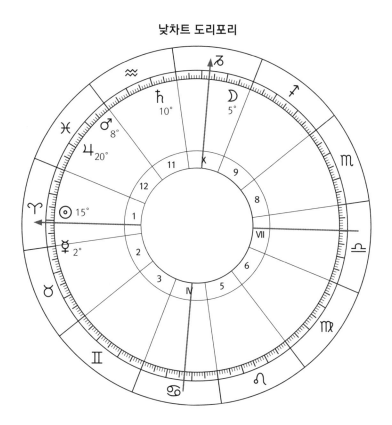

위의 차트는 태양이 상승사인에 있으니 낮차트이다. 또한 루미너리인 태양이 1하우스인 앵글 하우스에 있으며, 낮의 반구(섹트)에 주행성인 목성과 토성이 모두 태양의 앞 사인에 존재한다. 물론 도수로 보면 목성(20°)은 태양(15°)의 뒤이다. 하지만 앞 사인이라는 조건을 만족시키고 있으니 도리포리 조건에 문제가 없다.

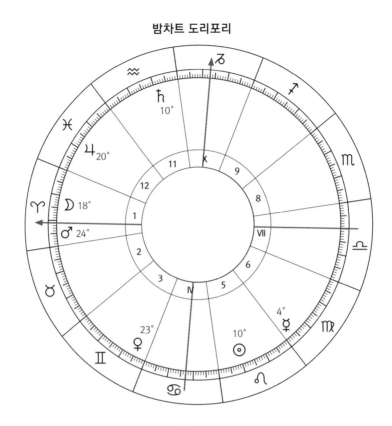

밤차트 도리포리

위 차트는 태양이 밤의 반구인 사자자리 5하우스에 있으니 밤차트이다. 또한 루미너리인 달이 1하우스인 앵글 하우스에 있으며, 야행성인 화성이 달의 뒷 도수인 6°(7° 이내의 조건을 만족시킴)에 있으니, 화성은 달의 도리포리가 된다.

8 행성끼리의 아스펙트 조합 의미

여기서는 메이저 아스펙트인 컨정션, 섹스타일, 스퀘어, 트라인, 어포지션 위주로 행성끼리의 조합 의미를 설명한다. 두 행성끼리 이루는 각도가 30°이면 컨정션, 60°이면 섹스타일, 90°이면 스퀘어, 120°이면 트라인, 180°이면 어포지션(대립각)이라고 부른다. 그중 특히 섹스타일과 트라인은 길각으로 호의, 조화, 우정의 각으로 불린다. 또한 스쿼어와 어포지션은 흉각이며, 컨정션은 길과 흉의 두 가지 의미가 다 내포된다. 필자는 길각(섹스타일·트라인)과 흉각(스퀘어·어포지션)으로 양분하여 그 의미를 정리했지만, 트라인이 섹스타일보다, 어포지션이 스퀘어보다 더 강한 영향을 미치는 각이다.

태양 + 달	
컨정션	뚜렷한 목적, 빠른 결단력, 문제의 핵심 간파능력, 남자(태양)와 여자(달)의 상징으로 항상 애인을 원함, 직관적, 태양의 조급증과 달의 우울로 인내심 부족, 우울감과 질병
섹스타일 트라인	자신감 있는, 목표와 욕구가 조화로운, 의지와 감정의 조화, 여유 있고 매력적인, 수용적인, 우여곡절이 약한, 의지와 감정의 조화, 균형 잡힌 성격, 여유 있고 매력적, 상대에 대한 지나친 수용력, 평화로움에 의한 안일함
스퀘어 어포지션	현실·욕망의 괴리, 무의식적 억압에 대한 도전, 고착된 습관으로 인한 장애, 부모와의 충돌(한쪽 혹은 양쪽 다), 주변인과 대립, 성취를 위한 투쟁심, 우울과 질병, 현실에 대한 불만족, 재산·부채 사이의 갈등, 심신의 우여곡절, 우유부단·집중력 저하(변덕·불안정), 독특한 유머감각, 독립적이면서 의존적, 강한 우울과 질병

태양 + 수성	
컨정션	적극적인 정보 수집, 지식에 대한 자부심, 주체적 사상, 표현력이 좋은, 자기 비판을 매우 싫어함, 자신에 대한 객관적 시각이 부족함 * 만약 금성이 태양빛(컴버스트 8° 이하)에 가려지면 애정의 장애가 드러나는데, 연애의 어려움·무정한 결혼생활이나 불명예 등이 그것이다.
비고	태양과 수성은 28° 이상 떨어져 있지 않으므로 이들의 조합은 컨정션이 전부이다.

태양 + 금성	
컨정션	털털하면서 매력이 강한, 평화·조화·화합을 추구, 개방·관대·외교적인, 예술·패션·사치를 추구하는

태양 + 화성	
컨정션	매우 남성적인(태양+화성), 강한 의지·행동력·경쟁심, 애정에 대한 적극적 경쟁·성취욕
섹스타일 트라인	자신감과 인내심이 있는, 용감하고 진취적인, 페어플레이(공격본능 조절능력), 극단적 경쟁보다 게임스포츠를 즐김, 삶에 대한 애착, 효과적 전략가나 리더
스퀘어 어포지션	성질이 급하고 변덕스러움, 충동적이고 조바심을 내며 쉽게 좌절하는, 과잉된 자의식(이기적), 대립적이며 논쟁적인(공격적)

	태양 + 목성		
컨정션	새로운 규칙, 공적인 일을 하는, 물질적 성공, 열성적·낙관적인, 도덕적인 삶 추구, 성실·공정· 관대한, 폭식·도박·쇼핑·사치를 조심(저축 힘듦)할 필요, 지력과 비전이 풍부, 자기 능력 과대평 가를 조심, 독선적인		
섹스타일 트라인	관대한·친근한, 평화적인, 낙천적인, 유머감각과 지식이 풍부, 외국의 사람·문화에 애착, 도덕· 질서·평등·법을 지키는, 큰일을 함으로써 자기 만족을 얻으려는 욕구		
스퀘어 어포지션	허영심, 이상주의자, 지나친 업무이행, 지킬 수 없는 약속을 함, 분수에 넘치는 삶, 불안한 고공행 진, 헌신을 좋아하지 않음		
	태양 + 토성		
컨정션	변화를 싫어하는, 자기 표현이 부족하지만 나이들면서 표현이 느는, 스스로 자기 절제, 대중의 관 심을 원하지만 두려운, 보수적인, 강한 책임감, 다소 회의적·비관적·조심스러운		
섹스타일 트라인	충성스럽고 명예적인, 단계적 학습이나 접근, 책임감이 강하고 신중하지만 자존감이 낮은		
스퀘어 어포지션	인생 전반기에 역경, 성공에 대한 두려움, 스스로의 생각이나 행위를 검열함, 타인 비존중, 성급하 고 어리석은, 뼈와 치아에 문제가 있는		
	달 + 수성		
컨정션	깊고 민감한 소통, 이성적인 감정, 논리적·합리적, 기억력과 표현력이 좋은, 다재다능하면서 장난 기가 있는, 저술·연설문 등 논리적 기술이 뛰어난		
섹스타일 트라인	쉽고 편한 소통, 자신을 잘 표현함, 작문을 잘하고 언변이 좋은, 호기심이 많아 남의 말에 진지하게 집중하는, 유리한 계약을 하는, 회계에 적합한, 섹스타일과 키워드는 동일한데 트라인은 대길각이 므로 좀 더 강화된 느낌		
스퀘어 어포지션	이성과 감정의 혼란, 종종 비이성적인 행동, 임기응변에 약한, 생각 정리가 잘 안 되며 종종 흥분하 거나 과민반응을 하는, 이성과 감정의 충돌로 정신적 불안을 동반하므로 말실수, 구설수, 뒷담화 가 수반되는, 스퀘어와 키워드는 동일한데 어포지션은 대흉각이므로 좀 더 강화된 느낌		
	달 + 금성		
컨정션	사회적 지위가 좋은, 매우 수용적이며 쉽게 변형되는, 원하는 것을 얻기 위해 상대(어릴 때 엄마)의 관심을 끌 줄 아는, 연애·결혼의 불안함, 스트레스를 먹는 것이나 쇼핑으로 해소하는, 쾌락과 사 랑의 구별이 필요한		
섹스타일 트라인	타인에게 다정한·배려적·동정적·양보적인, 훌륭한 중재자, 남자라면 여자에게 매너 있어 인기 가 좋은, 타인의 마음을 치유하는 능력, 사회적인 성공, 호감 가는 외모, 연애·결혼에 길한 ✻ 밤차트에서 좋다.		

달+금성	
스퀘어 어포지션	인생 전반기의 역경, 애정결핍(금사빠)·인정욕구가 강한, 연애·결혼의 지속성이 부족, 감정(달)과 사교성(금성)의 불균형, 연애와 결혼(육아문제 때문에)의 갈등, 예술적이지만 게으른, 자기 수양의 어려움, 배우자로 인한 손실이나 나쁜 경험, 불행한 연애·결혼생활을 나타냄

달+화성	
컨정션	활기차고 열정적인, 용감하고 자발적인, 종종 흥분하며 교만한, 무뚝뚝하며 직설적인, 순응적이지 않은
섹스타일 트라인	삶을 사랑하며 열정적인, 감정적이며 즉각적인, 성적으로 개방적인, 스포츠를 즐기는, 개방적이며 진지한 자기 표현, 훌륭한 파티 주최자, 경쟁에서 승리하는 ＊ 화성이 상징하는 직업에서 능력을 발휘한다. ＊ 저무는 달일 때 길하다.
스퀘어 어포지션	조숙하며 열정적인, 상처받기 쉬운 마음이라 매우 방어적인, 쉽게 좌절함, 감정적이며 충동적인, 건강과 정신의 불안정, 갑작스런 재물 손실, 우유부단한, 무자비한, 모험적인, 법규나 관습을 따르는 것이 힘든 ＊ 모든 사안에서 장애로 작용하며 달이 차오를 때 더욱 나쁘다.

달+목성	
컨정션	건강한, 풍부한 재물, 친절하고 관대한, 용서를 잘하는, 지지와 격려를 잘하는, 공정·공평하고 도덕적인, 직관적이고 유머감각이 좋은, 너무 설교적인 태도, 과거·역사·문화에 애착, 여행을 즐기며 종교에 심취하는 ＊ 공적인 일을 포함하여 모든 사안에서 긍정적으로 작용한다.
섹스타일 트라인	인생 초년운이 좋은, 속이 깊고 관대한, 재미있고 유머러스한, 남을 잘 돕는, 교육자 자질, 새로운 환경을 좋아하는, 고귀한, 명성이 좋은, 이상주의자, 우수한 학생
스퀘어 어포지션	출생자와 그 어머니의 무한한 부, 사업 성공, 허황된 약속으로 신뢰감·책임감 저하, 자신의 감정을 과장하는(허세), 강렬한 종교생활, 사회적인 외부조건에 의존적인 ＊ 흉성의 길각보다 목성의 흉각이 더 긍정적이다.

달+토성	
컨정션	조심스럽고 수동적이며 자기방어적인, 거절과 부탁을 잘 못함, 감성적인 것을 사업화하는 능력, 일과 감정을 분리하는 능력, 남을 비꼬는 유머, 감정 표현의 어려움, 침착·절제·냉정한, 일(해당 하우스의 주제와 관련된)이 지연되는, 출생자가 어릴 때 양육의 어려움을 겪은
섹스타일 트라인	침착·절제·책임감 있는, 주변과 타인의 불안을 잘 다스리는, 땅과 관련된 이득, 신뢰감 있고 안정적인, 자신의 생각을 꾸준히 밀고 나감, 어릴 때부터 성실과 책임감이 습관이 됨, 신사회적 능력이 있지만 적당히 만족할 줄 아는

달+토성	
스퀘어 어포지션	삶에 대한 의구심, 회의적이며 비판적인, 피해의식이나 두려움이 큰, 마조히즘적인, 낮은 자존감과 방어적인 삶, 압박이나 강박이 심한, 가정에 대한 의무감이 강한, 우울증에 걸리는 성향, 억압과 불안으로 모든 사안의 진행이 늦다

수성+금성	
컨정션	원활한 소통과 맛깔스런 말솜씨, 지적인 균형과 조화로움, 매력적이며 품위 있는, 자기 표현이 예술적·문학적인, 공명심과 공정한, 사교적인, 무대에 서는 것 즐김, 로맨틱한 연애와 섹스, 질투와 자기 위주의 생각
섹스타일	교육적 자질이 있는, 대인관계에서 섬세함과 상냥함, 상대에게 매우 배려적이며 조화로운, 타인과의 갈등을 극도로 싫어함, 약간의 피해를 감수하면서도 평화를 유지, 예술·문학·디자인·상담 등의 분야 적합
비고	수성과 금성은 가까워 이들의 조합은 컨정션과 섹스타일이 전부이다.

수성+화성	
컨정션	생각이 바르고 실용적, 호기심이 많고 소통을 즐기는, 단순하고 직설적, 말로 상대에게 치명상을 입히는, 승부욕(게임·스포츠)이 강한, 군인·용병이 어울리는
섹스타일 트라인	통찰력과 실행력이 강한, 타인의 약점을 잘 간파함, 글재주와 손재주가 뛰어남, 결단력이 있고 일 처리가 매우 빠른, 지구력이 좋은, 분석적인 생각, 조급한, 언쟁적인, 거만한, 타인과 좋은 관계를 맺지 못하는
스퀘어 어포지션	토론을 즐기지만 종종 극단적인, 말도 행동도 빠른, 종종 생각보다 말이 더 빠른(거짓말로 이어짐), 대화를 논쟁으로 만듦, 사납고 구설수가 따르는

수성+목성	
컨정션	뛰어난 이해력으로 다양한 분야에 관심이 많은, 대단한 호기심과 말재주로 종교·철학·교육·여행·출판·교육·연설가, 특히 법조계에 적합한, 자신감과 낙관주의, 알고자 하는 욕구가 매우 큼, 나무보다 산을 보는 경향, 성실·봉사적인, 자신의 능력을 넘어서는 과도한 프로젝트를 맡음
섹스타일 트라인	전체를 관조하는 능력(나무보다 산을 봄), 낙관적이며 친절한, 오픈마인드, 남들에게 영감을 주는 좋은 멘토, 외국문화나 여행을 즐김, 외국어에 관심, 관대하고 낙천적인, 여행을 좋아하는
스퀘어 어포지션	성급한 판단과 결정, 문제를 가벼이 여기거나 자신의 능력을 과신하여 오는 실수, 자신에 대한 과대평가는 종종 불신이나 허세로 전락, 지나친 낙관주의, 극단적인 사고, 자신의 신념에 의심을 품으며 언행일치의 어려움, 맹목적 믿음, 판단력 저하

	수성 + 토성
컨정션	어린 시절 교육을 못 받은, 언어(수성)의 자기 검열(토성), 꼭 필요한 말만 하려는 절제적 타입, 남들에게 냉소적이며 융통성 없는 사람으로 비칠 수 있는, 말할 때 타인 의식(말더듬이), 문법·논리·논설·규칙·추론·수학 등의 능력과 체계적 집요함, 신중하며 세부적·체계적인 업무 스타일로 교사·군 수뇌부·정치인이 어울림
섹스타일 트라인	조직적이며 체계적인, 명료하고 현실적 사고, 쉽게 흥분하거나 들뜨지 않음
스퀘어 어포지션	자신의 말과 행동에 대해 매우 검열적, 표현력 부족으로 말을 더듬는, 타인을 의식하는, 혼자 일에 몰입하는 스타일이라 외톨이로 전락, 완벽주의이기 때문에 계약시 전문가 조언이 필요(잘못된 계약에 스트레스를 많이 받음), 의심이 많은, 논쟁적인, 말하기와 듣기에 문제가 있는
	금성 + 화성
컨정션	성적인 관계나 에너지, 섹스어필, 쉽게 대인관계를 맺는, 남자라면 급한 성미·마초적인·직설적·지배적·창의적인, 억압을 예술(창조적 활동)이나 이성으로 풀려고 함, 타락한 욕망, 여러 번 결혼
섹스타일 트라인	낭만적이고 창의적 재능, 상대에게 매력·활력·열정을 발산, 예술 활동·사람과의 관계에서 조화와 아름다움 추구, 친구가 많은 친구를 둔, 많고 다양한 연애를 추구, 만족스런 결혼, 결점을 숨기지 않는 솔직한 태도, 남녀 동등의식
스퀘어 어포지션	불륜에 빠지는, 인생의 초년기 사회적 능력이 미숙한, 사랑에 대한 억압이 종종 왜곡되어 예술로 드러남, 충동적, 사랑(금성)과 미움(화성)이 뒤섞임, 연애상대에게 경쟁·분노·좌절·불안이 존재 ＊ 열정으로 쉽게 채워지지만 금방 흥미를 잃거나 도덕적 추락을 경험한다. ＊ 만약 금성이 화성을 우월한 위치에서 스퀘어로 각을 맺으면 많은 재산을 얻지만 이성으로 인해 손해나 불명예를 경험하고, 금성이 우월한 위치에 존재하면 좋은 행운과 성적인 관계를 맺는다.
비고	스퀘어에서 우월한 위치, 예를 들어 양자리에 금성이 위치하고 게자리에 화성이 위치한다고 가정하면 금성이 화성보다 우월한 위치에서 스퀘어한다고 볼 수 있다. 황도대의 별자리 순서에서 시계 방향으로 앞선 사인이 우월한 위치를 가지기 때문이다.
	금성 + 목성
컨정션	금성의 돈을 목성이 확장시키므로 낭만적·쾌락적·물질적·관계적 욕망이 큰, 상류층 사람들과 교제하면서 그들의 후원으로 명예를 얻는다
섹스타일	다정하며 배려하는 경향, 로맨틱한, 성적인 유머 또는 유머러스한, 향락적이지만 극단으로 가지 않음, 개인적·사회적으로 잘 성장하는
스퀘어	약속이행의 문제, 자신을 과대평가하는 허세, 분수에 넘치는 생활, 쾌락에 탐닉, 사치품을 좋아하는, 이기적이며 까다로워서 함께 어울리기 어려운

금성 + 목성	
트라인	친구들과 이성으로부터 도움과 후원을 받고 충실한 친구와 배우자를 얻는다.
어포지션	친구들의 배신과 결혼생활의 불안정, 재산을 얻는 데 좋은 구조이다.

금성 + 토성	
컨정션	애정의 감정표현 부족, 애인·배우자에 대해 성실하며 책임감 있는, 어린 시절 소외된 기억, 충분한 사랑을 받지 못한 기억, 사랑에 대한 두려움(상대의 거절 포함), 마조히즘적인 연애나 사랑, 피상적·회의적 연애, 자신의 감정을 보호하는(다칠까 봐) 두꺼운 장벽, 인간관계를 어렵게 생각하는, 전통적인 관습이나 규칙을 고수하는, 성적인 관계에서 냉정한
섹스타일 트라인	장기적·헌신적 애정관계, 관계에서 오는 긴장과 스트레스를 잘 다루는, 애정의 실패·실수에 침착하며 배우는 태도이므로 상대가 매우 신뢰하는, 진지하고 성숙한 사랑, 늦은 결혼, 사회적 활동의 책임감, 절제 있게 행동하는, 애인·배우자에 대한 강한 책임감
스퀘어 어포지션	내성적이며 우울하며 외로운, 애정의 장애, 애정 없는 결혼생활, 어린 시절 분리불안으로 관계의 파국을 예단함, 사랑받을 가치가 없다는 낮은 자존감, 애정·섹스 상대는 연상이든 연하든 나이차가 많이 남, 성관계에 어려움을 겪는

화성 + 목성	
컨정션	팽창하는 목성과 솔직하고 도전적인 화성의 만남, 경영능력의 벤처사업, 여행·비행·야외활동·모험·스포츠를 즐기고 철학·법률·종교·과학·연구원·정치 분야에 깊은 관심, 목성은 전달의 의미로 방송·교사·홍보·선전·광고·인터넷 관련 사업 적합, 화성의 군인·폭발물·스포츠 관련 사업 적합, 훌륭한 리더로 타인에게 용기 부여, 권력과 부에 대한 과도한 욕망
섹스타일 트라인	새로운 호기심이나 일에 목마른, 모험을 즐기는, 야망·경쟁·성취욕이 강한, 성공의 잠재력이 높은, 고급지식과 근거 그리고 정확한 표현으로 토론의 왕, 솔직함·신뢰·청렴함이 높은, 강한 성욕과 체력, 리더십이 있는, 행운이 따르는, 심신의 조화로움, 낙관적인 소비(조심할 필요), 파트너에게서 성적 만족과 함께 영적 만족도 요구하는, 남을 누르지 않고도 자신의 능력을 보여줌, 성공의 기회를 잘 포착하는, 자신의 한계를 계속 넘어서는
스퀘어 어포지션	오만하거나 거만함, 자신의 실수를 인정하지 않거나 무시·망각하므로 실수를 반복할 가능성, 충동적인 호기심과 적극성으로 돈을 날리거나 도박·성적문란에 빠질 위험성, 만족을 모르는 지나친 도전과 정복욕, 짓궂은 농담을 즐김, 낙천성(목성)과 공격성(화성)이 대립하고 있어 늘 경쟁에 놓임, 억압에 대한 배출구가 필요, 모든 것을 쟁취하려는 강박과 성급함에 길들여져 충동적인 성인이 될 수 있음, 권력에 대한 욕구

화성 + 토성	
컨정션	화성의 모험과 토성의 절제가 우유부단하게 만듦, 자신의 기회를 포기하거나 남에게 양보, 자신의 능력에 대한 의구심, 타이밍을 놓치지 말고 적극적으로 도전할 필요, 시작도 끝도 흐지부지하는, 긍정일 경우 자신의 성취를 위해 고통을 참으며 스스로의 규칙을 철저히 지켜나감
섹스타일 트라인	마음먹은 일은 포기하지 않는, 인내·끈기로 일에 최선을 다함, 전략과 규칙으로 업무를 수행, 10%의 영감과 90%의 땀을 믿는, 성취 뒤에 또 다른 도전을 하는 ＊ 길한 사인이나 하우스에서 트라인이 되면 엄청난 재정적 보상이 따른다.
스퀘어 어포지션	결벽증과 완벽주의로 상대를 비난, 성공의 높은 기준에서 자유로울 필요가 있음, 자신의 끈기·투지·책임감이 과로를 불러올 수 있는, 남에게 의존시 강한 무력감을 느낌, 종종 자신의 능력을 의심함, 영적인 삶은 에너지의 근원이므로 필요, 장애물을 만나면 재빨리 포기하는, 심각한 질병, 아버지의 재산 파괴, 생계의 어려움이나 질병, 심각한 위험과 많은 걱정
목성 + 토성	
컨정션	긍정일 경우 높은 명성을 가짐, 보수적인, 현실적인 포부(꿈), 종종 지나치게 신중하고 소심한, 품위·교양·관습·전통을 중요시함, 문학·법률·군인의 적성으로 적합, 낮차트에서 목성과 토성의 컨정션은 명예와 부의 증진
섹스타일 트라인	토대가 좋아 안정성과 균형감을 제공하므로 발전 가능성이 큰, 이상주의·낙관주의, 사업가적 자질, 실패를 인정하고 반성하는 자세, 성공에 대한 확신과 자신감, 성실하고 끈기 있는 일처리, 점진적 완성을 이루는 타입, 명성을 얻게 되는, 남들에게 멘토링을 잘하는(자신 역시 관리감독이 필요함), 명상을 즐기며 영적 가치를 추구함
스퀘어 어포지션	이상과 현실의 괴리에서 갈등, 성공보다 실패에 더 집착해 추진력 저하, 조급함 또는 성급한 해결방식(인내심과 규칙·규율이 필요), 막무가내의 일보다 휴식이나 반성이 필요, 정직하지 못한, 고되고 이루기 힘든

9 포르투나의 랏

랏의 정의

점성학은 천인감응, 즉 자연과 사람의 속성이 서로 부합한다는 이치이다. 하늘의 행성을 근거로 인간의 길흉을 점치기 때문이다. 그래서 어느 한 사람의 출생차트에서 행성의 움직임은 곧 그 사람의 본질적 속성이라 할 수 있다. 예를 들어, 출생자의 아버지에 대한 운명적 정보는 태양과 토성의 관계 속에 내재해 있다고 본다. 이때 출생자의 상징은 태양이고, 아버지의 상징은 토성이다. 태양과 토성의 관계는 차트에서 하나의 위치 (가상점)로 표시되고, 그 점은 주변에 있는 행성, 그 가상점이 존재하는 하우스·사인과 의 관계를 통해 그 고유한 속성이 산출된다. 랏(Lot)은 바로 그 가상점을 말한다.

　랏은 한정된 영역, 운명, 운수 등을 의미하며, 표면적인 상황을 좀 더 심도 있게 보기 위해 필요하다. 점성술에서 전통적으로 사용되는 랏(가상점)은 약 97개로 아랍에서 즐 겨 사용되고 발전되어왔다. 인생의 모든 주제들은 그것을 상징하는 행성들을 통해 수 많은 랏을 도출할 수 있다. 랏을 구하는 계산법은 고대 점성학자들이 만든 것인데, 과 학적인 수학법칙이라기보다 다분히 상징적인 수학법칙이다. (그러므로 그 공식이 타당 한지에 대한 논쟁은 다루지 않는다.) 참고로 윌리엄 릴리는 「포르투나의 랏」만 사용하였 다고 알려져 있다.

　그런데 점성술에서는 랏만으로 아버지와의 관계를 읽어내는 것일까? 아니다. 차트 에서 태양과 토성의 관계는 물론 이들이 위치한 사인에서의 힘의 세기, 다른 하우스에 있는 행성과의 관계 등을 먼저 살핀 다음, 부차적으로 태양과 토성으로 도출된 아버지 의 랏을 통해 아버지와의 관계를 살핀다. 여기서 랏은 출생자에게 아버지가 어떤 의미 인지 좀 더 풍부한 해석을 가능하게 해준다.

포르투나의 랏 도출법

포르투나(Fortuna)는 로마신화에서 행운의 여신을 의미하며 상징기호는 ⊗이다. 모리 누스 차트에서는 ⊗이 자동으로 표시되는데, 이 표시를 일반적으로 포르투나라고 부른 다. 포르투나는 여러 가지 랏 중에서 출생자의 행운과 재물을 나타내는 가상점으로, 엄 밀히 말하면 「행운의 랏(Lot of Fortune)」이다. 이 포르투나가 위치한 하우스는 그 하우 스에 설정된 주제에 행운이 따르며, 그 하우스의 주제와 관련한 재물운도 따른다.

　출생자의 행운은 태양과 달의 관계를 본다. 포르투나의 랏은 낮차트와 밤차트를 구 별하여 구하는데, 먼저 낮차트의 산출공식은 「AC(어센던트)+MO(달)-SU(태양)」이다. 이것을 풀어서 설명하면, 태양에서 달까지의 거리만큼을 AC에서 출발하여 태양에서 달을 향한 방향으로 점을 찍으면 그 점이 포르투나의 랏이다. 아래의 왼쪽 차트는 태양에서 달까지의 거리를 반시계방향으로, 오른쪽 차트는 태양에서 달까지의 거리를 시계방향으로 진행하되 어센던트에서 출발하여 랏을 산출하면 된다. 아래 그림에서 보듯 태양에서 달까지 거리(A)를 같은 방향(B)으로 그 거리(A-)만큼 적용하여 점(C)을 찍으면, 그 점이 바로 포르투나의 랏이다.

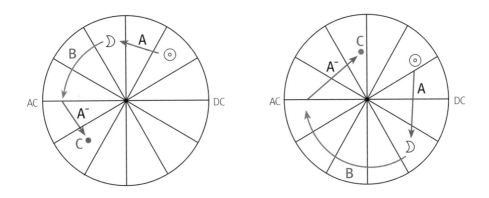

다음은 밤차트에서 포르투나의 랏을 산출하는 방법이다. 밤차트의 산출공식은 「AC(어센던트)＋SU(태양)－MO(달)」이다. 이것을 풀어서 설명하면, 밤차트는 달에서 태양까지의 거리만큼을 AC에서 출발하여 달에서 태양을 향한 방향으로 점을 찍으면 그 점이 포르투나의 랏이다. 아래의 왼쪽 차트는 달에서 태양까지의 거리를 시계방향으로, 오른쪽 차트는 달에서 태양까지의 거리를 반시계방향으로 진행하되, 어센던트에서 출발하여 랏을 산출하면 된다. 아래 그림에서 보듯 달에서 태양까지의 거리(A)를 같은 방향(B)으로 그 거리(A-)만큼 적용하여 점(C)을 찍으면, 그 점이 바로 포르투나의 랏이다.

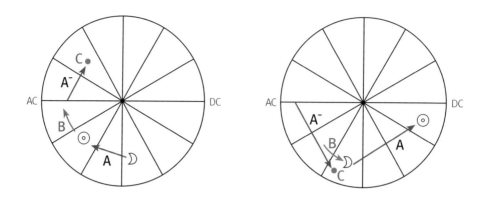

랏의 대표적 종류

대표적인 랏의 종류를 간단하게 소개하면 다음과 같다. AC는 어센던트, SU는 태양, MO는 달, ME는 수성, VE는 금성, MA는 화성, JU는 목성, SA는 토성을 나타낸다.

랏의 종류	랏의 공식	랏의 의미
행운의 랏 (Lot of Fortune)	낮_ AC+MO-SU 밤_ AC+SU-MO	신체, 생계수단, 소유물, 명성, 특권 등을 내포한다.
정신의 랏 (Lot of Spirit)	낮_ AC+SU-MO 밤_ AC+MO-SU	정신, 기질, 지식, 결심, 의지, 노력 등을 내포한다.
결혼의 랏 (Lot of Merriage)	남자_ AC+VE-SU 여자_ AC+MA-MO	결혼을 내포한다.
획득의 랏 (Lot of Acquisition)	포르투나 기준 11하우스 (하우스 내 모든 점)로 본다.	재물의 습득이나 획득을 내포한다.

예를 들어 크리스티안 호날두의 「결혼의 랏」을 찾는 법을 알아보자. 먼저 호날두의 출생정보를 입력하고 차트를 열어야 한다. 아스트로 데이터뱅크에 기록된 크리스티안 호날두(Cristiano Ronaldo)의 생일은 1985년 2월 5일 오전 5시 25분이다. 태어난 장소는 포르투갈 푼샬(Funchal)이다.

① 이미 띄워져 있는 출생자의 차트에서 「Options」을 클릭한 후 「Lots」으로 들어간다

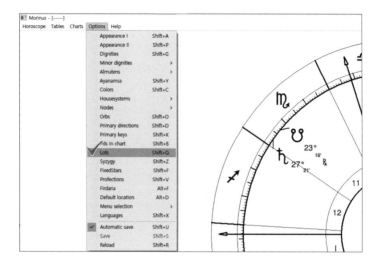

② 아래와 같이 「Lots」의 팝업창이 뜨면

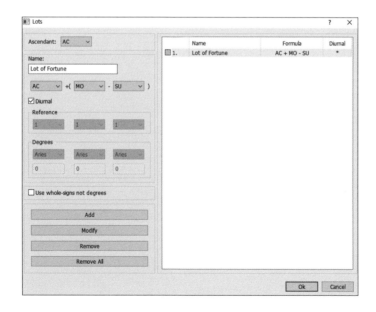

③ 남자의 랏 공식을 먼저 설정한다.

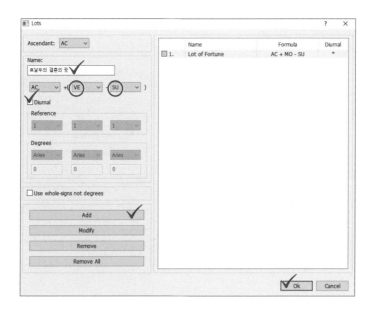

설정하는 순서는

1. 호날두의 결혼의 랏이라고 적고,

2. VE(금성) – SU(태양)를 적용하고,

3. Diurnal(디뉴얼) 박스는 체크하지 말고,

4. Add를 누르면

④ 오른쪽 사각창에 호날두의 결혼의 랏이 형성된다.

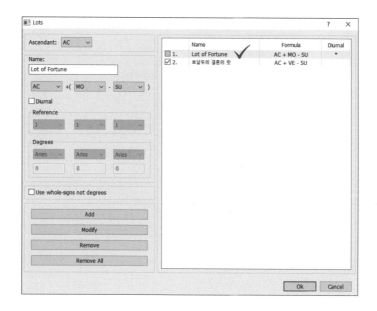

⑤ 확인했으면 Ok를 클릭한다. 다시 「Options」에 들어가 「Appearance I」을 클릭하면

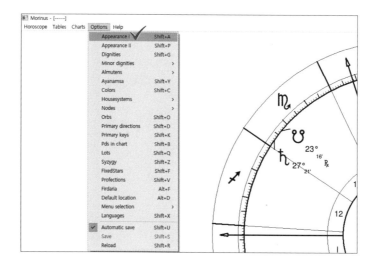

⑥ 다음 팝업창이 뜬다. 팝업창 아랫부분의 「Lots」까지 표시된 것들을 체크하고 Ok를 클릭하면,

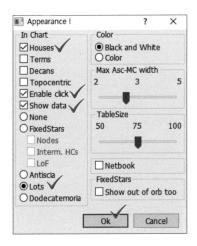

⑦ 호날두의 결혼의 랏이 뜬 것을 볼 수 있다.

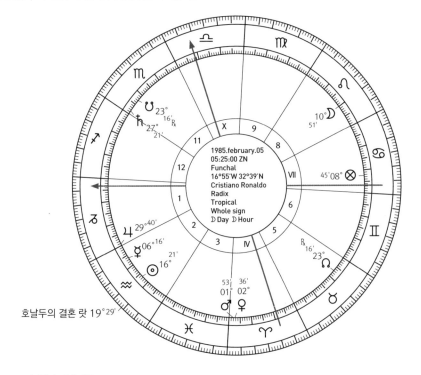

호날두의 결혼 랏 19°29′

참고로 여자의 랏도 남자의 랏과 같이 순서대로 진행하되, 랏의 공식은 다음과 같다.

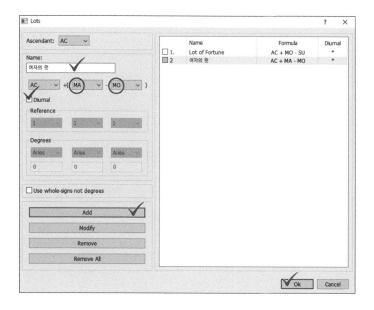

랏의 길과 흉

현대 헬레니즘 점성가 크리스 브레넌(Chris Brennan)은 랏의 길흉에 대해 다음과 같이 설명하였다.

	길	흉
1	랏이 좋은 하우스에 위치할 때	랏이 나쁜 하우스에 위치할 때
2	랏이 길성과 컨정션할 때	랏이 흉성과 컨정션할 때
3	랏이 길성과 아스펙트를 맺을 때	랏이 흉성과 아스펙트를 맺을 때
4	랏이 흉성과 어버전할 때	랏이 길성과 어버전할 때
5	랏이 위치하는 사인의 룰러가 길성일 때	랏이 위치하는 사인의 룰러가 흉성일 때

	길	흉
6	랏이 위치하는 사인의 룰러의 본질적 위계가 긍정일 때	랏이 위치하는 사인의 룰러의 본질적 위계가 부정일 때
7	랏이 위치하는 사인의 룰러가 좋은 하우스에 있을 때	랏이 위치하는 사인의 룰러가 나쁜 하우스에 있을 때
8	랏이 위치하는 사인의 룰러가 랏과 아스펙트를 맺을 때	랏이 위치하는 사인의 룰러가 랏과 아스펙트를 맺지 못할 때
9	랏이 위치하는 사인의 룰러가 길성과 아스펙트를 맺을 때	랏이 위치하는 사인의 룰러가 길성과 어버전할 때
10	랏이 위치하는 사인의 룰러가 흉성과 어버전할 때	랏이 위치하는 사인의 룰러가 흉성과 아스펙트를 맺을 때

CHAP. 2

점성학의
실전 해석

실전을 위한 주요 핵심원리

1 출생자의 성격(기질)

출생자의 무의식적 삶의 동기·성격· 건강을 알아볼 때는 다음 사항을 종합적으로 고려
한다.

① 어센던트(AC)가 위치한 사인과 사인의 룰러(지배행성), 그리고 그 룰러가 위치한 하우스를 살펴본다.

② 1하우스에 위치한 행성의 속성을 살펴본다.

③ 어센던트의 각도와 위아래 3°~4° 이내로 아스펙트를 맺는 행성의 의미를 살펴본다.

④ 태양의 위치와 상태를 살펴본다.

⑤ 달의 위치와 상태를 살펴본다.

2 출생자의 건강

네이탈차트에서 「생명의 부여자」라고 불리며 생명을 관장하는 중요 지점을 힐렉
(Hyleg)이라고 부른다. 차트에서 힐렉은 다음 사항을 종합적으로 고려한다.

① 가장 먼저 힐렉으로 고려할 사안은 태양과 달의 상태이다. 낮차트에서는 태양을 중점적으로 보고,
   밤차트에서는 달을 중점적으로 본다.

② 태양을 볼 경우, 1 · 10 · 11하우스에 태양이 있으면 사인과 상관없이 그 자체로 가장 강한 힐렉이

고, 태양이 7 · 8 · 9하우스에 있고 남성 사인이면 이 또한 힐렉으로 간주한다. 힐렉으로 선택된 태양은 디그니티와 아스펙트까지 살펴야 한다.

③ 달을 볼 경우에는 달이 앵글 하우스(1·4 · 7 · 10) 또는 석시던트 하우스(2 · 5 · 8 · 11)에 있고 그 사인이 여성의 사인이면 힐렉이다. 힐렉으로 선택된 달은 디그니티와 아스펙트까지 살펴야 한다

한편, 차트에서 달을 볼 때 달이 보름달인지 또는 보름달 이후 작아지는 하현달인지를 본다. 그래서 차트에서 달이 작아지면 포르투나의 상태를 주목하고, 차트에서 달이 커지면 어센던트의 상태를 주목한다.

위의 차트를 보면 현재 달이 이미 보름달을 지나 화살표 C방향으로 진행 중이며 달이

작아지고 있다고 보아야 한다. (10하우스 남중점은 태양의 정오 자리이고, 4하우스 북중점은 달이 자정하는 자리인데, 달이 4하우스에서 북중점을 지났기 때문이다.) 따라서 힐렉의 관점에서 포르투나의 상태를 주목한다.

고전점성학에서 건강은 수명의 길이를 측정하는 것으로, 몸이 건강하면 당연히 오래 산다는 논리이다. 부위별 건강의 지표는 자세한 궁금증은 「메디컬 점성학」이라는 특화된 기법을 통해 알 수 있다. 이 책에서는 메디컬 점성학을 다루지는 않으므로, 실전차트에서는 12사인과 연결된 인체의 부위별 건강 지표를 염두에 두고 해당 사인의 룰러의 상태(디그니티, 섹트, 아스펙트, 12사인의 2극성·3특질·4원소)를 살펴서 해석하면 된다.

3 출생자의 직업

출생자의 직업에 대해 알아볼 때는 다음 사항을 종합적으로 고려한다.

① 직업성은 앵글포인트에 가까울수록(5° 이내) 강화된다. 따라서 먼저 앵글 하우스에 위치한 행성을 찾아야 한다. 앵글포인트 강도는 MC(남중점) 〉 AC(상승점) 〉 DC(하강점)·IC(북중점) 순이다.

② 만약 앵글 하우스에 행성이 없다면, 그 다음으로 포르투나와 가까울수록(3° 이내) 직업성이 강화된다.

③ 그 다음으로 태양과 파시스하는 행성을 찾아야 하며, 파시스하는 행성이 곧 직업의 지표성이다.

④ 그 다음으로 부수적인 세 가지 지표성을 찾는다. 첫째 10하우스의 룰러, 둘째 2·6하우스에 위치한 행성, 셋째 포르투나 기준 10·11하우스에 있는 행성이다.

⑤ 기타 직업의 지표성으로 달이 아스펙트를 맺으며 도수상 가장 먼저 만나는(만약 달이 12°라면 13°, 14° …… 순이다) 행성을 찾는다. 이 경우에는 흉각보다 길각이 우선한다.

⑥ 이상의 모든 조건을 불충족하는 경우에 본질적 위계 〉 달과 파틸 아스펙트 〉 달과 모이어티 순으로 직업성을 부여한다.

다음 차트에는 위에서 설명한 직업성의 주요 포인트가 표시되어 있다. 참고로 포르투나 기준 10하우스는 포르투나가 위치한 하우스를 포함하여 헤아린다.

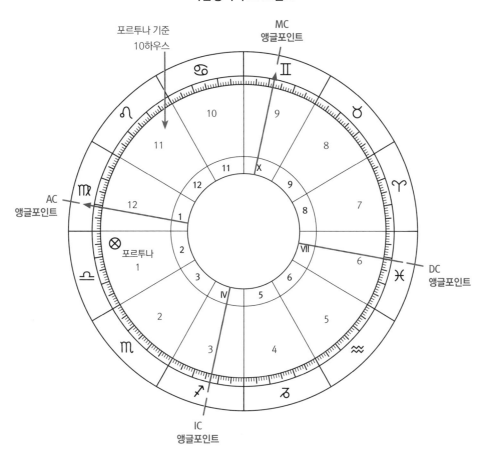

직업성의 주요 포인트

4 출생자의 사회적 성취와 명예

사회적 성취는 사회적 참여, 일이나 업무, 야망 등에 대한 평가이다. 따라서 가장 사회적으로 드러나는 10하우스가 중요한 근거처이다. 나아가 사회적 명예는 사회적 참여에 권위를 부여하는 것이므로 명예의 상징이기도 한 루미너리(태양과 달)가 큰 영향을 미친다. 사회적 성취와 명예를 판단하기 위해서는 다음 사항을 종합적으로 고려한다.

① 먼저 태양과 달이 1·10하우스와 어떠한 관계에 있는지 살펴야 한다.
② 그 다음으로 도리포리, 루미너리의 모이어티, 1·10하우스의 룰러와 1·10하우스에 위치한 행성의 상태, 포르투나의 상태, AC(상승점)나 MC(남중점)와 만나는 행성, 1~2등급 항성 등을 살핀다.
③ 참고로, 윌리엄 릴리는 10하우스에 1하우스의 룰러 또는 달이 존재하고 10하우스의 룰러는 그것들과 리셉션 상태에 있으면 지위나 명예가 강화된다고 보았다.

5 출생자의 부와 재물

재물은 관리가 가능한 물건으로 돈, 소유물, 부동산 등이며, 재산이나 부는 재물을 포함한 재산상의 이익을 말한다. 출생자의 부와 재물을 판단하기 위해서는 다음 사항을 종합적으로 고려한다.

① 부는 물질적 가치에 대한 평가이므로, 출생자의 부를 판단하기 위해서는 먼저 2하우스 사인의 룰러와 2하우스에 위치한 행성의 상태, 포르투나가 위치한 사인의 룰러의 상태, 목성의 상태 등을 살펴야 한다.
② 그 다음으로 루미너리(태양과 달)가 어떠한 방식으로든 긍정적 영향을 미치는지의 여부도 중요하다.

6 출생자의 결혼

결혼은 다음 사항을 종합적으로 고려해야 한다. 결혼은 남녀의 지표성이 구분되어 있다.

① 먼저 남자는 금성과 달을 지표성으로 보고, 여자는 화성과 태양을 지표성으로 본다. 점성가에 따라

서는 남녀의 지표성으로 금성만을 간단히 보는 경우도 있다.

② 다음으로 남녀 모두 7하우스와 7하우스의 룰러의 상태를 본다.

③ 마지막으로 7하우스에 위치한 행성의 상태를 본다.

윌리엄 릴리는 결혼의 랏을 사용하지 않았지만, 필자는 개인적으로 결혼의 랏을 사용한다. 랏을 적용하는 방법 또한 다양하지만, 여기서는 크게 두 가지 방식을 취한다.

① 첫 번째는 베티우스 발렌스의 기법인데, 남녀를 구분하여 랏을 적용하는 방법이다.

② 두 번째는 먼저 남녀를 구분하고, 다음으로 차트가 밤인지 낮인지를 구분하는 방법이다.

참고로, 필자는 개인적으로 첫 번째 방식을 사용하는데 단순하지만 실전상담에서 만족도가 높기 때문이다. 특히 결혼은 성생활과 임신이 매우 중요한 요소이므로 결혼과 관련된 사인과 그 사인의 특징을 충분히 알아둘 필요가 있다.

정욕의 사인	양자리, 황소자리, 염소자리, 물고기자리 (특히 낮차트일 때 잘 드러난다.)
다산의 사인	게자리, 전갈자리, 물고기자리
불모의 사인	쌍둥이자리, 사자자리, 처녀자리
더블바디 사인	쌍둥이자리, 처녀자리, 사수자리, 물고기자리

7 출생자의 여행과 이민

여행은 단거리 여행과 장거리 여행으로 나눌 수 있는데 비교적 단기체류에 해당하며, 해외이민은 장기체류에 해당된다고 할 수 있다. 말하자면 이 주제는 해외에서 공부나 이민 그리고 추방 등의 문제로 장기체류 혹은 단기체류에 관한 전반적인 것들을 살펴보기 위한 것이다. 여행의 지표성은 다음을 고려하여 종합적으로 판단한다.

① 여행의 지표성은 9하우스에 존재하는 행성과 9하우스의 룰러의 상태이다.
② 참고로 윌리엄 릴리는 1하우스 룰러가 3·9하우스에 있거나 3·9하우스의 룰러가 1하우스에 있거나 달이 옥시덴탈 상태에 있으면 잦은 여행을 하게 되며, 1하우스 룰러가 3하우스에 위치하면 짧은 거리의 여행이지만 9하우스에 위치하면 긴 거리의 여행을 하게 된다고 말했다.
③ 또한 릴리는 장기여행에 대해서도 언급하였다. 달의 사인에 수성이 위치하거나 수성의 사인에 달이 위치할 때 장기여행을 하며, 태양이 달이나 수성이 다스리는 사인에 위치할 때도 장기여행을 한다고 설명하였다. 또한 릴리는 지표성이 불 또는 흙 사인과 많이 겹칠수록 육로여행을, 공기 또는 물 사인과 많이 겹칠수록 해로여행을 한다고 보았다.

한편, 프톨레마이오스는 해외와 관련하여 화성까지 살펴보았지만, 이후의 많은 점성가들은 화성의 유효성을 의심했으므로 필자는 여기서 화성은 제외한다.

실전 **02** 해석

출생자의 성격(기질)

○ E X A M P L E   0 1

아스트로 데이터뱅크(Astro-Databank)에 기록된 도널드 트럼프의 생년월일시는 1946년 6월 14일 오전 10시 54분이고, 태어난 장소는 뉴욕이다. 그럼 본격적으로 트럼프의 성격을 차례대로 분석해보자.

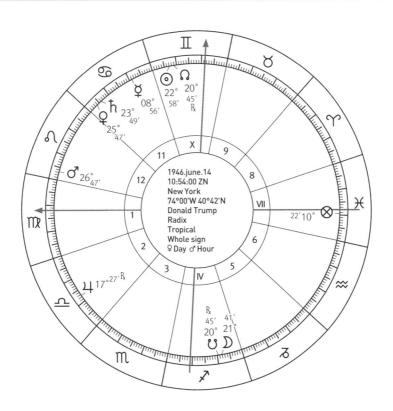

어센던트가 위치한 사인과 사인의 룰러(지배행성), 그리고 그 룰러가 위치한 하우스를 살펴 무의식적 삶의 동기를 파악한다.

어센던트가 위치한 사인은 처녀자리이다. 처녀자리는 양극성의 속성은 여성이며, 트리플리시티는 흙의 기질로 침착하다. 또한 뮤터블이며 더블사인이라 침착하지만 융통성이 있다. 처녀자리의 긍정적 의미는 분석적이며 완벽하고, 부정적 의미는 까칠하고 잘 따지는 성격이다. 처녀자리의 룰러는 수성인데, 수성의 긍정적 의미는 정보와 지식에 민감하며 전략적이다. 부정적 의미는 상대를 깔보며 사기성이 있다. 룰러인 수성이 위치한 하우스는 11하우스로, 11하우스는 친구·단체·국가 간의 관계까지도 포괄한다. 이 세 가지 의미를 기초로 현실의 트럼프를 분석하면 다음과 같다.

첫째, 트럼프는 처녀자리로 분석적이고 치밀하다. 일례로 트럼프는 부동산 투자로 많은 돈을 벌었는데, 그는 허드슨강의 미개발부지가 지닌 사업성을 일찍부터 간파한 바 있다.

둘째, 수성이 11하우스에 위치하기 때문에 타인 또는 국가와의 관계에서 수성의 속성인 이해타산적인 행위가 발동하는데, 트럼프가 다른 나라에 대한 미국의 우월적 지위(정보·지식)를 이용해 자신과 자국의 이익을 챙겼던 일은 이러한 점성학적 배경에 근거한다고 판단된다. 특히 트럼프의 비상한 머리를 두고 부정적 평가(간혹 머리가 너무 비상하면 자기의 잇속을 챙긴다는 의심을 받아 주위로부터 경계심을 불러일으킨다)가 나오기도 하는데, 일례로 전 권투선수 오스카 델라 호야는 트럼프와의 골프경기에서 트럼프가 골프 룰을 속였다고 하여 그를 「그린 위의 사기꾼」이라고 말하기도 했다. 이러한 부정적 평가의 원인은 태양과 수성의 파시스 때문이라고 판단되는데, 트럼프의 차트를 보면 태양과 수성이 파시스(약 $14°\sim16°$) 정도의 간격을 두고 있어 그의 머리가 매우 비상하다는 것을 알 수 있다. 만약 이 비상한 머리를 부정적으로 사용한 근거를 굳이 찾는다면, 태양과 달의 어포지션 때문이라고 말할 수도 있을 것 같다.

1하우스에 위치한 행성의 속성을 본다.

현재 트럼프의 차트에서는 1하우스에 행성이 없다.

어센던트의 각도와 위아래 $3°\sim4°$ 이내로 아스펙트를 맺는 행성의 의미를 본다.

현재 트럼프의 차트에서는 어센던트의 각도가 $12°$이고, 다른 행성 중 위아래로 $3°\sim4°$ 차이가 나는 행성은 11하우스의 수성($8°$)으로 어센던트와 수성은 약 $4°$ 차이가 난다. 또한 어센던트와 수성은 아스펙트상 섹스타일에 해당한다. 이는 트럼프가 수성의 기능을 매우 잘 발휘하는 조건을 가진 것이므로, 트럼프는 머리가 비상하면 지식과 정보를 다루는 데 능하다는 것을 말해준다. 만약 섹스타일이나 트라인 같은 길각을 맺으면 긍정의 기능을 강조하여 해석하고, 스퀘어나 어포지션 같은 흉각을 맺으면 부정의 기능을 강조하여 해석한다.

KEY POINT 04 태양의 위치와 상태를 본다.

태양은 10하우스 쌍둥이자리에 위치한다. 태양의 긍정적 속성은 주도적이고 신중하게 판단하며 미래지향적이라는 것이다. 특히 트럼프의 차트에서 태양은 앵글 하우스인 10하우스에 있어 이러한 태양의 속성이 잘 드러난다. 태양의 부정적 속성은 지배적, 이기적, 가벼운 언행 등이다. 10하우스는 쌍둥이자리로 남성, 변통사인, 공기의 원소를 내포하고 있어 매우 적극적으로 상대와 소통하지만, 「마지막에 신뢰를 저버리는 이중적인 성향(변통사인의 영향)」을 보인다.

태양의 긍정적 속성을 살펴보면, 트럼프는 현실정치에서 미국의 이익을 최우선으로 하여 해외의 많은 기업을 미국 본토에 이전·유치시켰고, 백인을 위한 잦은 지지발언으로 백인들에게서 견고한 호응을 이끌어냈다. 대통령이 되기 전에 트럼프는 베라자노 내로우즈(Verrazano Narrows) 다리를 설계한 건축가 오스마 암만이 다리 개통식에 초청받지 못하는 것을 보고 「나는 다른 사람이 나를 만만하게 보는 호구가 되지 않겠다」라고 공언하면서 자신의 공로를 인정받지 못하는 사람을 「호구」라고 부른 적이 있다. 여기서 드러나는 트럼프의 강한 자의식 역시 태양의 긍정적 속성으로 판단된다. 이는 10하우스의 태양이 2하우스의 목성과 대길각(트라인)을 맺고 있기 때문으로 보인다.

그러나 태양의 부정적 성향도 다소 드러난다. 트럼프가 김정은의 친서를 받았다고 과시한 것에 대해 북한은 보내지 않았다고 반박한 사건, 일명 「김정은 친서 진위논란 해프닝」을 일으켰던 가벼운 언행 역시 태양의 부정적 속성과 무관하지 않은 것으로 보인다. 이것의 근거를 점성학적 관점에서 보면, 10하우스의 태양은 4하우스의 달과 대흉각(어포지션) 상태이다. 태양과 달의 부정적 속성은 현실·욕망의 괴리, 독특한 유머감각에서 찾을 수 있을 듯하다.

KEY POINT 05 달의 위치와 상태를 본다.

달은 출생자의 정서와 감정을 나타낸다. 트럼프의 차트에서 달은 4하우스의 사수자리에 위치한다. 달은 사수자리에서 어떤 위계도 갖지 않는다. 달의 긍정적 의미는 수용적이며 공감적인 반면, 부정적 의미는 불안정과 의심스러움이다. 4하우스는 집과 가족의 하우스이며, 가문·조상·고향·유산·초년기의 성장환경 등과 관련된다. 만약 차트의 달과 4하우스의 의미만 조합하면 가족애가 강하다고 할 수 있다. 그런데 트럼프의 차트는 2하우스의 목성이 4하우스의 달과 섹스타일로 길각이다. 그래서인지 트럼프는 어릴 때 부자동네인 뉴욕 퀸즈의 대저택에서 부유하게 자랐다.

그런데 여기서 달에게 또 다른 영향을 미치는 12하우스의 화성이 존재한다. 12하우스의 화성은 억압된 분노(콤플렉스)를 의미한다. 구두쇠이고 엄격한 트럼프의 아버지는 어린 트럼프에게 신문배달을 시키거나 공사장에서 못을 줍도록 시켰는데, 자연히 트럼프에게는 억압이 쌓일 수밖에 없었을 것이다. 여기서 또 다시 화성과 달의 아스펙트를 살펴야 한다. 화성과 달은 아스펙트상 길각이므로 그 억압이 오히려 트럼프를 강하게 단련시키는 긍적적 기능으로 작용했다고 말할 수 있다.

KEY POINT 06 수성의 위치와 상태를 본다.

수성은 출생자의 생각과 이성을 나타낸다. 수성은 11하우스 게자리에 위치해 있다. 수성의 긍정적 의미는 정보·지식에 민감하며 전략적이다. 부정적 의미는 상대를 깔보며 매사에 비판적이다. 룰러인 수성이 위치한 하우스는 11하우스인데, 11하우스는 단체·국가 간의 관계까지도 포괄하지만, 특히 인적 네트워크나 친한 사람과의 우정을 나타내기도 한다.

그런데 수성이 토성·금성과 컨정션이다. 컨정션은 행성의 상태에 따라 긍정과 부정이 나타나는데, 토성의 경우는 게자리에서 디트리먼트이므로 부정이고, 길성인 금성은 게자리에서 어떤 위계도 가지지 않으므로 무난이다. 따라서 수성은 토성의 부정과 금성의 긍정이 동시에 일어난다.

수성과 토성의 부정적인 발현으로 남들에게 냉소적이며 융통성 없는 사람으로 비칠 수 있고, 수성과 금성의 긍정적인 발현으로 예술적·문학적 표현과 로맨틱한 연애와 섹스가 있다. 전자의 예로는 2017년 한국의 국회 연설에서 트럼프는 쉬운 문장과 단어를 이용하여 청중을 사로잡았던 적이 있으며, 후자의 경우로는 측근들로부터 자주 섹스스캔들이 폭로될 만큼 자유연애를 즐기는 게 아닌가 싶다.

E X A M P L E   0 2

다음 예는 아놀드 슈워제네거이다. 아스트로 데이터뱅크에 기록된 그의 생년월일시는 1947년 7월 30일 오전 4시 10분, 출생지는 오스트리아 탈이다. 아스트로 데이터뱅크의 출생시간은 서머타임이 적용된 시간이므로 아래 아놀드의 차트는 1시간 빠른 오전 3시 10분을 적용하였음을 밝힌다. 지금부터 본격적으로 아놀드의 성격을 하나하나 분석해보자.

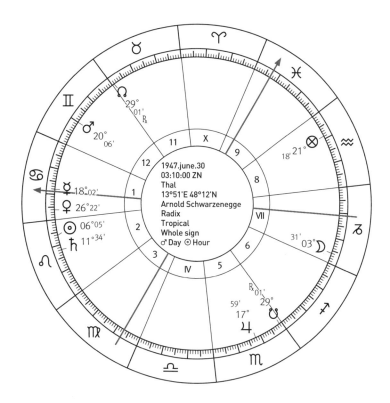

KEY POINT 01 어센던트가 위치한 사인과 사인의 룰러(지배행성), 그리고 그 룰러가 위치한 하우스
를 살핀다.

어센던트가 위치한 사인은 게자리이다. 게자리의 성격적 긍정성은 가정적, 감성적,
보호적인, 양육을 잘하는, 헌신적인 등의 모습으로 드러나고, 게자리의 성격적 부정
성은 쉽게 상처받는, 불안·고민이 깊은, 나약한, 의존적인, 낯가림 등의 모습으로 드
러난다. 게자리의 룰러는 달인데, 현재 달은 어포지션 하우스인 7하우스 염소자리에
위치하고 있어 달의 위계는 디트리먼트이다. 따라서 동업자나 파트너 혹은 배우자와
의 관계에서는 게자리의 긍정성이 잘 드러나지 못하고 불안정하다. 그나마 다행스러
운 것은 매우 길한 5하우스의 목성이 달을 섹스타일로 각각을 맺고 있다는 점이다. 달
과 목성의 섹스타일은 속이 깊고 관대하며 유머러스하면서 이상주의적인 면을 지닌
다. 특히 5하우스의 목성은 아이들과 잘 지내며 유명세를 누리거나 연예인 기질이 있
다. 이러한 기질의 목성이 7하우스 달과 섹스타일을 이루므로 동업자나 부부의 관계
속에서도 그러한 기질들이 잘 발현된다. 특히 목성은 대길성이므로 다른 행성들보다

출생자의 성격 ✦ 179

더 강하게 드러나겠지만, 섹트의 관점에서 보면 아놀드의 차트는 밤차트이며 지평선 아래에 있어 2개의 섹트를 잃었고, 태양과 같은 반구에 있어 하나의 섹트를 얻어 행성의 힘은 다소 약하다.

아놀드의 게자리의 성격적 특징은 15세 때부터 운동벌레라는 말을 들을 만큼 끈기 있고 안정적으로 자신의 근육을 키워온(헌신적으로 양육한) 점을 들 수 있다. 애정사의 관점에서 보면, 달이 7하우스 염소자리에 디트리먼트하고 있다. 지인들에 따르면, 아놀드는 사회적 지위·외모가 별로인 여자들과 자주 어울려 혼외자를 여럿 두었다고 한다. 이러한 그의 애정행각에 대해 지인들은 명문가 케네디가의 아내 마리아 슈라이버에 대한 열등감의 발로라고 진단한다. 이는 앞에서 말한 게자리와 달(디트리먼트)의 부정적 영향이 아닌가 싶다. 물론 목성이 달을 섹스타일하는 경우에는 긍정적인 영향으로 드러나는데, 일례로 혼외자의 양육비를 책임지는 모습은 5하우스 목성의 긍정적인 면을 보여주는 듯하다. 특히 아놀드는 톱스타이면서 2003년 캘리포니아 주지사에 당선된 것을 보면, 디트리먼트인 달의 억압처럼 아내에 대한 열등감도 존재하지만, 달이 목성과 섹스타일하므로 아내의 가문에 의한 도움과 행운도 따른다고 판단된다. 또한 아놀드는 외도 때문에 2011년 이혼 위기에 몰렸지만 카톨릭 신자인 본처를 존중하여 별거로 지내다가 2017년에 비로소 이혼한 것도 게자리와 달의 가족에 대한 애착이 작용한 것으로 보인다.

KEY POINT 02

1하우스에 위치한 행성의 속성을 본다.

어센던트 하우스에서 수성과 금성이 컨정션으로 지적인 균형과 조화로움을 추구하며 자신에 대한 표현이 문학적·예술적이며 무대에 서는 것을 즐기는 것처럼 보인다. 다만 수성과 금성은 자신들의 디스포지터인 달에 의해 어포지션 당하고 있고 달의 상태가 디트리먼트이므로 달의 환영을 마음껏 받지는 못한다. 특히 그 달이 동업자나 부부와 관련될 때는 때때로 그 수성과 금성의 좋은 능력이 방해받기도 한다고 보아야 한다. 또 다른 측면에서 매우 길한 5하우스 목성이 1하우스의 금성·수성을 트라인으로 대길각을 맺고 있으므로 아이와 함께 하는 것을 좋아하거나 대중 앞에 정치인이나 연예인처럼 유명인으로 존재할 경우, 수성과 금성의 문학적·예술적 능력은 오히려 더 두드러지게 드러난다고 볼 수 있다.

좀 더 자세히 말하면, 게자리 상승사인에 수성이 있어 대중 앞에 나서서 연설이나 소통을 즐기며 금성이 있어 이성에게 매력을 발산하거나 후원자가 생길 수도 있다. 특히 5하우스 목성이 수성·금성과 트라인으로 길한 영향을 주므로 이런 부분이 더 강하게 드러난다고 할 수 있다. 특히 달과 금성이 어포지션을 이루면 애정결핍이나 인정욕구가 강하고, 달과 수성이 어포지션하면 종종 과도하게 흥분하거나 과민반응을 보이기도 한다.

아놀드는 영화 〈헤라클레스〉에 등장하는 보디빌더 출신 영화배우 레그 파크(Reg Park)를 롤모델로 여겨 영화계에 관심을 가졌고, 20세 이후 미국으로 건너가 UCLA에서 심리학을 전공하고 위스콘신대학에서 경영학을 전공한 것도 상승사인의 수성과 금성의 강한 긍정적 속성이 발현된 것으로 보인다. 또한 영화관계자(제임스 카메론, 존 맥티어난, 폴 버호벤 등등)들에 따르면, 아놀드는 게자리와 달의 기질처럼 주변 사람들에게 협조적이고 수용적이었으며, 수성과 금성의 섬세하고 뛰어난 감정표현으로 액션배우이면서도 여러 코믹영화에서 성공을 거두었는데, 수성과 금성의 기질이 장점으로 작용했다는 것을 방증한다.

KEY POINT 03 어센던트의 각도와 위아래 3°~4° 이내로 아스펙트를 맺는 행성의 의미를 본다.

현재 아놀드의 차트에서 어센던트의 각도는 19°인데, 어센던트와 3° 이내로 각을 이루는 행성은 트라인을 이루며 2° 차이가 나는 5하우스 목성(17°)이다. 목성은 종교, 법률, 사상에 두각을 나타내며 부나 재물의 풍요로움도 선사한다. 먼저 목성의 지성과 관련하여 아놀드가 고안한 체계적이고 과학적인 웨이트 트레이닝 방식과 다양한 운동방법은 연구 저서로 다수 발표되었고, 보디빌딩 역사에 전설로 남았다. 지인들은 만약 그가 영화나 정치계에서 유명인이 되지 않았더라도 체육계의 전설로 남았을 거라고 논평한다. 또한 아놀드는 UOCLA에서 심리학을, 위스콘신대학에서 경영학을 공부한 인텔리이다. 목성의 부나 재물과 관련하여 아놀드는 미국 영화계의 개런티 분야에서 수십년간 1인자의 위치를 지켜왔다.

KEY POINT 04 태양의 위치와 상태를 본다.

태양은 2하우스 사자자리에 위치한다. 사자자리에서 태양은 도머사일하므로 태양의 힘이 아주 강하다. 배포가 크고 주체적이며 리더십이 좋고 관대하다. 특히 2하우스는 무형·유형의 가치로서 자부심, 재산, 취득물, 경작물 등을 의미하는데, 2하우스의 태양은 공적이거나 명예적인 지위나 직업으로 재물을 얻거나 자신의 가치와 소유물에 큰 자부심을 느낀다. 아놀드는 사생활에서도 사자처럼 마초적인 모습을 연출한다. 건강문제가 있는데도 불구하고 여전히 시가를 즐긴다. 영화에서도 시가를 피우는 장면이 자주 연출된다. 또한 크고 강한 자동차를 좋아하고, 심지어 오스트리아 육군 시절자신이 몰던 탱크가 퇴역하자 직접 구매할 정도이다.

하지만 2하우스에서 토성이 11°로 태양의 8° 이내로 들어와 있어 컴버스트 당하고 있다. 토성이 불타면 매우 큰 고통을 당할 수 있어 재물, 아버지의 역할이나 체면이 크게 손상될 수 있다. 또한 소유물에 대한 집착과 열망 때문에 명예롭지 못한 가장이 될 수도 있으며, 단순히 돈과 관련해 고통을 당할 수도 있다. 다시 말해 아놀드는 명예와 돈, 아버지의 역할과 의무 사이에서 늘 고민이 많지 않았나 추측된다. 태양이 비록 흉성인 토성을 태우지만 토성의 부정적 영향 역시 어느 정도 태양에게 미치기 때문이다.

○ **KEY POINT 05** 달의 위치와 상태를 본다.

앞서 언급했듯 7하우스에서 달은 디트리먼트이다. 달의 긍정적 의미는 내면적이고 공감적이며 자유로움 등을 의미하는데, 부부관계에서 혹은 동업자 관계에서 이러한 부분들이 극도로 제한되면서 불편함을 느낀다. 그나마 목성이 매우 길한 5하우스에서 달과 섹스타일로 길각을 맺으므로 달의 흉함이 많이 상쇄된다. 그러나 달은 염소자리에서 디트리먼트이기 때문에 그 행성의 길함이 기본적으로는 흉하다. 아놀드는 혼외자가 여럿 있다는 소문이 있는데, 5하우스의 주제처럼 연예인 기질(잦은 외도)과 정치인 혹은 톱스타라는 직업이 7하우스 달의 흉함을 많이 완화시켜준 것으로 판단된다. 참고로 아놀드는 정치에 대한 야심 때문에 브리짓 닐슨과 헤어지고 케네디가의 마리아 슈라이버와 결혼했다.

○ **KEY POINT 06** 수성의 위치와 상태를 본다.

수성은 이미 앞에서 충분히 다루었으므로 여기서는 생략한다.

다음의 예는 축구선수 크리스티아누 호날두이다. 아스트로 데이터뱅크에 기록된 호날두의 생년월일시는 1985년 2월 5일 오전 5시 25분이다. 태어난 장소는 포르투갈 푼샬이다. 지금부터 본격적으로 호날두의 성격을 차례대로 분석해보자

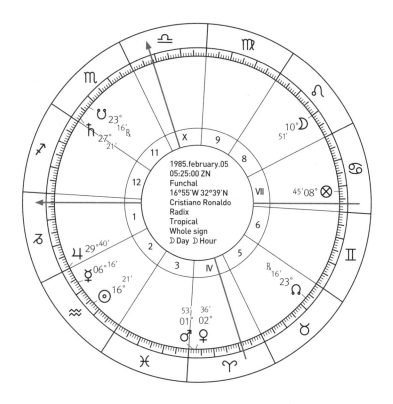

KEY POINT 01 어센던트가 위치한 사인과 사인의 룰러(지배행성), 그리고 그 룰러가 위치한 하우스를 살핀다.

어센던트에 위치한 사인은 염소자리이다. 염소자리의 긍정적 의미는 야심 있고 목적지향적이며 실천적인 성격이다. 부정적인 의미로는 권위적이며 독단적이라 남을 무시하는 경향을 보인다. 염소자리의 룰러는 토성인데, 토성의 긍정적 의미는 책임·의무감이 강하며 절제력이 있다. 부정적 의미로는 라이벌 의식이 강하며 인색하고 냉혹

하며 탐욕스럽고 무절제하며 복수심을 드러내기도 한다. 그런데 호날두의 경우에 염소자리의 룰러인 토성이 위치한 하우스는 11하우스인데, 11하우스는 우정의 하우스라 불리며 그 주제는 우정, 친구, 모임, 단체 등을 의미하는 위치이다.

11하우스에 머물러 있는 룰러 토성은 수성과 태양, 그리고 달과 스퀘어를 이루고 있는 것을 볼 수 있다. 먼저 토성이 목성과 섹스타일을 이루어 성공에 대한 확신과 자신감이 강하므로 명성을 얻게 될 수 있다. 그래서인지 호날두는 자아가 강한 모습을 잘 드러내며 이미 축구계의 대스타이다.

다음으로 토성이 수성·태양과 스퀘어를 이룰 때 각각의 의미를 살펴보자. 먼저 토성과 수성의 스퀘어는 타인을 의식하며 자신의 말과 행동에 매우 검열적이며 독단적으로 일을 처리한다. 또한 토성과 태양의 스퀘어는 스스로의 생각 또는 행위에 검열적이며 상대를 무시하는 재치와 유머를 곧잘 사용한다.

실제로 호날두의 성격(기질)에서 토성이 수성·태양과 스퀘어를 이루는 성향 중 첫 번째로 자신에게 매우 검열적인 예를 소개하면, 호날두는 자타가 공인하는 노력왕이며 연습벌레로 알려져 있다. 또한 중요한 시즌에는 좋은 컨디션을 유지하기 위해 술과 담배, 그리고 탄산음료와 커피까지도 철저히 절제하였다. 특히 담배의 경우에 자신의 집을 찾아오는 손님을 위해 흡연실을 따로 둘 정도로 담배를 매우 혐오한다고 알려져 있다. 또한 맨체스터 유나이티드 시절 초기의 열등한 프리킥을 엄청난 노력을 통해 개선한 점을 들 수 있다. 그 이후 현재까지 호날두의 프리킥은 손꼽히는 실력으로 평가받는다. 이 경우 자신에 대한 검열이 오히려 흉보다 길이 되었다고 할 수 있다.

둘째로 상대를 무시하는 재치와 유머를 곧잘 사용하는 예를 소개하면, 2007년 발롱도르(그 해 최고의 활약을 보인 축구선수에게 주어지는 상) 시상식 때 자신이 2위로 지명되자 받아들일 수 없다고 하거나, 세계 최고의 1, 2, 3위는 모두 자신이라고 말한 적도 있다. 2006년 독일 월드컵 8강전에서는 웨인 루니의 퇴장을 유도한 후 윙크를 날린 적도 있고, 2010년 헤타페와의 경기에서 호날두가 관중석으로 공을 걷어차 한 관중이 코를 부상당하는 일도 있었다. 보스니아 키프러스에서 경기를 치른 후 인터뷰에서 「내게 메시의 이름을 합창한 그들은 저능아다」라고 말하거나 보스니아 팬들에게 손가락 욕을 하는 행동을 한 적도 있다. 또한 2019년 한국에서 열린 〈K리그 VS 유벤투스〉 경기에서 약속을 무시하고 경기를 1초도 뛰지 않은 적도 있어 한국팬으로부터 날강도＋호날두의 합성어인 날강두라는 별명을 얻기도 했다. 이런 이유로 인해 호날두는 팬도 많은 만큼 안티도 많다.

다음으로 결혼이나 동업자를 의미하는 8하우스의 달과 토성의 스퀘어는 삶에 대한 의구심 혹은 회의적이며 비판적인 성향을 가질 수도 있는데, 아이를 넷 가진 호날두는 여자에 대한 회의 때문인지 아직까지 공식적으로 미혼이다.

KEY POINT 02

1하우스에 위치한 행성의 속성을 본다.
위에서 언급하였으므로 생략한다.

KEY POINT 03

어센던트의 각도와 위아래 3°~4° 이내로 아스펙트를 맺는 행성의 의미를 본다.
현재 호날두의 차트에서는 어센던트의 각도가 약 3.5°인데, 이 차트에서 위아래 3°
~4° 이내로 아스펙트를 맺는 행성은 화성(1°)과 금성(2°)으로 어센던트는 이들과 스
퀘어를 이루고 있다.

 스퀘어를 이루면 긍정보다 부정적인 영향을 미친다. 먼저 화성의 부정적인 기질은
호전적이며 때론 배신하고 시비하거나 조급증이 있다. 호날두는 경기에서 반칙을 당
하면 보통 복수를 하는 성향을 종종 보이며, 맨체스터 유나이티드 시절 동료였던 웨
인 루니의 퇴장을 유도한 후 윙크를 날린 적도 있다. 또한 자신이 골을 못 넣으면 매우
조급해하거나 동료의 골조차 무관심하게 취급하는 듯한 행동을 보이기도 했다.

 또한 금성의 부정적인 기질은 난봉꾼 혹은 성적 문란, 그리고 허영심 많은 태도를
보이기도 한다. 다수의 여자들과 염문을 뿌렸고, 현재 자식이 4명인데 그 중 셋을 대
리모를 통해 얻었다고 알려져 있고 넷째가 현재의 여자친구 사이에서 얻은 딸이다.
하지만 호날두는 공식적으로 아직 미혼이다.

KEY POINT 04

태양의 위치와 상태를 본다.
태양은 2하우스의 물병자리에 위치한다. 태양의 긍정적 속성은 주도적이고 신중하게
판단하며 미래지향적이라는 점이다. 그런데 호날두의 차트에서 태양은 석시던트 하
우스인 2하우스에 있어서 이러한 태양의 속성을 50%정도 발휘한다. 특히 1하우스
가 출생자라면 2하우스는 출생자에게 딸린 부속물이나 환경인데, 해당 하우스는 가
치의 하우스로서 무형·유형의 자부심이나 재산을 나타낸다. 축구계의 대스타 호날두
는 2021년 1월 현재 약 300억 원에 달하는 제트기와 123억 원 상당의 부동산을 소
유한 것으로 알려져 있다. 포르투갈의 가장 작은 섬 푼샬의 빈곤층(아버지는 알코올중
독자, 형은 마약중독자)에서 태어나 지금의 부를 쌓은 것은 해당 하우스의 태양과 무관
하지 않은 듯 보인다.

 2하우스에서 태양은 수성과 컨정션을 이루고 있다. 그런데 태양(16°)과 수성(6°)
의 차이가 10° 정도이므로 서브 래디즈에 해당한다고 볼 수 있어 수성이 태양으로부
터 손상이 적다. 먼저 수성과 태양의 컨정션은 지식과 정보에 대한 관심과 주체성을
들 수 있다. 그런데 호날두는 14세 때 프로무대를 준비하기 위해 학업을 중단했으므
로 정보와 지식에 대한 관심과 주체성이 축구를 향한 열정으로 이어졌다고 추측된다.

또한 태양과 달의 어포지션은 재산·부채 사이의 갈등과 부모와의 마찰 등을 의미하는데, 아버지가 알코올중독자였고 형도 마약중독자였으므로 부모와의 마찰과 부채는 당연한 것으로 여겨진다.

나아가 태양이 토성과 스퀘어를 이루어 스스로의 생각 또는 행위에 검열적이며 상대를 무시하는 재치와 유머를 곧잘 사용한다는 것은 이미 KEY POINT 01에서 충분히 설명하였다.

또한 태양은 화성·금성과 섹스타일을 이루는데, 화성과의 섹스타일은 극단적 경쟁보다는 게임·스포츠를 즐기거나 페어플레이(공격본능 조절 능력)를 지향한다고 볼 수 있다. 호날두는 축구 자체를 즐기지만, 페어플레이나 공격본능은 지금껏 굳어진 그의 이기적인 플레이와는 좀 차이가 있다. 하지만 숱한 골로서 자신의 진가를 입증해온 것을 볼 때, 이는 공과 게임을 조절하고 통제하는 기술적 테크닉과 관련될 거라고 판단된다.

끝으로 태양과 금성의 섹스타일은 예술·패션·사치를 추구하는 성향을 보인다. 호날두가 가진 제트기와 2021년 초에 구입한 전 세계 10대만 존재하는 약 107억 원짜리 한정판 스포츠카인 부가티도 이를 잘 말해준다.

KEY POINT 05 달의 위치와 상태를 본다.

달은 출생자의 정서와 감정을 나타낸다. 호날두의 차트에서 달은 8하우스 사자자리에 위치해 있다. 달의 긍정적 의미는 내면적이며 공감적이며 자유로움 등을 의미한다. 그런데 8하우스는 환생의 하우스이며 성관계, 터부·비밀 등과 관련이 있다. 또한 8하우스의 달은 카리스마나 사람을 끄는 매력이 강하고, 애정·배우자에 집착하는 성향이 있다. 따라서 달과 8하우스의 의미를 조합하면 호날두의 성적 비밀이나 자유로움을 나타낸다고 볼 수 있다. 그런데 달은 11하우스 토성과 스퀘어를 이루고 있다. 앞에서 설명한 바처럼 여자에 대한 회의 때문인지 호날두는 아직까지 공식적으로 미혼이다.

또한 달은 금성·화성과는 트라인을 맺고 있다. 그 중 달과 금성의 트라인은 여자에게 매너와 인기가 매우 좋은 성향으로 드러나고, 달과 화성의 트라인은 성적으로 개방적이며 스포츠를 즐기는 모습으로 드러난다고 판단된다. 태양과 달의 어포지션은 이미 KEY POINT 04에서 언급하였다.

KEY POINT 06 수성의 위치와 상태를 본다.

수성은 앞에서 이미 충분히 다루었으므로 여기서는 생략한다.

출생자의 건강

● EXAMPLE 01

아스트로 데이터뱅크에 기록된 도널드 트럼프의 생년월일시는 1946년 6월 14일 오전 10시 54분이고 출생지는 뉴욕이다. 지금부터 출생차트를 통해 도널드 프럼프의 건강을 본격적으로 분석해보자.

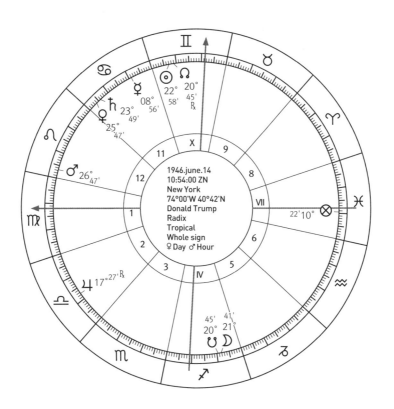

가장 먼저 사람의 생명력을 방출하는 힐렉의 요인으로 태양과 달의 상태를 살핀다.

첫째, 트럼프의 차트는 태양이 지평선 위에 있어 낮차트이다. 태양이 힐렉이며, 10하우스이고, 쌍둥이자리로서 남성 사인이다.

둘째, 디그니티를 살펴보면 쌍둥이자리에서 태양은 어떤 위계도 갖지 않는다.

셋째, 아스펙트를 살펴보면 화성은 섹스타일, 목성은 트라인, 달은 어포지션이다. 그 중 먼저 화성이 태양과 섹스타일을 이루고 있다. 화성이 태양과 섹스타일을 이루면 길각이므로 태양의 기운을 상승시킨다. 반면 흉성이 6, 8, 12하우스에 위치하면 해당 행성의 힘이 약해진다. 화성의 힘이 비록 약해졌으나 흉화되어 있어서 부정적인 면이 부각되지만, 길각으로 자신에게 유리한 기존의 태양의 상태에 큰 영향을 미치지 않는다고 볼 수 있다. 그 다음으로 목성이 태양과 트라인을 이룬다. 트라인은 대길각이므로 태양의 기운을 매우 강하게 상승시킨다. 마지막으로 달은 태양과 어포지션을 이루고 있다. 낮차트는 힐렉의 요소로 태양을 중점적으로 보지만, 달이 태양과 어포지션을 맺고 있으므로 달도 부수적인 건강의 요인이 된다. 달과 태양의 어포지션은 서로 대립각이므로 부정적일 수 있다. 그러나 현재 트럼프의 차트에서 태양과 달은 모두 길한 하우스인 앵글 하우스에 존재하며, 목성이 달과 섹스타일을 이루면서 길각으로 달에게 길한 영향을 미치고 있다. 만약 흉성이 개입되어 달에게 흉한 영향을 미치면 태양에게도 부정적인 영향을 미칠 수 있지만, 이 경우는 달이 태양에게 길한 영향을 준다.

총괄하면, 태양이 목성과 대길각이고, 달은 태양과 대흉각으로 길흉이 엇비슷하다. 하지만 달이 목성의 긍정적 영향을 받고 있고, 또한 태양이 10하우스에 위치하여 태양과 달의 힐렉으로서의 강도는 긍정성이 더 강하다고 할 수 있다.

어센던트와 포르투나, 그리고 나머지 행성을 살핀다.

트럼프의 힐렉은 태양이므로 더 이상 다른 힐렉 요소를 살필 필요가 없다. 하지만 공부를 하는 초심자에게 태양이 힐렉의 포인트로 결격일 경우는 차순위의 힐렉 요인들을 살펴볼 수 밖에 없으므로, 여기서 다른 요인들을 차례로 살피는 방법을 일부러 설명하고자 한다.

차순위 힐렉인 포르투나가 위치한 물고기자리의 룰러 목성의 상태를 살펴보자. 먼저 목성의 세 가지 섹트의 요건을 살펴보면, ① 낮차트이므로 낮의 행성인 목성은 합격, ② 태양과 반대 섹트에 위치하기 때문에 실격, ③ 남성 사인인 천칭자리에 위치하기 때문에 합격이다. 따라서 목성은 섹트의 두 가지 요건을 충족하였고, 한 가지 요건을 잃었다. 그러므로 목성의 힐렉 완성도는 약 66% 정도로 간주할 수 있다.

그런데 행성들의 부차적인 영향력을 살펴보면, 목성은 금성·토성·수성과 흉각

(스퀘어)을 이루므로 목성의 힘이 저하된다. 이들의 영향력은 다소 부정적이지만, 목성이 태양과 대길각(트라인)을 이루고 또한 달과 길각(섹스타일)을 이루므로 목성은 힘을 받는다. 비록 목성이 금성·토성·수성과 흉각을 이루지만, 태양과 달이 길각으로 그 흉한 영향을 상쇄하고 있고 목성의 섹트의 힘이 적당히 강하므로 포르투나의 룰러(목성)의 상태는 충분히 건강하다고 보아도 될 것 같다.

총괄하면, 트럼프는 태양이 힐렉의 관점에서 아주 힘이 좋다. 또한 부차적인 포르투나의 힐렉의 관점에서도 목성은 적당히 강한데, 태양과 목성을 함께 고려하면 트럼프의 건강은 충분히 건강한 듯하다. 그러나 앞에서 언급했듯 트럼프는 너무 충동적이고 낙관적이므로 건강을 너무 과신하면 득이 될 게 없다.

다음의 예는 미국의 전설적인 중국계 영화배우 브루스 리(Bruce Lee, 1940~1973)이다. 아스트로 데이터뱅크에 기록된 브루스 리의 출생연월일시는 1940년 11월 27일 오전 7시 12분이며, 태어난 장소는 캘리포니아 샌프란시스코이다. 지금부터 본격적으로 브루스 리의 건강을 차례대로 분석해보자.

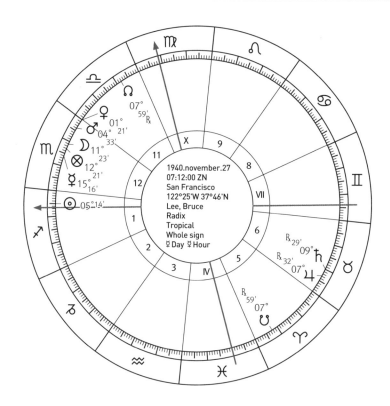

1940.november.27
07:12:00 ZN
San Francisco
122°25'W 37°46'N
Lee, Bruce
Radix
Tropical
Whole sign
☿ Day ☿ Hour

KEY POINT 01

가장 먼저 사람의 생명력을 방출하는 힐렉의 요인으로 태양과 달의 상태를 살핀다. 첫째, 브루스 리의 차트는 태양이 지평선 위에 있어 낮차트이다. 태양이 힐렉이며, 1하우스이고, 사수자리로서 남성 사인이다. 둘째, 디그니티를 살펴보면 사수자리에서 태양은 어떤 위계도 갖지 않는다. 셋째 아스펙트를 살펴보면 1하우스의 태양은 각을 맺는 행성이 없다. 따라서 브루스 리의 차트에서 태양은 디그니티와 아스펙트를 고려할 때 특별한 문제가 될 요소는 없어 보인다.

다음으로 달의 상태를 살펴본다. 12하우스의 달은 먼저 화성·수성과 컨정션을 이루고 있으며, 또한 6하우스의 토성·목성과 어포지션을 이룬다. 달이 화성·수성과 컨정션을 이루면서 6하우스에 토성이 위치하면 과로로 인한 육체적 질병이나 정신질환의 가능성이 있다. 물론 흉성은 6, 8, 12 하우스에 위치하면 해당 행성의 힘이 약해지므로 토성의 부정성이 약해지지만, 12하우스의 달과 어포지션을 이루고 있으니 달의 기능에 어느 정도 부정적 영향을 미친다고 할 수 있다. 길성인 목성이 1하우스 사수자리의 룰러이면서 흉한 하우스인 6하우스에 위치하고 있으니 이 역시 부정적이다.

KEY POINT 02 어센던트와 포르투나 그리고 나머지 행성을 살핀다.

차순위 힐렉인 포르투나가 위치한 룰러(화성)의 상태를 좀 더 분석적으로 살펴보자. 먼저 화성의 세 가지 섹트의 요건을 살펴보면, ① 낮차트이므로 화성은 실격, ② 태양과 같은 섹트에 위치하기 때문에 실격, ③ 여성 사인인 전갈자리에 위치하기 때문에 합격이다. 따라서 화성은 섹트의 한 가지 요건을 충족하였고 두 가지 요건을 잃었다. 그러므로 화성의 힐렉 완성도는 약 33% 정도로 간주할 수 있다.

그런데 행성들의 부차적인 영향력을 살펴보면, 화성이 달·수성과 컨정션을 이루는 부분은 무난하지만, 토성·목성과 어포지션을 이루는 부분은 대흉각으로 부정적이다. 따라서 화성이 낮차트에 위치해 섹트의 힘이 약하고, 토성·목성과 어포지션을 이루므로, 노동의 6하우스에서 배우로서 일하는데 포르투나의 룰러(화성)의 상태는 불안정하다고 볼 수 있을 것이다.

브루스 리는 1970년 5월 10일 영화 〈용쟁호투〉 더빙 작업 도중 갑자기 쓰러져 전신 발작과 뇌부종으로 홍콩의 한 병원에 입원했는데, 이 증상들은 몇 년 후 그가 사망한 날 다시 나타나게 된다. 브루스 리는 1973년 7월 20일 홍콩에서 영화 〈사망유희〉 제작을 위해 친구이자 대만 여배우인 베티 팅 페이(Betty Ting Pei)의 아파트에서 시나리오를 검토하던 중 두통을 호소했고, 페이가 건네준 이쿠아제식(Equagesic)이라는 진통제를 먹고 그날 오후 7시 30분쯤 뇌가 부은 채로 사망했다. 향년 33세였다. 부검을 통해 알아낸 브루스 리의 직접적인 공식사인은 사고사로 밝혀졌다.

총괄하면, 브루스 리는 태양이 힐렉의 관점에서 힘이 아주 좋지만, 달은 과로로 인한 육체적 질병이나 정신질환의 가능성을 포함하고 있다. 특히 출생자의 몸과 육체를 의미하는 1하우스 사수자리의 룰러인 목성이 달과 각각 6하우스와 12하우스에 위치함으로써 요절할 수밖에 없는 요인을 갖고 있다. 태양이 1하우스에 위치해 자신의 건강을 위해 체력 단련을 할 수 있었을지는 모르나, 건강과 수명의 관점에서는 흉한 네이탈차트 구성이라 할 수 있다.

또한 차순위 힐렉의 요인인 포르투나의 관점에서 화성이 많이 약하다. 특히 화성을 어포지션하는 토성과 목성이 6하우스 노동의 자리에 있어서 그가 연기하는 것과 관련해 건강에 문제가 있을 수 있다는 추측이 가능하다. 다시 말해 달(뇌관련)과 화성(근력)이 섹트를 잃었고, 달이 토성·목성과도 어포지션하고 있다. 따라서 일차적인 문제는 뇌가 선천적으로 약한 듯하고, 이차적인 문제는 약물쇼크이므로, 이는 각각 토성의 흉한 영향과 목성의 행운이 잘 발현되지 못한 것이 아닌지 추측해본다.

EXAMPLE 03

다음의 예는 미국의 기업인 일론 머스크이다. 아스트로 데이터뱅크에 기록된 일론 머스크의 생년월일은 1971년 6월 28일 정오 12시이며, 태어난 장소는 남아프리카공화국 프리토리아이다. 지금부터 본격적으로 일론 머스크의 건강을 차례대로 분석해보자.

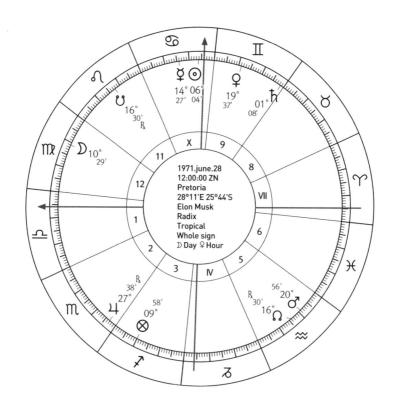

가장 먼저 사람의 생명력을 방출하는 힐렉의 요인으로 태양과 달의 상태를 살린다. 첫째, 머스크의 차트는 태양이 지평선 위에 있어 낮차트이다. 태양이 10하우스 게자리에 있어 그 자체로 가장 강한 힐렉이다. 게자리는 여성, 물, 카디널 사인이다. 둘째, 디그니티를 살펴보면 게자리에서 태양은 어떤 위계도 갖지 않는다. 셋째, 아스펙트를 살펴보면 10하우스에서 태양(6°)은 수성(14°)과 8° 차이로 컨정션인데, 만약 그 차이가 8° 이내였다면 수성이 태양빛에 타버리는 컴버스트가 될 수도 있었다. 이 경우 수성의 기능이 약해지는데, 다행히 그 차이가 8°~15° 사이로 서브 래디즈에 해당하여 수성은 태양으로부터 손상을 덜 받게 되었다.

다음으로 태양은 12하우스의 달과 섹스타일을 이루어 달의 긍정적 영향을 받고 있다. 하지만 달이 케이던트 하우스(12하우스)에 존재하므로 자신의 힘을 25%정도밖에 발휘하지 못하므로, 비록 섹스타일이라고 해도 그 길한 영향력이 많이 감소한다.

그 다음으로, 대길성인 2하우스 목성과는 트라인을 이루어 태양은 목성의 길한 영향을 받고 있다. 하지만 목성이 자신의 힘을 50%정도 발휘하는 석시던트 하우스(2하우스)에 위치하여 그 길한 정도가 어느 정도 감소한다고 볼 수 있다.

다음으로 달의 상태를 살펴보자. 현재 달은 자신의 힘을 25%정도 발휘하는 케이던트 하우스이며 흉한 하우스인 12하우스에 위치한다. 달은 먼저 수성·태양과 섹스타일을 이루고 있으며, 또한 9하우스의 금성·토성과 스퀘어를 이룬다. 먼저 달이 자신의 힘을 100% 발휘하는 앵글 하우스(10하우스)의 수성·태양과 섹스타일을 이루므로, 달은 수성·태양으로부터 강한 긍정적 기운의 영향을 받는다.

다음으로, 달은 자신의 힘을 25%정도 드러내는 케이던트 하우스(9하우스)의 금성·토성으로부터 미미한 영향을 받는데, 그 영향은 긍정도 부정도 아니다. 특히 낮차트에서는 태양이 힐렉으로 우선시되므로 달은 힐렉으로 보기 어렵다.

총괄하면, 태양이 10하우스에 있어 그 자체로 가장 강한 힐렉이며, 달의 힘은 약하지만 섹스타일을 이루고 목성과는 트라인을 이루어 다소 긍정적 영향을 받고 있다. 또한 달의 경우에는 자신의 힘을 가장 강하게 드러내는 10하우스에 위치한 수성·태양과 섹스타일이며, 금성·토성이 스퀘어로 비록 부정적인 영향을 주지만 그들이 존재하는 하우스가 케이던트 하우스라서 그 부정적 힘이 많이 약화되었다.

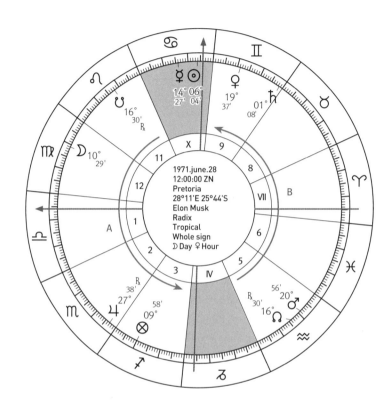

차트에서 볼 때 A방향으로 달이 이동하면 달이 커지고, B방향으로 달이 이동하면 달
이 작아진다. 현재 머스크의 차트는 달이 커져가는 상태이므로 힐렉의 관점에서 어센
던트의 상태를 주목해야 한다. 어센던트가 존재하는 천칭자리의 룰러는 금성이다. 그
런데 금성은 9하우스 쌍둥이자리에 위치해 있다. 쌍둥이자리에서 금성의 디그니티는
아무런 위계를 갖지 않는다. 그런데 어센던트의 룰러인 금성이 케이던트(자신의 힘을
25% 발휘) 하우스이면서 길한 하우스인 9하우스에 위치하므로 금성의 길함이 다소
상승한다.

다음으로, 여기서 힐렉인 어센던트의 룰러(금성)의 상태를 좀 더 분석적으로 살펴
보자. 먼저 금성의 세 가지 섹트의 요건을 살펴보면, ① 낮차트이므로 금성은 실격, ②
태양과 같은 섹트에 위치하기 때문에 실격, ③ 남성 사인인 쌍둥이자리에 위치하기

때문에 실격이다. 따라서 금성은 섹트의 요건을 모두 잃었다. 그러므로 금성의 힐렉 완성도는 상당히 약하다고 말할 수 있다.

그런데 행성들의 부차적인 영향력을 살펴보면, 금성이 대흉성인 토성과 컨정션을 이루고 소흉성인 화성과는 대길각인 트라인을 이룬다. 그리고 달과는 길각인 섹스타일을 이루고 있다. 정리하면, 머스크의 차트에서 금성은 비록 달·화성과는 길한 아스펙트를 맺고 있긴 하지만, 대흉성인 토성과는 아스펙트를 맺고 있고 어센던트의 힐렉 완성도는 극히 부정적인 상태에 있는 것으로 보인다.

일론 머스크는 미국 기업인으로 2021년 포브스가 선정한 세계 2위의 억만장자이다. 페이팔의 전신인 온라인 결제서비스 회사 x.com과 민간 우주기업(로켓 제조회사 겸)인 스페이스X를 설립했고, 전기자동차 회사 테슬라의 CEO로 유명하다.

머스크의 건강에 대해서 알려진 바는 매우 제한적이다. 그렇지만 머스크의 건강에 대한 짧은 정보를 소개하면, 머스크는 2020년 5월 7일 격투가 조 로건이 진행하는 팟캐스트에 출연해 자신의 건강비결을 다음과 같이 밝혔다. 첫째, 운동은 러닝머신 위에서 달리는 정도로 거의 억지로 한다. 둘째, 음식을 먹는 것보다 일을 더 할 것이며, 건강식보다 맛있는 식사를 원한다. 셋째, 비만을 경계한다. 넷째, 잠을 적게 자지만, 자기 전에 음식섭취와 음주를 금한다는 정도였다. 특히 머스크는 무신론자로서 신을 믿지 않아 종교가 없으며, 심지어 2001년 말라리아에 걸려 죽을 뻔한 순간에도 신에게 기도한 적이 없다고 말한 적이 있다

머스크의 건강에 대해 총평하면, 머스크는 태양과 달의 힐렉의 힘은 매우 긍정적이며, 다만 부차적인 지표로서 힐렉인 어센던트의 룰러(금성)의 상태가 다소 부정적이다. 따라서 필자는 어센던트의 룰러인 금성이 9하우스에서 토성과 함께 있는 것을 보면서 그가 왜 신을 믿지 않는 무신론자인지를 조금은 알 것 같다. 신을 믿는 것과 건강이 직접적인 관련이 있는가는 제쳐두더라도, 건강의 위기가 닥친 순간에 자신을 운명에 맡기는 모습이 현실에서 자칫 지나친 자신감이나 무모함으로 드러나지 않을까 조심스레 걱정이 든다.

출생자의 직업

다음 차트의 주인공은 골프황제 타이거 우즈이다. 아스트로 데이터뱅크에 기록된 생년월일시는 1975년 12월 30일 오후 10시 50분이고, 태어난 장소는 캘리포니아 롱비치이다. 지금부터 우즈의 직업을 차례대로 분석해보자.

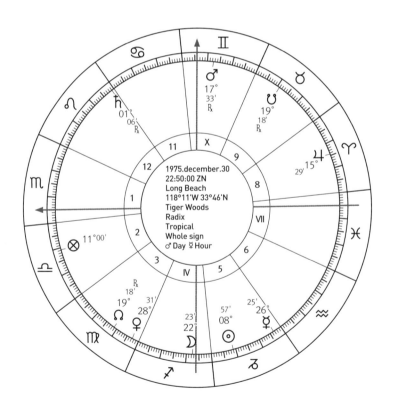

앵글 하우스에 위치한 행성 혹은 포르투나와 가까운 행성을 살핀다.

앵글 하우스는 1, 4, 7, 10 하우스이다. 그 안에 십자(+)의 앵글포인트가 존재한다. 우즈의 차트에서는 화성과 달이 앵글 하우스에 있으며 앵글포인트와 매우 가깝다. 요즘 점성가들은 직업의 지표성으로 수성, 금성, 화성뿐만 아니라 7행성 전부를 고려한다. 10하우스의 MC(남중점)와 약 6° 차이인 화성보다 4하우스의 IC(북중점)와 약 1.5° 차이인 달이 앵글포인트에 가깝지만, 앵글포인트의 강도는 화성이 위치한 남중점이 강하기 때문에 달과 화성은 서로 엇비슷하다.

만약 앵글 하우스나 앵글포인트에 행성이 없다면, 앵글포인트와 아스펙트를 맺고 각도가 가장 근접한(5° 이내) 행성을 찾아야 한다. 우즈의 차트에서 앵글포인트 네 각의 각도를 보면 AC는 약 25°, DC는 약 25°, MC는 약 24°, IC는 약 24°이다. 나머지 행성들의 각도는 수성 26°, 금성 28°, 목성 15°, 태양 8°이다. 이 4행성 중에 앵글포인트와 아스펙트를 맺으면서 5° 이내에 있는 행성은 수성이다. 수성은 26°로 AC(약 25°)와는 1° 차이로 트라인을 맺고, DC(약 25°)와는 섹스타일을 맺으며 약 1° 차이가 난다. 그 다음으로 금성은 28°로 AC(약 25°)와는 섹스타일을 맺고 약 3° 차이가 난다. 따라서 수성이 우선적 직업성이며, 그 다음이 금성이다.

태양과 파시스하는 행성을 살핀다.

태양의 빛으로부터 벗어나는 15°, 다시 말해 태양의 영향력인 언더 선빔을 벗어나는 순간을 파시스라고 한다. 하지만 필자는 이 각도를 좀 더 유연하게 적용하여 실전상담의 차트 해석시 대략 14°~16° 사이를 파시스로 여긴다. 우즈의 차트는 태양이 8°이고 수성이 26°로 18° 차이가 나므로 파시스 상태가 아닌 것으로 판단한다. 따라서 해당 사항이 없다.

10하우스의 룰러, 2·6하우스에 위치한 행성, 포르투나 기준 10·11하우스에 있는 행성을 살핀다.

먼저 10하우스는 쌍둥이자리이다. 쌍둥이자리의 룰러는 수성으로, 이 수성이 직업의 지표성이다.

그 다음으로 2·6하우스에 위치한 행성을 찾는데, 2하우스는 수입이고, 6하우스는 노동이기 때문이다. 우즈의 차트에서 2·6하우스에는 행성이 없어 해당 사항이 없다.

그 다음으로 포르투나를 기준으로 10하우스를 보는데, 이렇게 포르투나를 가상의 1하우스로 간주하고 그것을 기준으로 차트 해석을 시도하는 원리를 「디라이브(Derive)」라고 한다. 보다시피 우즈의 차트에서는 포르투나를 1하우스로 볼 때 11하우스가 10하우스가 된다. 그런데 포르투나 기준 10하우스에는 행성이 없어 해당 사항이 없다.

달이 아스펙트를 맺으며 각도상 가장 먼저 만나는(숫자로 차순위) 행성을 살핀다.

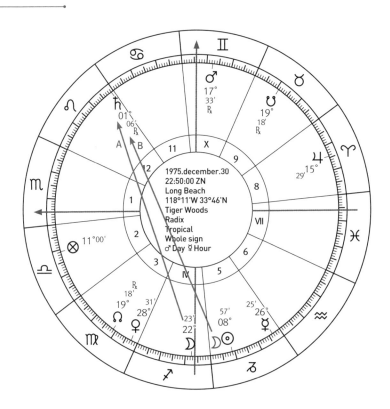

4하우스의 달과 각을 맺는 첫 번째 행성만을 찾는데, 현재 달의 각도는 22°이다. 여기서 「달과 가장 먼저 만나는 행성(퍼스트 어플라잉)」이라는 의미는 각도상 달(22°)이 진행하는 방향으로 처음 만나는 행성(23°~30° 사이)이다. 참고로 하나의 하우스는 30°이고, 30° 다음에는 그 다음 하우스의 1°가 오게 된다.

달은 현재 22° 각도에 머물고 있고 자기 하우스가 끝나는 각은 30°인데, 22°~30° 사이의 각을 가진 행성이 존재하지 않는다. 따라서 30°를 넘어선 첫 번째 행성을 찾아야 하는데, 그 행성은 1°에 위치한 토성이다. 토성은 달이 자기 하우스 범위를 넘어서서 처음 만나는 행성이다.

그런데 이 경우 달이 원래 있던 4하우스(A, 토성과 트라인 상태)의 경계선을 넘어서서 5하우스의 1°로 들어가는 순간, 토성이 있는 12하우스는 어버전(B) 상태로 바뀐다. 그러한 이유로 토성은 직업성으로서의 자격을 상실한다.

이러한 복잡한 기법이 생기는 원인은 달이 여타 행성보다 속도가 빠르기 때문임을 감안하기 바란다. 그런데 만약 22°~30° 사이의 각을 가진 행성이 존재한다면 그 행성을 직업의 지표성으로 삼으면 된다.

KEY POINT 05

본질적 위계 〉달과 파틸 아스펙트 〉달과 모이어티 순으로 직업성을 살핀다.
이 책에서는 이 부분을 무시한다. 어차피 이러한 부차적인 조건들은 직업을 가지더라도 그 직업적 임무를 제대로 수행하지 못할 정도로 미약하다고 판단하기 때문이다.

KEY POINT 01~05를 총괄하면, 타이거 우즈의 직업성은 달·화성 〉수성 〉금성 〉목성 순이라고 할 수 있다. 이를 그의 직업과 연관시켜 분석하면, 첫째 화성은 「스포츠맨」으로 잘 어울리며, 달은 「사람의 인기를 끄는 일이나 이동이 잦은 일」로서 우즈는 골프가 어울린다. 둘째, 수성은 지능을 쓰는 일로서 우즈가 뛰어난 「경기 전략」을 지니고 있다는 점이다. 셋째, 금성의 직업성은 예술가인데, 우즈는 쇼트게임의 예술가로 불린다. 금성의 직업성은 유희나 놀이와 관련이 있는데, 골프 역시 놀이로 볼 수 있다. 물론 우즈에게 또 다른 금성의 직업성이 숨겨져 있는지는 우즈가 고백하기 전에는 알 수 없다. 넷째, 목성은 「사회적 리더」로서 우즈는 골프황제의 자리를 유지했다. (한편 윌리엄 릴리는 목성이 출생자의 해당 직업성을 강화시킨다고 하였다.)

마지막으로 우즈는 태양이 길한 하우스인 5하우스에 있어 직업성으로 두드러졌는데, 태양 자체는 어느 조직이든 리더로 들어간다. 또한 태양은 릴리의 이론에서 그 직업의 권위를 강화시켜준다고 하였으므로 골프의 황제가 된 것으로 보인다. 부연하면, 직업의 지표성은 적용 순위가 있지만 어떤 경우는 지표성이 반복될수록 더 강하게 드러날 수도 있다.

EXAMPLE 02

다음의 예는 미국의 국민화가 그랜드마 모지스(모지스 할머니)이다. 아스트로 데이터뱅크에 기록된 모지스 할머니의 생년월일시는 1860년 9월 7일 오후 3시 58분이고, 태어난 장소는 뉴욕 그리니치이다. 지금부터 모지스의 직업을 차례대로 분석해보자.

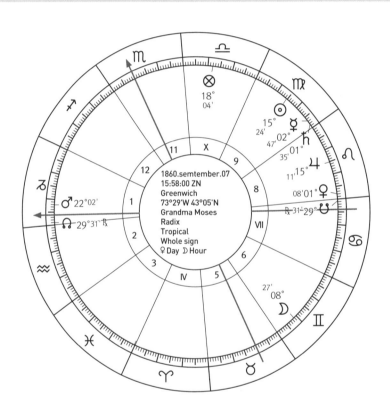

KEY POINT 01 앵글 하우스에 위치한 행성 혹은 포르투나와 가까운 행성을 살핀다.

앵글 하우스는 1, 4, 7, 10 하우스이다. 모지스 할머니의 차트에서는 1하우스의 AC(약 26°)와 약 4° 차이가 나는 화성(22°)이 앵글포인트와 매우 가깝다. 앞에서도 말했듯이 최근의 점성가들은 직업의 지표성으로 수성, 금성, 화성뿐만 아니라 7행성 전부를 고려한다. 그러므로 1하우스의 화성이 우선적인 직업성을 갖는다. 화성의 직업은 쇠·손기술 관련이 좋은데, 모지스 할머니가 농사를 지으면서 수를 놓거나 그림을 그린 것도 이와 무관치 않아 보인다.

만약 앵글 하우스나 앵글포인트에 행성이 없다면, 앵글포인트와 아스펙트를 맺고 각도가 가장 근접한(5° 이내) 행성을 찾아야 한다. 모지스의 차트에서 앵글포인트 네 각을 보면 AC는 약 26°, DC는 약 26°, MC는 약 20°, IC는 약 20°이다. 나머지 행성들의 각도는 수성 2°, 금성 1°, 목성 15°, 태양 15°이다. 이 4행성 중에서 앵글포인트와 아스펙트를 맺으면서 5° 이내에 있는 행성은 태양과 토성이다. 먼저 태양은 15°로 MC(약 20°)와는 5° 차이로 섹스타일을 맺고, 토성은 DC(약 26°)와 5° 차이로 섹스타일을 맺는다. 따라서 화성이 가장 우선적 직업성이며, 그 다음이 태양과 토성이다.

KEY POINT 02 태양과 파시스하는 행성을 살핀다.

태양의 빛으로부터 벗어나는 15°를 파시스라고 한다. 실전상담에서는 이 각도를 좀 더 유연하게 적용하는데 대략 14°~16° 사이를 파시스라고 본다. 모지스의 차트는 태양이 15°이고 토성이 1°로 14° 차이가 나므로 파시스 상태이다. 특히 태양과 토성의 파시스는 노후에 자신의 직업이나 적성을 찾고 명성을 얻게 된다.

KEY POINT 03 10하우스의 룰러, 2·6하우스에 위치한 행성, 포르투나 기준 10·11하우스에 있는 행성을 살핀다.

먼저 10하우스는 천칭자리이다. 천칭자리의 룰러는 금성으로, 이 금성이 직업의 지표성이다.

그 다음으로 2, 6하우스에 위치한 행성을 찾는다. 모지스의 차트에서 2하우스는 행성이 없고, 6하우스에는 달이 있다.

그 다음으로 포르투나를 기준으로 10하우스를 본다. 이렇게 포르투나를 가상의 1하우스로 간주하고 그것을 기준으로 차트 해석을 시도하는 원리를 「디라이브(Derive)」라고 한다. 보다시피 모지스의 차트에서는 포르투나를 1하우스로 볼 때 7하우스가 10하우스가 된다. 그런데 7하우스에는 행성이 없어 해당 사항이 없다. 보통 포르투나를 기준으로 직업을 볼 경우 10하우스를 기본으로 보지만, 포르투나 기준 11하우스도 어퀴지션 하우스(획득의 하우스)이므로 이 하우스에 어떤 행성이 놓여 있는지도 함께 살펴야 한다. 현재 모지스의 경우 포르투나 기준 11하우스가 되는 8하우스에 금성·목성이 있어 예술적 능력으로 돈을 번다고 볼 수 있다.

기타 직업의 지표성으로 달이 각을 맺으며 각도상 가장 먼저 만나는(숫자로 차순위) 행성을 찾는다. 이 경우 흉각보다 길각이 우선한다.

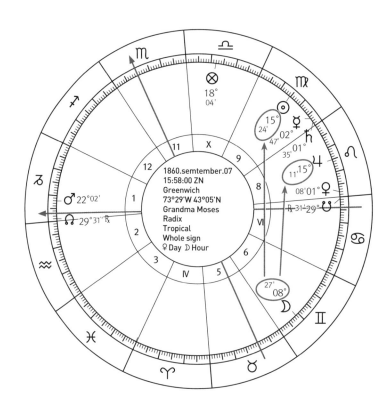

6하우스의 달과 아스펙트를 맺는 첫 번째 행성만을 찾는데, 현재 달의 각도는 8°이다. 여기서 「달과 가장 먼저 만나는 행성(퍼스트 어플라잉)」이라는 의미는 각도상 달 (8°)이 진행하는 방향으로 처음 만나는 행성(9°~30° 사이)이다. 달 이후에 오는 행성 중 달과 아스펙트를 맺는 행성은 섹스타일 목성(15°)과 스퀘어 태양(15°)이다. 그런 데 같은 도수일 경우에는 길각이 우선하므로 목성(섹스타일)이 우선이다. 따라서 달 기준으로는 목성이 직업의 지표성이다. 이런 이유로 아마도 늦은 나이지만 아스펙트 (달과 목성의 섹스타일)의 의미, 즉 「명성이 좋은」을 만족시키지 않았나 판단된다.

KEY POINT 01~04를 총괄하면, 모지스는 직업성으로 화성 〉 태양·토성 〉 달 〉 금 성·목성 순이라고 말할 수 있다. 이를 모지스의 직업과 연관시켜 분석하면, 첫째 화성은 「손기술 관련」으로 잘 어울린다. 둘째 태양은 「장인」의 기질이 있고 토성은 「농부·노동자」로 잘 어울리며, 셋째 달은 사회적 직업이 아닌 경우 한평생을 「어머니·아내·파출부」로 살 수도 있다. 마지막으로 금성은 「가사활동·미술가」로, 목성은 「종교적리더·작가」로 살 수도 있다.

그렇다면 모지스 할머니의 삶은 어땠을까? 모지스 할머니는 76세 때 그림을 그리기 시작해 101세에 삶을 마감했다. 그녀는 12세 때부터 결혼 전까지 파출부로 살았으며, 결혼 후에는 농사를 지으면서 10여 명의 자녀를 출산했다. 남편과 5명의 자식을 먼저 떠나보낸 할머니는 외로움을 이겨내기 위해 수를 놓았다. 그러다 관절염이 심해지자 바늘을 드는 대신 그림을 그리기 시작했다. 그녀의 첫 작품은 그림엽서를 모작한 것이었지만, 이후에는 자신의 지난 날들을 화폭에 담았다. 이 그림은 수집가 루이스 칼더의 눈에 띄어 뉴욕전시관에 전시하게 되면서 국제적 명성을 얻게 되었는데, 그녀가 남긴 작품 수는 무려 1600여 점이다.

모지스 할머니는 수를 놓거나 그림을 그리는 화성의 손기술을 재능으로 지녔고, 100세까지 그림을 그리는 태양의 장인정신을 보여주었다. 또한 한평생을 농부 그리고 노동자로 살았으며, 젊은 시절 한때 파출부로 살았고, 이후는 어머니와 아내로서 최선을 다한 달의 직업적 상징인 삶을 산 것을 알 수 있다.

다음 예는 미국의 최정상급 팝스타 크리스티나 아길레라이다. 아스트로 데이터뱅크에 기록된 아길레라의 생년월일시는 1980년 12월 18일 오전 10시 46분이고, 태어난 장소는 뉴욕주 스태튼 아일랜드이다. 지금부터 본격적으로 아길레라의 직업을 차례대로 분석해보자.

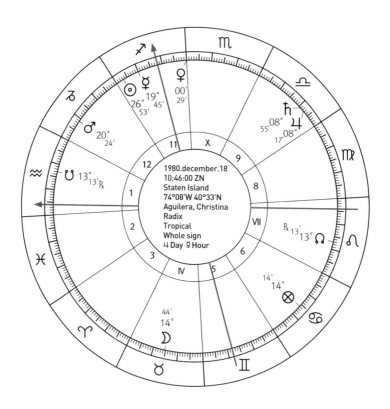

KEY POINT 01 앵글 하우스에 위치한 행성 혹은 포르투나와 가까운 행성을 살핀다.

앵글 하우스는 1, 4, 7, 10 하우스이다. 아길레라의 차트에서 11하우스의 태양(26°), 수성(19°), 금성(0°)이 앵글포인트와 매우 가깝다. 그런데 11하우스의 MC(남중점)는 약 12°에 위치하므로 이 앵글포인트와 가장 가까운 행성은 7° 차이가 나는 수성이다. 따라서 수성이 우선적인 직업성을 가지며, 그 다음은 금성과 태양 순이다.

만약에 앵글 하우스나 앵글포인트에 행성이 없다면, 앵글포인트와 아스펙트를 맺고 각도가 가장 근접한(5° 이내) 행성을 찾아야 한다. 아길레라의 차트에서 앵글포인트 네 각의 각도는 AC가 약 26°, DC가 약 26°, MC가 약 12°, IC가 약 12°이다. 9하우스의 목성과 토성이 둘 다 약 8°에 위치하여 MC와 4° 차이로 섹스타일을 맺고 있어 목성·토성이 직업성과 매우 관련이 있다. 다만, 태양이 AC(26°)와 섹스타일을 맺고 있으며 각의 차이는 0° 정도이며, 금성이 DC(26°)와 트라인을 맺고 있으며 각의 차이는 4° 정도이다. 이 경우 수성 다음으로 금성과 태양이 또 다시 반복적인 직업성으로 나왔다는 것을 알 수 있다.

정리하면, 직업성으로 수성 〉 금성 〉 태양 순이라고 말할 수 있다.

KEY POINT 02 태양과 파시스하는 행성을 찾는다. 파시스하는 행성이 곧 직업의 지표성이다.

태양의 빛으로부터 벗어나는 15°를 파시스라고 설명한 바 있다. 하지만 실전상담에서는 이 각도를 좀 더 유연하게 적용하는데, 대략 14°~16° 사이를 파시스라고 본다. 아길레라의 차트는 태양이 26°이고 수성이 19°로 약 7° 차이가 나므로 파시스 상태가 아니라 컴버스트이다. 따라서 해당 사항이 없다

KEY POINT 03 10하우스의 룰러, 2·6하우스에 위치한 행성, 포르투나 기준 10·11하우스에 있는 행성을 살핀다.

먼저 10하우스는 전갈자리이다. 전갈자리의 룰러는 화성으로 이 화성이 직업의 지표성이다.

그 다음으로 2·6하우스에 위치한 행성을 찾는데, 2·6하우스에는 행성이 없어 해당 사항이 없다.

그 다음으로 포르투나를 기준으로 10하우스를 본다. 아길레라의 차트에서 포르투나를 1하우스로 볼 때 3하우스와 4하우스가 10하우스와 11하우스(획득의 하우스)가 된다. 그런데 3하우스에는 아무 행성도 없고 4하우스에는 달이 있어 달이 직업의 지표성이다. 달이 직업의 지표성이 되면 사람들로부터 인기를 얻게 된다.

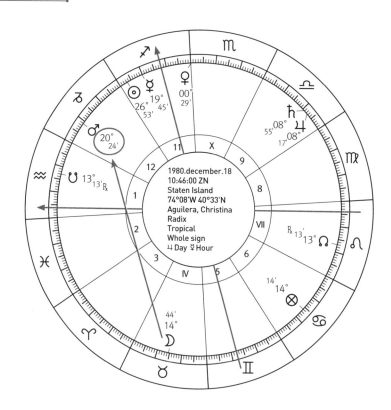

4하우스의 달과 각을 맺는 첫 번째 행성만을 찾는데, 현재 달의 각도는 14°이다. 달과 가장 먼저 만나는 퍼스트 어플라잉(first applying) 행성은 19°의 수성인데, 수성은 어버전의 위치로 아스펙트를 맺고 있어 자격상실이다. 그 다음 행성이 달과 트라인을 맺고 있는 화성(20°)이다. 따라서 화성을 직업의 지표성으로 삼으면 된다. 그러나 12하우스는 케이던트 하우스라서 직업성으로 발현되기 힘들다.

KEY POINT 01 ~ 04를 총괄하면, 아길레라는 직업성으로 수성 〉 금성 〉 태양 〉 화성 순이라고 말할 수 있다. 이를 아길레라의 직업과 연관시켜 분석해보면 다음과 같다.

첫째. 수성은 「변호사 · 아나운서 · 교사 · 상담가」 등의 직업이 있는데, 수성은 공기의 요소로 이들 직업 역시 소위 입(소리)으로 먹고사는 직업이라고 말할 수 있다. 아길레라 역시 소리로 먹고사는 가수이다. 특히 아길레라는 성적 소수자들에게 인기가 많은데, 이 역시 수성의 중성적 영향이 아닐까 하는 추측을 해본다.

둘째, 금성은 「음악가·모델·배우」로서, 이는 아길레라의 직업이 가수이자 모델 그리고 배우임을 잘 말해준다.

셋째, 태양은 「사회적 리더」를 나타내듯 아길레라는 2000년대 초중반 미국 팝의 최정상으로 군림했다.

마지막으로 화성은 「군인」을 상징하듯, 아마도 그 열정적인 적극성 때문에 가수 시절 「파이터」라는 별명을 얻지 않았나 판단된다.

참고로 아길레라는 2000년대 초중반 브리트니 스피어스, 에이브릴 라빈 등과 함께 미국의 팝을 주도했던 가수로, 1집 앨범이 한국에서만 30만장가량 팔렸을 정도로 큰 인기를 누렸다. 키가 157㎝이지만 비율이 좋아 바비인형으로 유명하다. 왕성하게 활동하던 가수 시절에는 가십 기사들이 따라다녔지만, 이후 유엔 세계 식량계획 기아 대책 홍보대사와 자선사업가로도 활동하고 있다. 또한 각종 인권 및 성소수자 문제에도 남다른 관심으로 활동을 이어나가고 있다.

총괄하면, 아길레나의 차트를 직업적 관점에서 볼 때 11하우스의 태양·수성·금성은 예술적 성향과 매우 관련이 깊어 보이며, 9하우스의 목성·토성은 아길레라를 해외공연과 유엔 홍보대사로 활동케 하며, 4하우스의 달은 사람들로부터 인기를 얻게 만든다고 판단된다.

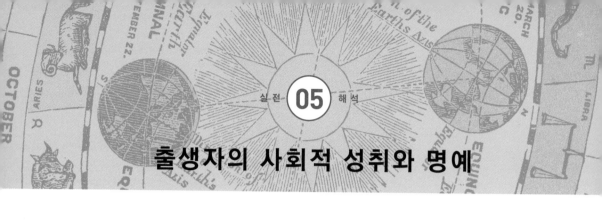

출생자의 사회적 성취와 명예

아스트로 데이터뱅크에 기록된 빌 게이츠의 생년월일시는 1955년 10월 28일 오후 10시이며, 태어난 장소는 워싱턴주 시애틀이다. 그럼 본격적으로 빌의 성취와 명예를 차례대로 분석해보자.

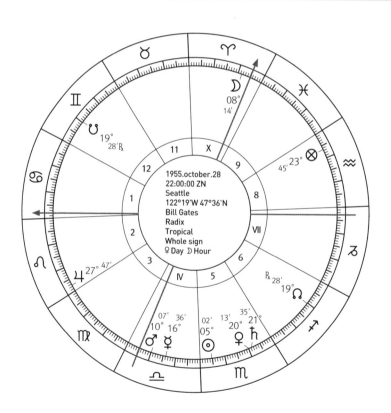

208 ✦ 점성학의 실전 해석

태양과 달의 1·10하우스와의 관계와 도리포리를 살핀다.

빌 게이츠의 차트에서는 태양이 5하우스에 있고, 달은 10하우스에 있다. 인생의 결정적인 것들을 주관하는 앵글 하우스에 달이 위치한 것만으로도 상당한 지위를 가지는데, 게다가 10하우스는 길한 하우스(1·3·9·10·5·11)이다. 이렇게 달이 직업적 성향과 관련된 10하우스, 길한 하우스, 앵글 하우스 등의 중첩으로 빌은 직업적 지위나 명예를 얻을 것이다. 다만 달은 불의 사인이면서 카디널인 양자리에 위치해 본질적 위계의 관점에서는 디그니티(도머사일·엑젤테이션)를 갖지 않아 조금 아쉽다.

하지만 달을 우발적 위계의 관점에서 보면, 이 차트는 밤차트이고 태양의 반대편에 있어 달은 섹트 2개를 얻었지만, 양자리 남성 사인에 있어 섹트 하나를 잃었다. 그리고 목성과 각(트라인)을 맺고 있어 긍정적이다. 또한 달이 MC(남중점) 포인트와 약 3°차이로 가깝게 위치한 것은 매우 긍정적으로, 빌 게이츠의 지위나 명예를 강화시킨다.

또한 부차적인 윌리엄 릴리의 관점에서 보면, 달이 10하우스에 위치하고 룰러인 화성은 반대편인 4하우스에서 리셉션하고 있다. 즉, 달과 화성이 어포지션(대립각)을 맺고 있지만 밤의 차트이고 리셉션을 이루고 있어서 그의 지위나 명예가 강화된 것으로 보인다.

그 다음으로, 태양은 가장 길한 하우스(5·11)인 5하우스에 있다. 이 경우 태양으로 인한 지위나 명예가 강화된다고 할 수 있다. 그런데 본질적 위계의 관점에서 보면 태양은 자신이 위치한 전갈자리(물 사인·픽스드)에서 어떤 위계도 갖지 않는다. 우발적 위계의 관점에서 보면 목성이 비록 스퀘어로 아스펙트를 맺고 있지만 대길성이기에 흉하지 않으며, 또한 금성과 15°(파시스)로 컨정션하기 때문에 이 역시 길하다.

다음으로 도리포리의 관점에서 빌의 차트를 분석하면, 이 차트는 달의 도리포리에 해당한다. 빌의 차트는 밤차트로 도리포리에 영향을 미치는 행성은 화성, 금성, 옥시덴탈 수성이다. 금성은 달과 각을 맺지 않아 실격이고, 오리엔탈 수성이므로 실격이다. 그런데 화성은 어포지션으로 각을 맺고 달(8°)보다 큰 10°이므로 도리포리가 형성된다. 화성으로 도리포리가 되면 도전적이고 모험적인 성향으로 명예를 가진다.

빌의 차트를 보면 태양은 5하우스 5°에, 달은 10하우스 8°에 위치해 있다. 이 경우 태양(5°)과 달(8°)의 모이어티 유효각(간격)은 3°로 루미너리 모이어티의 유효각인 13.5° 이내에 들어온다. 하지만 태양이 5하우스에 위치하고 달이 10하우스에 위치해 아스펙트를 이루지 못한 어버전이므로 루미너리 유효각은 실격이다. 따라서 루미너리 모이어티 영향력은 갖지 못한다고 할 수 있다.

한편, 태양과 달이 어떤 방식으로든 각(아스펙트)을 맺고 서로가 위치한 각도가 같다면, 즉 태양이 5하우스 5°에 존재하고 달이 9하우스 5°에 존재한다면 이를 파틸 아스펙트라 한다. 파틸 아스펙트는 모이어티 관점에서 서로의 중심점이 완전히 겹친 상태이므로 그 모이어티의 영향력이 최대치이고, 이때 출생자의 명예나 지위는 최상급이 된다고 할 수 있다.

1·10하우스 사인의 룰러와 1·10하우스에 위치한 행성들을 살핀다.

1하우스의 룰러 달에 대해서는 이미 KEY POINT 01에서 다루었다. 나머지 10하우스의 룰러인 화성과 10하우스에 위치한 행성을 살펴야 하는데, 보다시피 10하우스의 룰러인 화성은 앞에서도 언급했지만 달과 리셉션 관계에 있다. 화성은 달이 존재하는 10하우스가 자기의 지배 사인이므로 달을 심하게 공격하지 않는다. 따라서 화성이 달에게 미치는 지위나 명예에 대한 부정적인 영향은 미미하다. 또한 10하우스에 위치한 행성은 달 이외에는 없으므로 해당사항이 없다.

KEY POINT 03

포르투나의 상태를 살핀다.

일반적으로 사용하는 포르투나의 길흉의 영향력은 크게 포르투나의 상태와, 포르투나를 기준으로 열한 번째 하우스인 어퀴지션의 상태를 살펴봄으로써 알 수 있다. 어퀴지션 하우스 안의 상태가 좋지 않은 흉성은 재물을 파괴한다. 참고로 어퀴지션(Acquisition)은 획득의 하우스라고 하는데, 재물과 사회적인 성공을 판단할 때 살펴본다. 특히 네이탈차트의 하우스를 포르투나 기준으로 재배치함으로써(Derive) 흉이 길로 전환될 수도 있다.

포르투나는 행성이 아니라 가상점(어떤 행성끼리의 거리를 계산해서 도출한 가상의 위치)이다. 현재 빌의 차트에서 포르투나는 8하우스 23°이다. 따라서 포르투나로부터 열한 번째인 6하우스가 어퀴지션이 된다.

포르투나의 길흉에 대한 강도는 포르투나와 어퀴지션을 종합적으로 평가하는 것인데, 둘 다 보는 기법이 같으므로 포르투나만 소개하도록 하겠다. 포르투나 방식으로 어퀴지션도 계산하면 된다.

포르투나를 보는 방식은 크게 두 가지로 나눌 수 있다. 하나는 포르투나 그 자체(빌의 포르투나의 가상점은 차트상 8하우스 23°의 상태이다)를 보는 것이고, 또 하나는 포르투나가 존재하는 사인의 룰러의 상태를 보는 것이다. 물론 이 두 가지를 모두 보아 포르투나의 길흉 혹은 힘의 강도를 판단한다.

먼저 포르투나 그 자체, 즉 가상점인 8하우스 23°의 상태를 살펴보는데 두 가지 판단 조건이 있다. 첫째, 길한 하우스에 있는지 흉한 하우스에 있는지를 본다. 현재 빌의 포르투나는 흉한 하우스인 8하우스에 있어서 길한 것은 아니다. 둘째, 길성과 흉성과의 관계를 본다. 빌의 경우는 길성인 2하우스의 목성(어포지션)과 5하우스의 금성(스퀘어)이 포르투나와 아스펙트를 맺고 있어서 긍정적인 영향을 주고 있고, 또한 4하우스 화성(트라인)의 길각을 받고 있으며, 5하우스 토성(스퀘어)은 길한 하우스에 위치하며 금성과 컨정션하고 있어서 이 역시 포르투나에 긍정적인 역할을 한다고 판단된다. 다만 길성과 흉성의 질적인 면은 원칙적으로 본질적 위계의 상태도 살펴서 감안해야 하는데, 이 책은 초심자를 위한 것이라 생략하도록 하겠다.

빌의 차트에서 포르투나의 룰러는 토성이다. 앞에서 언급했듯 토성(21°)은 길한 5하우스에 위치하고, 길성인 금성(컨정션)·목성(스퀘어)과 각을 맺으며, 21°로 금성(20°)과 목성(27°) 사이에 위치하여 금목포위(행성이 각도상으로 길성과 길성 사이에 위치) 구조를 이루며 지위나 명예에 아주 길한 작용을 한다.

또한 빌처럼 포르투나가 존재하는 사인의 룰러가 포르투나 기준 10하우스나 11하우스에 있는 것도 사회적 성취와 명예에 있어서는 긍정적인 구조이다. 만약 포르투나와 포르투나 주인이 어버전하는 위치라면 부정적인 구조가 된다.

참고로 베티우스 발렌스는 사회적 명예와 관련된 5가지 랏(가상점)을 사용하는데, 그 가상점의 종류는 ① 포르투나, ② 스피릿(데이몬), ③ 엑젤테이션, ④ 베이스, ⑤ 어퀴지션이다. 이 책에서는 실전에 자주 사용되는 것 위주로 실었다.

다음은 전 미국 대통령 버락 오바마이다. 아스트로 데이터뱅크에 기록된 버락 오바마의 생년월일시는
1961년 8월 4일 오후 7시 24분이고, 태어난 장소는 하와이 호놀룰루이다. 지금부터 오바마의 성취와
명예를 차례대로 분석해보자.

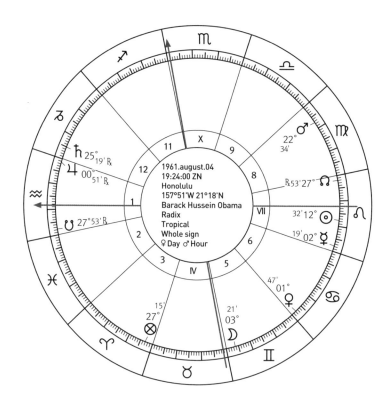

KEY POINT 01 태양과 달의 1 · 10하우스와의 관계와 도리포리를 살핀다.

오바마의 차트에서는 태양이 7하우스에 있고, 달은 5하우스에 있다. 태양은 앵글 하
우스(DC)인 7하우스에 위치하고, 달은 길한 하우스(1 · 3 · 9 · 10 · 5 · 11)인 5하우스
에 존재한다. 태양이나 달이 인생의 결정적인 것들을 주관하는 앵글 하우스에 위치한
것만으로도 상당한 지위를 가진다. 오바마는 7하우스에 태양이 있으며 7하우스는 배
우자나 동업자와 관련된 하우스이므로, 이에 대한 사회적 성취나 명예를 얻을 것이

다. 특히 7하우스는 사자자리 사인이고 룰러는 태양이므로 본질적 위계는 매우 긍정적이다.

달이 4하우스의 앵글포인트(IC)와 약 4° 차이로 가깝게 존재한다는 사실은 매우 긍정적이다. 하지만 달은 5하우스 쌍둥이자리에서 본질적 위계를 지니지 않아 조금 아쉽다. 그러나 달은 섹트의 관점에서 보면, 먼저 밤차트에서 반구 아래인 5하우스에 위치하므로 섹트 하나를 얻었고, 반구 아래에 태양과 함께 있어 섹트 하나를 잃었으며, 남성 사인인 쌍둥이자리에 존재하므로 또 다시 섹트 하나를 잃었다. 이를 종합하면 섹트의 길함은 33%이므로 그 길함이 많이 약하다.

또한 부차적인 윌리엄 릴리의 관점에서 보면, 달이 위치한 쌍둥이자리의 룰러인 수성이 섹스타일로 달에게 미치는 영향은 매우 길하다. 또한 달은 목성과 트라인을 맺고 있고 수성·태양과 섹스타일을 이루고 있어 매우 길하다. 하지만 화성과는 스퀘어를 맺고 있는 부분은 다소 부정적이다.

그 다음으로 태양은 비록 길흉이 공존하는 7하우스에 있지만 앵글 하우스이다. 이 경우 태양으로 인한 지위나 명예는 강화된다고 할 수 있다. 그런데 본질적 위계의 관점에서 보면 태양은 자신이 위치한 사자자리의 주인이다. 우발적 위계의 관점에서 보면 달과 섹스타일을 이루어 긍정적이지만, 목성이 어포지션하고 있어 목성의 길한 영향을 매우 제한적으로 받고 있다.

다음으로 도리포리의 관점에서 오바마의 차트를 분석하면, 이 차트는 달의 도리포리에 해당한다. 오바마의 차트는 밤차트로 도리포리에 영향을 미치는 행성은 화성, 금성, 옥시덴탈 수성이다. 금성은 달과 각을 맺지 않아 실격이고, 오리엔탈 수성이므로 실격이다. 그런데 화성은 달과 스퀘어로 각을 맺고 달(3°)보다 큰 22°이므로 도리포리가 형성된다. 화성으로 도리포리가 되면 도전적이고 모험적인 성향으로 명예를 가진다.

오바마의 차트를 보면 태양은 7하우스 12°에, 달은 5하우스 3°에 위치해 있다. 이 경우 태양(12°)과 달(3°)의 모이어티 유효각(간격)은 9°로 루미너리 모이어티의 유효각인 13.5° 이내에 들어온다. 또한 태양 7하우스와 달 5하우스는 섹스타일을 맺고 있기 때문에 루미너리 유효각으로 합격이다. 따라서 루미너리 모이어티 영향력은 유효하다고 할 수 있다. 이처럼 모이어티 영향력이 유효하면 출생자의 명예나 지위는 최상급이 된다고 할 수 있다.

KEY POINT 02 1·10하우스 사인의 룰러와 1·10하우스에 위치한 행성들을 살핀다.

1하우스 물병자리의 룰러인 토성은 12하우스에 있고 태양·달과 어버전이며, 10하우스 전갈자리의 룰러인 화성은 달에게 스퀘어로 부정적인 영향을 미치고 있다. 따라서 달의 지위나 명예에 대해 부정적인 영향을 미친다.

포르투나의 상태를 살핀다.

현재 오바마의 차트에서 포르투나는 3하우스 27°에 위치해 있다. 먼저 포르투나의 자체 상태를 살펴보면, 포르투나는 길한 3하우스에 위치해 있고, 1하우스의 목성과는 섹스타일을 이루며, 12하우스의 토성과는 스퀘어를 이루고, 5하우스의 달과는 섹스타일을 이루고, 6하우스 금성과는 스퀘어를 이루며, 7하우스 태양·수성과는 트라인을 이루고 있다.

부정적인 측면은 토성과 스퀘어로 각을 맺고 있다는 점이지만, 토성이 위치한 12하우스는 케이던트 하우스라 자신의 힘을 25%정도밖에 발휘하지 못한다. 오히려 자신의 힘을 100% 발휘하는 앵글 하우스인 1하우스에서 목성이 포르투나를 섹스타일로 각을 맺고 있는 점은 토성의 흉한 영향을 크게 상쇄하고도 남는다는 점에 주목해야 한다.

또한 긍정적인 측면은 태양·수성이 위치한 7하우스는 앵글 하우스로 자신의 힘을 100% 발휘하는 하우스이며, 달이 위치한 5하우스는 석시던트 하우스로 자신의 힘을 50% 발휘하는 하우스라는 점이다. 태양과 달은 트라인과 섹스타일로 포르투나에 매우 길한 영향을 주고 있고, 비록 6하우스의 금성은 스퀘어를 이루고 있지만 길한 기운이 줄어들 뿐 포르투나와 긍정적 관계이며, 흉성인 화성은 8하우스에서 토성과 어버전하고 있으므로 이 역시 흉한 영향을 미치지 못한다. 전체적으로 보면 포르투나 자체는 매우 길한 상태에 있다고 하겠다.

다음으로 포르투나가 위치한 3하우스 양자리 사인의 룰러인 화성을 살펴보면, 화성은 현재 8하우스 처녀자리에 위치해 있다. 처녀자리에서 화성은 디그니티나 디빌리티를 지니지 않는다. 다만 8하우스는 흉한 하우스이며 자신의 힘을 50%밖에 사용하지 못하는 석시던트 하우스로서 약간 부정적인 구조로 보이지만, 화성에게 금성의 섹스타일과 토성의 트라인은 길한 영향을 미치고 있어 화성의 흉한 상태를 어느 정도 상쇄한다.

투자의 귀재, 오마하(Omaha)의 현인으로 불리는 워런 버핏에 대해 알아보자. 아스트로 데이터뱅크에 따르면 워렌 버핏의 생년월일시는 1930년 8월 30일 오후 3시 00분이고, 태어난 장소는 네브라스카주 오마하이다. 지금부터 그의 부와 재물에 대해 차례대로 분석해보자.

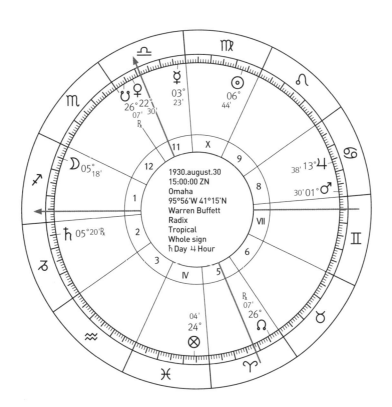

2하우스 사인의 룰러와 2하우스에 위치한 행성의 상태를 살핀다.

버핏의 차트는 현재 2하우스 염소자리에 토성이 도머사일의 지위를 획득하여 긍정적이다. 하지만 2하우스의 어포지션인 8하우스에는 목성과 화성이 존재한다. 목성은 어포지션이지만 엑젤테이션이 길성이므로 좋은 영향을 미친다. 그런데 화성이 같은 하우스인 게자리에 폴하고 있어 8하우스의 의미인 돈의 투자에서 때때로 이익도 보고 손해도 보고 부침이 있는 것으로 보인다. 다만 2하우스 염소자리에서 토성은 도머사일로 디그니티가 화성의 폴보다 높아서 버핏이 돈을 버는 능력은 안정적으로 보인다.

그 다음으로 루미너리 관점에서 태양과 달을 살펴야 한다. 먼저 태양이 10하우스에 위치하고 토성과 트라인(길각)을 맺고 있다. 태양의 오브(유효각)는 15°이고, 토성의 오브는 9°이다. 그런데 현재 태양(6°)이 토성(5°)과 트라인을 이루며 약 1° 차이가난다. 1° 차이는 파틸각으로 매우 강한 영향권에 속해 있으므로 태양은 토성에게 긍정적 영향을 강하게 미치고 있어서 전 세계에서 가장 영향력 있는 100인에 선정되고투자의 귀재로 평가되며, 직업적인 면에서도 높은 평가를 받고 있다.

마지막으로 11하우스에 수성과 금성이 위치하며 토성과 스퀘어(흉각)를 맺고 있다. 11하우스는 사회적 경험을 통해 축적된 유·무형의 재산을 상징하며 친한 친구, 모임, 단체, 직업적 이익·행운, 희망·바람 등을 나타낸다. 또한 길한 하우스이기도 하다. 금성은 천칭 사인에서 도머사일로 최고의 본질적 위계를 가지면서 길성이므로 토성에게 비록 흉각이나 긍정적인 영향을 미치므로 사람과의 관계와 행운적인 면이 강화되었다고 볼 수 있다. 수성과 토성은 흉각을 맺으면 자신의 말과 행동에 대해 매우 검열적이고 혼자 일에 몰입하는 스타일이기 때문에 외톨이로 전락하거나 완벽주의를 나타낸다. 그래서인지 버핏은 세계 금융의 중심인 월가에 상주하며 일하는 것이 아니라 뉴욕에서 2000㎞ 떨어진 자신의 고향 오마하에서 외부접촉을 피하고 은둔하면서 투자에 몰두하는 스타일로 알려져 있다.

포르투나가 위치한 하우스와 사인 그리고 그 사인의 룰러를 살핀다.

하우스의 상태를 살필 때는 두 가지 관점에서 접근해야 한다. 첫째 행성의 힘이 잘 발현될 수 있는지 아닌지, 둘째 행운의 하우스인지 불운의 하우스인지가 관건이다. 버핏의 포르투나는 4하우스인 앵글 하우스에 위치함으로써 잘 발현될 수 있고, 또한 평상시에는 길한 하우스이고 물고기자리에 위치해 있다.

물고기자리의 룰러는 목성이며, 목성은 8하우스 게자리에서 엑젤테이션하고 있어서 타인의 돈을 다루는 투자에서 놀라울 만큼의 이익을 낼 때도 있다. 그리고 목성과 각을 맺고 있는 행성과의 관계를 살펴보면 목성이 화성과 컨정션하고 있는데 이 부분은 KEY POINT 01에서 언급했고, 태양은 섹스타일을 함으로써 사회적 성공에 긍정적 영향을 준다. 수성과 금성은 목성과 스퀘어를 이루는데 금성은 도머사일이고 길성이라 긍정적 영향을 준다. 끝으로 토성은 도머사일을 하면서 목성과 어포지션(흉각)을 이루어서 토성의 긍정적 속성인 장기적이고 인내하는 투자방법을 선호하지만 흉각으로 인해 과정은 항상 힘들다고 여겨진다.

KEY POINT 03 목성의 상태를 살핀다.
이미 KEY POINT 02에서 다루었으므로 생략한다.

EXAMPLE 02

다음의 예는 전 뉴욕시장 마이클 블룸버그(Michael Rubens Bloomberg)로 미국의 경제 미디어·데이터·소프트웨어 제공 기업의 갑부(약 62조 추산)이다. 아스트로 데이터뱅크에 소개된 마이클 블룸버그의 출생연월일시는 1942년 2월 14일 오후 3시 40분이다.

아스트로 데이터뱅크의 출생시간은 서머타임이 적용된 시간이므로 현재 블룸버그의 차트는 1시간 빠른 오후 2시 40분을 적용하였음을 밝힌다. 참고로 모리누스 프로그램을 사용하기 위해서는 아스트로 데이타뱅크의 정보를 가져오더라도 당해년에 서머타임 실시 여부를 꼭 확인하고 시간을 적용해야 한다. 태어난 장소는 메사추세츠주 보스톤이다. 지금부터 블룸버그의 부와 재물을 차례대로 분석해보자.

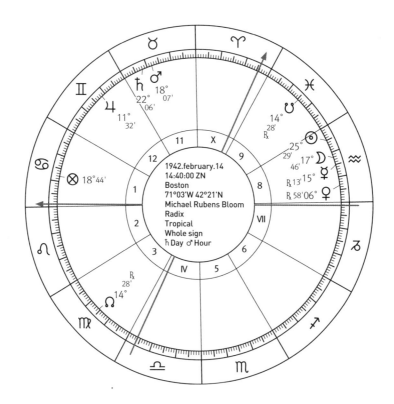

KEY POINT 01 — 2하우스 사인의 룰러와 2하우스에 위치한 행성의 상태를 살핀다.

블룸버그의 차트는 현재 2하우스 사자자리에 존재하는 행성이 없다. 2하우스 사자자리의 룰러 태양은 8하우스 물병자리에 위치해 있다. 태양은 8하우스 물병자리에서 디트리먼트한다. 8하우스에서 태양(25°)은 달(17°)과 8°의 거리 차이가 있다. 8°부터는 달이 태양에게 컴버스트로 타버리기 시작하는 구간이다. 물론 필자의 책에서는 8°를 명시하고 있지만 7.5°를 적용하는 점성가들도 많다. 달이 타게 되면 지능이나 건강에 이상이 생길 수 있다. 하지만 블룸버그는 그러한 장애를 겪지 않은 것으로 볼 때 컴버스트에는 해당되지 않았다고 판단할 수밖에 없다. 하지만 태양에 8°까지 접근한 달은 분명 흉한 구조이다. 특히 지능을 나타내는 수성 역시 15°로 태양과 10°의 차이가 있으며, 태양의 언더 선빔 구간인 15° 안쪽으로 들어와 있다. 이 경우 수성이 제 기능을 잘 발휘하지 못한다고 여긴다.

그렇다면 정보를 다루는 블룸버그에게는 치명타로 작용해야 하지만, 블룸버그는 분명 정보로 성공한 대표적인 사람이다. 이에 대해 혹자는 천문학 구조상 금성과 수성은 태양과 가까울 수밖에 없고 실제로 지구인의 둘 중 하나는 태양과 가까운데, 그렇다면 그들이 정말 지능에 문제가 있거나 사랑에 문제가 있느냐고 되묻는다. 필자도 이러한 반문에 대해 할 말이 없다. 혹자의 말이 분명 일리가 있기 때문이다. 다만 점성학은 사람과 하늘을 견주어 연구해왔고 필자는 그 공식을 존중할 뿐이다.

한편 흉성인 화성·토성은 태양과 스퀘어를 맺으며 흉한 영향을 강하게 미치고 있다. 이를 좀 더 자세히 들여다보면, 11하우스 황소자리 사인에서 화성은 그 위계가 디트리먼트로 힘이 약해진 상태로 태양에게 스퀘어로 흉한 영향을 주고 있고, 토성 역시 11하우스 황소자리 22°에 위치해 8하우스 물병자리 25°에 머물고 있는 태양과 스퀘어를 맺으면서 서로 약 3° 차이로 파틸 아스펙트를 이룬다. 토성의 오브는 9°이고 태양의 오브(유효각)는 15°이다. 3° 차이는 파틸 아스펙트로 매우 강한 영향권에 속해 있으므로 토성은 태양에게 흉한 영향을 강하게 미친다. 그런데 토성은 11하우스 황소자리에서 디그니티를 얻지 못하고 있기 때문에 주변 친구나 지인, 동업자의 도움이 매우 좋다고 볼 수 없다. 또한 토성은 태양이 위치한 8하우스 물병자리의 룰러로 태양의 디스포지터이다. 자신의 힘이 약하기 때문에 자신의 집에 있는 태양을 해코지도 못하겠지만 그렇다고 환대할 능력도 없어 보인다.

여기에 대항해서 대길성인 목성은 트라인을 이루며 길한 영향을 미치고 있으며, 소길성인 금성 역시 태양과 같은 하우스에서 태양의 언더 선빔을 벗어나 태양에게 길한 영향을 주고 있다. 이를 좀 더 자세히 들여다보면, 비록 태양과 트라인을 이루면서 길한 영향을 주는 것 같지만 목성이 12하우스 쌍둥이자리에서 디트리먼트하므로 힘이 약하며, 12하우스는 감금·구속·장애의 하우스로 활동성이 강한 제한을 받으며 은밀하게 이루어진다. 따라서 목성이 태양에게 길한 영향을 강하게 주지 못한다.

또 다른 문제로 태양이 물병자리에서 디그니티를 얻지 못한 디트리먼트 상태에 있다. 2하우스 사자자리의 룰러가 태양인데 태양이 자기 사인을 어포지션하고 있다는 사실이다. 2하우스 사자자리에서 자신의 힘으로 성실하게 힘을 드러내야 할 불의 원소인 태양이 물의 사인인 물병자리에서 소극적인 형태를 보이는 것은, 자신의 능력을 제대로 활용하지 못하는 것이므로 태양은 물병자리에서 디트리먼트이다.

다만, 태양이 8하우스에서 수성·금성과 컨정션하고 있는 부분이 긍정적으로 작용하고 있다는 사실을 긍정적으로 보는 건 어떨까 싶다. 8하우스는 유산 혹은 공금 이용 또는 비밀과 관련된 하우스인데, 정보가 비밀과 관련 있다는 점은 블룸버그에게 매우 긍정적으로 작용한 것으로 보인다.

총괄하면 블룸버그 차트에서 2하우스 사자자리 사인의 룰러인 태양은 전체적으로 부정적이라고 말할 수 있겠다.

포르투나가 위치한 하우스와 사인 그리고 그 사인의 룰러를 살핀다.

하우스의 상태를 살필 때는 두 가지 관점에서 접근해야 한다. 첫째 행성의 힘이 잘 발현될 수 있는지 아닌지, 둘째 행운의 하우스인지 불운의 하우스인지가 관건이다. 블룸버그의 포르투나는 1하우스인 앵글 하우스에 위치함으로써 잘 발현될 수 있다. 또한 1하우스 게자리의 룰러는 달인데, 달은 물병자리 8하우스에서 태양과 8° 차이로 컴버스트 직전에 있어 부정적이다. 또한 8하우스는 자신의 힘을 50%정도 발휘하는 석시던트 하우스이며 흉한 하우스이다. 8하우스의 주제는 신비, 영매, 협력·협동의 기금 혹은 재정, 유산이나 배우자의 돈 등을 의미한다. 한편 달이 각을 맺고 있는 행성과의 관계는 위에서 살펴보았듯 화성과 토성이 달을 스퀘어하며, 목성이 달을 트라인한다. 달도 태양과 마찬가지로 그렇게 좋은 영향을 받고 있다고 말할 순 없다.

목성의 상태를 살핀다.

앞에서 설명하였지만, 쌍둥이자리에서 목성은 디트리먼트로 디그니티를 얻지 못해 힘이 매우 약하다. 다만 12하우스 쌍둥이자리의 목성이 2하우스 사자자리의 룰러인 태양과 1하우스 게자리의 룰러인 달과 트라인을 이루며, 정보와 지식을 관장하는 수성을 디스포지터로 두며 아스펙트를 이루고 있다는 점은 블룸버그의 직업상 길한 부분이다. 또한 목성이 금성과 트라인을 이루고 있는 부분도 긍정적으로 작용한다.

이쯤에서 블룸버그가 정보를 활용하여 막대한 부를 이룬 이유를 굳이 차트에서 찾자면, 태양이 위치한 8하우스가 일단 영적인 능력이 있는 하우스이며, 블룸버그의 정보회사 자체가 네트워크와 기밀을 중요시하듯 8하우스가 협력·협동을 기반으로 비밀스럽게 일을 처리하는 속성을 지녔다는 점이다. 또한 정보를 나타내는 쌍둥이자리가 12하우스이므로 남들 몰래 은밀하게 정보에 대한 집중력과 수집능력이 한몫 했을 거라 판단되며, 목성이 쌍둥이자리에 위치하고 있다는 점이 블룸버그의 직업과 잘 맞아떨어진다는 점이다. 또한 그 목성이 8하우스의 태양과 아스펙트를 맺고 있으며, 태양은 2하우스 사자자리의 룰러로 부와 연관되어 있다는 점이다. 마지막으로 수성과 금성이 태양과 컨정션으로 긍정적 영향을 미치고, 어센던트의 1하우스에 포르투나가 있다는 점이 큰 행운으로 작용하지 않았나 싶다.

물론 하나하나 상세하게 들어가면 많은 부분 고개가 저어지고 수긍되지 않는 부분도 분명히 있지만, 이러한 부분도 분명히 있다는 것을 있는 그대로 보여주고 싶은 게 필자의 마음이다. 다만 더 열심히 연구해서 근거와 원리를 찾는 게 이 공부를 하는 사람의 과제인 듯 싶다.

참고로 마이클 블룸버그는 투자은행인 살로만 브라더스에서 해고된 뒤, 퇴직금으로 주식회사에 주식정보를 제공하는 단말기를 납품하는 회사를 차려서 21세기 최고의 종합미디어(정치·사회·문화·스포츠) 그룹으로 성장하였다. 또한 블룸버그는 약 62조를 가진 부호로 미국의 재벌 10위 안에 든다. 마이클 블룸버그는 금융정보와 뉴스를 제공하는 미국의 미디어그룹 블룸버그통신 설립자로서 미국 뉴욕시 시장을 지냈고, 전 세계에서 가장 영향력 있는 100인에 선정되기도 했다.

● E X A M P L E   0 3

다음 차트의 주인공인 소설가 매켄지 스콧은 아마존 창업자 제프 베이조스(Jeff Bezos)의 전 아내이다. 아스트로 데이터뱅크가 제공하는 생년월일시는 1970년 4월 7일 오전 6시 20분이며, 태어난 장소는 캘리포니아주 샌프란시스코이다. 지금부터 본격적으로 매켄지 스콧의 부와 재물을 차례대로 분석해보자.

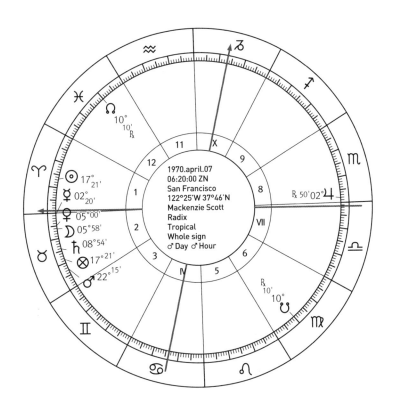

2하우스 사인의 룰러와 2하우스에 위치한 행성의 상태를 살핀다.

스콧의 차트는 현재 2하우스가 황소자리이고, 황소자리의 룰러는 금성이며 금성은 현재 2하우스 5°에 머물러 있다. 금성은 황소자리에서 도머사일의 지위를 획득하여 매우 길하다. 그런데 2하우스 금성이 8하우스 목성으로부터 어포지션을 당하고 있다. 목성은 8하우스 전갈자리에서 어떤 디그니티도 지니지 않는다. 이 경우, 비록 목성이 어포지션하고 있지만 목성이 대길성이므로 길하다. 안타까운 것은, 2하우스 금성이 흉성인 토성·화성과 컨정션하고 있어 흉한 영향을 받고 있다는 점이다.

그 다음으로 루미너리 관점에서 태양과 달을 살펴야 한다. 먼저 태양이 1하우스에 위치하고 있는데 금성과 어버전 상태이다. 달이 2하우스에서 금성과 함께 5°에서 컨정션하고 있는 부분은 긍정적이다. 특히 2하우스가 스텔리움(여러 행성이 모여 있음)으로 출생자의 차트에서 재물이나 부가 매우 크게 부각된다.

포르투나가 위치한 하우스와 사인 그리고 그 사인의 룰러를 살핀다.

하우스의 상태를 살필 때는 두 가지 관점에서 접근해야 한다. 첫째 행성의 힘이 잘 발현될 수 있는지 아닌지, 둘째 행운의 하우스인지 불운의 하우스인지가 관건이다. 매켄지의 포르투나는 자신의 힘을 50% 발휘하는 석시던트 하우스이면서 길흉 공존 하우스인 2하우스 황소자리에 위치해 있다. 황소자리의 룰러는 금성이며 금성은 같은 하우스에 도머사일하고 있어서 부와 관련하여 최고로 길한 상태이다. 그리고 KEY POINT 01에서도 말했듯, 대길성인 목성과 어포지션으로 각을 맺고 있어 힘은 비록 약해지지만 길한 영향을 받고 있다는 점도 긍정적이다.

목성의 상태를 살핀다.

앞서 KEY POINT 02에서 다루었으므로 생략한다.

최근 월스트리트저널(WSJ)은 매켄지 스콧이 시애틀의 한 사립학교 과학교사와 재혼했다고 발표했다. 스콧은 아마존 창업자 제프 베이조스와 25년간의 결혼생활을 정리하고 이혼하면서 아마존 지분의 4%(약 39조원)를 받기로 합의했다. 이후 스콧은 코로나19 희생자를 위해 여러 단체에 총 42억 달러를 기부하였으며, 워렌 버핏과 빌 게이츠부부가 설립한 「기빙 플레지(Giving Pledge)」에도 기부를 약속한 바 있다.

그런데 재물을 상징하는 2하우스 황소자리에서 금성이 도머사일하고 8하우스에 목성이 위치하니 「배우자의 돈」은 길하다. 제프 베이조스가 아마존을 세울 때 스콧의 공이 컸으므로 이혼 당시 지분 4%와 의결권을 가져올 수 있었지만, 포르투나와 금성이 모두 흉성인 화성·토성과 컨정션하고 있어서 그 과정이 순탄치 못했던 것이다.

출생자의 결혼

● **E X A M P L E   0 1**

다음 차트의 주인공은 크리스티아누 호날두이다. 아스트로 데이터뱅크에 기록된 그의 생년월일시는 1985년 2월 5일 오전 5시 25분이며, 태어난 장소는 포르투갈 푼샬이다. 지금부터 본격적으로 호날두의 결혼에 대해 차례대로 분석해보자.

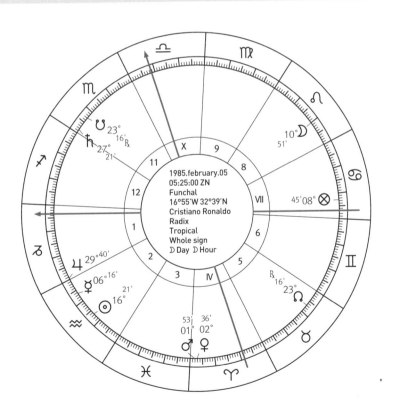

KEY POINT 01

남자는 금성과 달을 지표성으로 본다. (여자의 경우는 화성과 달을 지표성으로 본다.)

호날두의 차트에서 금성은 앵글 하우스인 4하우스 양자리에 위치하고 있는데, 금성은 디트리먼트로 불편한 상태이다. 달은 8하우스에 위치하고 있다. 금성은 앵글 하우스이며 길흉 공존 하우스인 정욕 사인에 있다. 달은 석시던트(자신의 힘을 50% 발휘) 하우스이며 흉한 하우스인 불모 사인에 있다.

베티우스 발렌스의 관점에서 보면, 금성(연애 스타일)은 화성과 거의 약 1° 차이(거의 파틸)로 컨정션하고 있다. 화성이 금성과 바짝 붙어 있으므로 남성들의 적극적인 유혹을 받는 여자이고 호날두가 성적으로 매우 끌리는 여자라고 할 수 있다. 특히 루미너리인 태양이 금성과 섹스타일로 각을 맺고, 달은 트라인으로 각을 맺고 있어 금성인 여자는 유명인이라고 할 수 있겠다. 그래서인지 호날두는 조지나 로드리게스, 이리나 샤크, 킴 카다시안, 패리스 힐튼, 젬마 앳킨스 등 육감적인 유명 모델들과 사귀지 않았나 싶다. 또한 목성이 스퀘어로 각을 맺고 있어 금성은 행운을 기다리는 여자라고 할 수 있으며, 수성은 비록 섹스타일로 금성과 각을 맺지만 태양과 컴버스트하고 있어서 별 의미가 없다.

KEY POINT 02

남녀 모두 7하우스와 7하우스의 룰러를 본다.

게자리 7하우스의 룰러는 달이다. 달은 KEY POINT 01에서 전부 다루었다. 한 가지 덧붙인다면, 달이 7하우스와 어버전하는 8하우스에 들어가 있어 호날두는 아내 관리가 힘들다. 어버전 하우스에 들어가 있으면 자신의 사인을 잘 관리하지 못한다는 것이 아스펙트의 공식인데, 호날두의 경우 자신을 나타내는 어센던트 하우스 즉 1하우스와 달이 위치한 8하우스가 어버전이므로 호날두는 달을 잘 통제하지 못한다고 보는 것이다.

KEY POINT 03

7하우스에 위치한 행성을 본다.

7하우스에 위치한 행성이 없어 생략한다. 한 가지 덧붙인다면 만약 단식 판단으로 7하우스에 길성이 존재하면 결혼이 원만하며, 흉성이 존재하면 상당한 노력이 요구된다고 할 수 있지만, 디그니티와 아스펙트를 감안하여 판단한다.

KEY POINT 04 결혼의 랏을 본다.

① 이미 띄워져 있는 출생자의 차트에서 「Options」을 클릭한 후 「Lots」으로 들어간다

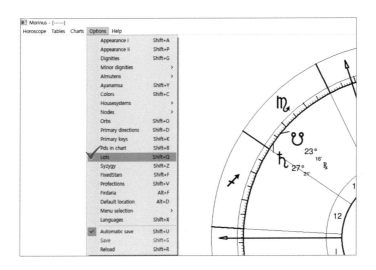

② 아래와 같이 「Lots」의 팝업창이 뜨면

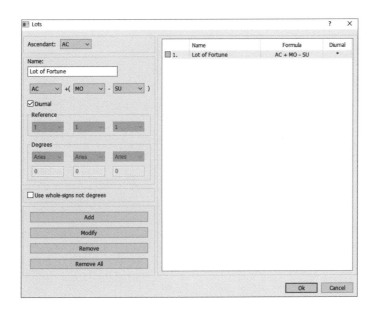

③ 남자의 랏 공식을 먼저 설정한다.

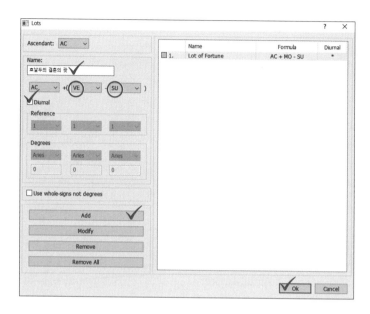

설정하는 순서는

1. 호날두의 결혼의 랏이라고 적고,

2. VE(금성) – SU(태양)를 적용하고,

3. Diurnal(디뉴얼) 박스는 체크하지 말고,

4. Add를 클릭하면

④ 오른쪽 사각창에 호날두의 결혼의 랏이 형성된다.

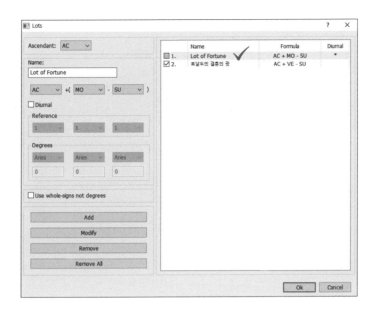

⑤ 확인했으면 Ok를 클릭한다. 다시 「Options」에 들어가 「Appearance Ⅰ」을 클릭
하면

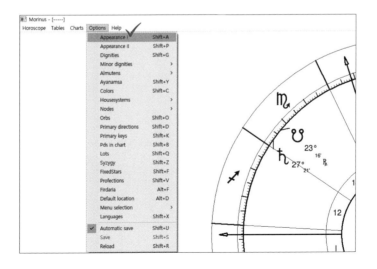

⑥ 다음 팝업창이 뜬다. 팝업창 아랫부분의 「Lots」까지 표시된 것들을 체크하고 Ok를 클릭하면,

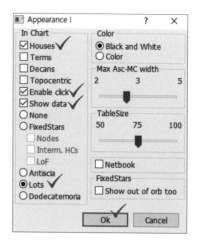

⑦ 호날두의 결혼의 랏이 뜬 것을 볼 수 있다.

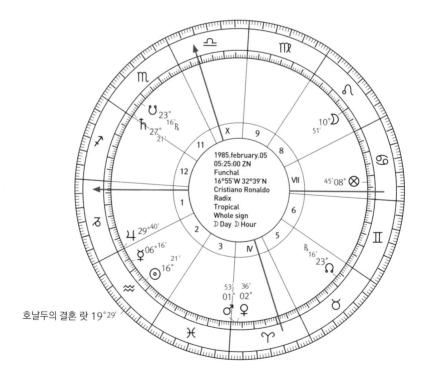

호날두의 결혼 랏 19°29'

보다시피 호날두의 결혼의 랏은 2하우스 물병자리 19° 29분 지점이다. 이 하우스에는 태양과 수성이 10° 차이로 컴버스트하고 있다. 수성은 계약의 의미를 지니는데 결혼 역시 계약으로 불안정한 상황이다. 그런데 화성과 금성이 섹스타일을 하고 있어 결혼에 적극적인 면도 있어 보인다.

또한 11하우스에 토성이 위치해 스퀘어로 결혼의 랏에 부정적인 영향을 크게 미치는 것 같지만, 토성은 물병자리의 룰러로 자기 사인에 들어와서 리셉션에 해당하므로 결혼의 랏을 크게 해하려 하지 않는다. 또한 목성이 토성과 섹스타일하고 있어서 비록 흉성이지만 토성의 질이 생각보다 괜찮은 편이다. 따라서 호날두는 지금은 결혼을 거부하고 있지만, 시간이 지나면 늦게라도 결혼을 결정할지도 모르겠다. 다만 수성이 태양에 컴버스트하는 부분은 많이 아쉽다.

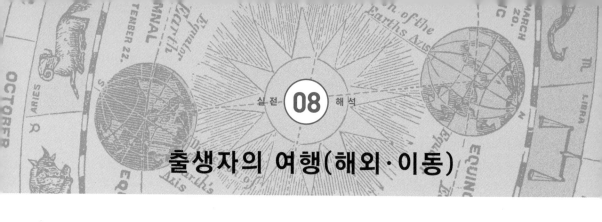

실전 **08** 해석

출생자의 여행(해외·이동)

● EXAMPLE 01

다음 차트의 주인공은 티베트 망명정부 지도자 달라이 라마이다. 아스트로 데이터뱅크에 기록된 그의 생
년월일시는 1935년 7월 6일 오전 4시 38분이고, 태어난 장소는 티베트 동쪽 탁체르(Taktser)이다. 탁
체르는 행정구역상 스후이야오(Shihuiyao)에 속한다.

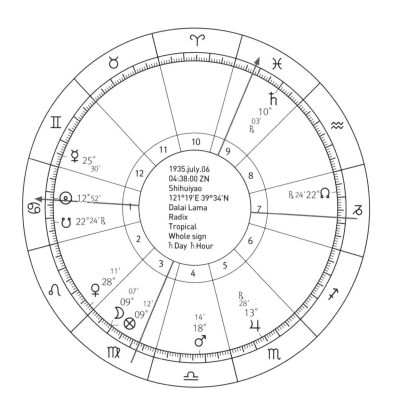

9하우스에 위치한 행성과 9하우스 사인의 룰러의 상태를 살핀다.

일반적으로 3이나 9하우스는 케이던트 하우스지만, 달라이 라마의 경우는 MC와 IC가 자리하여 여행의 힘이 강화된다고 할 수 있다. 달라이 라마의 차트에서 9하우스는 물고기자리이고, 그 룰러는 목성이다. 그런데 현재 목성은 5하우스 전갈자리에 위치해 있다. 목성은 3하우스의 달과 길각을 이루고, 9하우스의 토성과 트라인을 이루고 있다. 또한 2하우스 금성과는 스퀘어를 이루며, 1하우스 태양과는 트라인을 이루고 있다. 목성이 달과 섹스타일을 이루면 「새로운 환경을 좋아하는」 속성이 있으며, 목성이 토성과 트라인을 이루면 「명상을 즐기며 영적 가치를 추구함」이라는 속성을 갖게 된다. 목성이 금성과 스퀘어를 이루면 「분수에 넘치는 생활」이나 「쾌락에 탐닉」하는 속성을 갖게 되며, 목성이 태양과 트라인을 이루면 「해외문화에 애착」을 가지게 된다.

정리하면, 티베트의 독립을 위해 힘쓰는 달라이 라마는 중국의 압력을 피해 인도에서 티베트 망명정부를 설립했다. 점성학적 관점에서 보면 달라이 라마는 종교성이 강한 목성이 달·태양과 길각을 맺어 공적인 것을 위해 두려움 없이 이동을 택한 것이다. 앞에서 말한 바와 같이 목성이 달과 섹스타일을 이루면 「새로운 환경과 해외문화에 대한 애착」을 갖는다. 물론 달라이 라마가 해외를 간 이유는 피신이 목적이었지만, 이는 곧 달라이 라마가 해외에서 잘 적응할 수 있는 기질을 가진 것으로 이해될 수도 있다. 또한 목성이 금성과 스퀘어로 「쾌락에 탐닉」하거나 목성이 토성과 트라인을 맺어 「명상을 즐기며 영적 가치를 추구」하는 서로 대립된 기질을 갖고 있는데, 금성은 스퀘어로 흉각이고 토성은 트라인으로 대길각이므로 대길각이 흉각의 기질을 앞선다. 따라서 달라이 라마는 속세의 안일함을 이겨내기 위한 영적 가치를 좀 더 우선에 두고 있다는 것을 알 수 있으며, 이는 티베트에서 중국 정부와 적당히 타협하고 편하게 사는 방법을 버리고 해외에서 위험하고 고통스런 망명생활을 택하는 원동력이 되지 않았나 판단된다.

9하우스의 토성은 수성과 스퀘어하고, 태양·목성과 트라인한다. 토성과 수성의 스퀘어는 「자신의 말과 행동에 대해 매우 검열적」 상황이 발생하고, 토성과 태양의 트라인은 「충성스럽고 책임감이 있고」, 토성과 목성이 트라인을 이루면 「명상을 즐기며 영적 가치를 추구함」이라는 속성을 갖게 된다.

토성과 달의 관계는 아래에서 다루기로 하고 지금까지 설명한 것들을 정리하면, 달라이 라마는 외부와의 소통에 제한을 받고 있지만, 자신의 종교적 신념에 더욱 충성스럽고 책임감 있는 생활을 유지하고 있다고 할 수 있다. 한편 토성이 역행하고 있는 부분은 해외생활의 초기는 외부압력이 약한 듯하지만 시간이 갈수록 더욱 강해진다는 것을 예고한다고 말할 수 있다.

달과 수성의 상태를 살핀다.

달은 그믐달에서 보름달로 주기적으로 변하므로 이중성 또는 이동 · 여행(또는 집시처럼 주거지가 일정하지 않은 가정의 이동), 배신, 변덕을 의미하기도 한다. 차트에서 달이 토성과 어포지션 상태에 있다. 9하우스의 토성은 해외생활의 절제나 고통을 나타내는데, 달이 어포지션하므로 그 불안함이 매우 가중된다.

달이 좋은 영향을 미치게 되면 주거에 구애받지 않는 즐겁고 자유로운 여행이 될 수 있지만, 부정적일 때는 주거가 안정되지 않는 도망자 신세가 되기도 한다. 달라이 라마는 중국 정부의 끊임없는 압력에 시달리기 때문에 심리적으로 불안감을 갖게 될 텐데, 그러므로 달과 토성이 어포지션하는 것은 달라이 라마의 「삶에 대한 의구심, 회의적이며 비판적인, 피해의식이나 두려움이 큰, 마조히즘적인」 심리적 상태를 보여준다고 할 수 있다.

수성과 토성의 스퀘어는 「자신의 말과 행동에 대해 매우 검열적」 상황이 발생한다고 앞에서 언급했다. 또한 수성이 12하우스 쌍둥이자리의 룰러이기 때문에 「타고난 직관력(영매 기질)」이 강하다. 하지만 12하우스는 「감옥」을 나타내므로 현재 망명정부에서 은둔하며 소통이나 활동에 불편함이 있다.

특히 윌리엄 릴리는 수성의 사인(쌍둥이자리 · 처녀자리)에 달이 위치할 때 장기여행을 한다고 했는데, 달라이 라마의 차트에서는 처녀자리에 달이 위치한 것을 볼 수 있다. 따라서 망명생활은 길어질 것으로 판단되며, 또한 달이 옥시덴탈 위상에 있어도 여행이 잦다고 했는데, 달라이 라마가 여러 나라에 정치적인 행보를 이어가는 것도 이와 무관치 않아 보인다. 또한 어떤 사인이든 자신을 나타내는 1하우스의 룰러가 여행과 관련된 3 · 9하우스에 있으면 여행이 잦은데, 그래서인지 티베트에서 왕래가 비교적 쉬운 가까운 인도에 망명정부를 차린 듯하다.

KEY POINT를 총괄하면, 달라이 라마는 9하우스에 토성이라 힘든 여행과 관련이 있고, 9하우스 물고기자리의 룰러가 목성이라 종교와 관련이 있으니, 힘든 종교 여행이라고 간단하게 정리할 수 있다. 다시 말해 달라이 라마는 망명정부의 생활에 있어 소통과 신체적 활동에 제한을 받고 있지만, 해외문화와 관련된 기질이 있고 그것을 영적인 힘으로 이겨내려는 책임감이 있어 힘든 망명생활을 잘 견디고 있는 것으로 판단된다.

점성학적인 기법에서 기술적인 것을 한두 가지 더 말한다면, 태양 · 목성 · 토성이 물 사인인 게자리 · 전갈자리 · 물고기자리에 있어서 해외와 관련되고, MC와 IC가 3 · 9하우스에 위치해 해외와 관련이 깊다고 할 수 있다.

다음 주인공은 홍콩 출신의 싱가포르 국적 영화배우 감독 성룡이다. 그는 액션영화의 스턴트역사에 큰 획을 그은 영화인이다. 아스트로 데이터뱅크에 기록된 성룡의 생년월일시는 1954년 4월 7일 오전 9시 45분이다. 아스트로 데이터뱅크의 출생시간은 서머타임이 적용된 시간이므로, 현재 성룡의 차트는 1시간 빠른 오전 8시 45분을 적용하였음을 밝힌다. 태어난 장소는 홍콩이다. 지금부터 성룡의 여행에 대해 차례대로 분석해보자

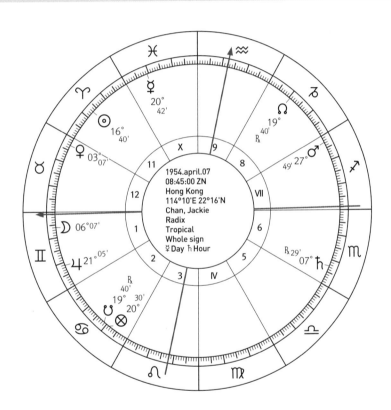

KEY POINT 01

9하우스에 위치한 행성과 9하우스 사인의 룰러의 상태를 살핀다.

성룡의 차트에서 9하우스에 존재하는 행성은 없다. 9하우스의 사인은 물병자리이고, 물병자리의 룰러는 토성이며, 토성은 현재 6하우스 전갈자리에서 어떤 위계도 갖지 않는다. 또한 토성은 낮차트에서 지평선 아래에 위치해 섹트를 잃었다. 6하우스는 불행의 하우스이며, 자신의 힘을 25%정도 발휘하는 케이던트 하우스이다. 6하우스의

토성은 천하고 힘든 노동, 가정과 일의 불균형, 일중독, 억압이나 과로로 인한 질병 등의 모습으로 드러난다. 만약 토성이 긍정적일 때는 강한 의무감과 성취욕을 보인다.

성룡은 어릴 때, 부모가 모두 취업문제로 호주로 떠나는 바람에 졸지에 고아가 되어 경극학교에 입학하게 된다. 성룡은 그곳에서 10년 동안 연기와 무술 훈련을 받았는데, 그는 이 기간을 「고문」이라 회고한 바 있다. 성룡은 홍콩과 미국을 오가면서 많은 부를 축적했다. 참고로 성룡은 브루스 리의 스턴트맨으로 영화계에서 유명해졌지만, 한때 배우로 희망이 없자 영화를 포기하고 부모가 있는 호주로 가기도 했다. 이렇듯 성룡의 이동이나 여행은 즐거운 호기심이나 관광차원이 아니라 생존을 위한 일, 의무감과 관련된다는 것을 보여준다.

12하우스 황소자리의 금성이 6하우스 토성과 어포지션하고 있는데, 금성과 토성의 어포지션은 내성적이며 외롭고 우울하며 애정이나 결혼생활의 어려움을 겪기도 하며, 어린 시절의 분리불안 등의 심리적 문제가 인생 전반에 작동하기도 한다. 이는 성룡의 여행이 애정결핍과 깊은 관련이 있음을 말해준다. 미국과 홍콩을 오가는 영화인이자 유명인인 성룡은 인생 전반기에 등려군, 임봉교(현 아내)와 사귄 것이 언론에 공개된 적이 있고, 1990년에 미스아시아 오기리와의 사이에서 오탁림(딸)를 낳았다고 알려져 있다. 이밖에 성룡과 구설수에 오른 사람 중에는 장만옥, 임청하, 장쯔이, 일본 탤런트 미즈사와 아키도 있다. 특히 결혼을 내포하는 7하우스의 화성이 1하우스와 어포지션하고 있어 성룡에게 결혼은 불안정하며, 그 불안정이 더욱 일과 관련된 이동에 빠져들게 만든 것이 아닌지 판단된다.

반가운 것은 6하우스 토성에게 10하우스 수성이 트라인으로 길각을 맺고 있다는 점이다. 수성과 토성의 트라인은 긍정적 기능을 강화시키는데, 10하우스는 직업관련 하우스이며 6하우스는 일과 관련된 하우스이므로, 성룡은 직업과 관련된 일을 할 때 조직적이며 체계적이고 현실적이며 이성적이다. 성룡은 영화제작에 있어 지독한 완벽주의로 잘 알려져 있다. 또한 성룡은 어릴 때 퇴학을 당한 경험이 있으며, 부모가 모두 취업문제로 호주로 떠나는 바람에 글을 배울 기회를 놓쳐 문맹이 되기도 했는데, 조직적이고 체계적인 그의 영화작업 전반에 대한 태도는 그의 어릴 적 콤플렉스에 수성과 토성의 트라인이 만들어낸 긍정성이 결합된 결과가 아닌지 조심스럽게 추측할 수 있다.

그런데 좀 더 자세히 보면, 수성은 7하우스 화성과 1하우스 달·목성으로부터 스퀘어를 당하고 있고, 12하우스 금성과는 섹스타일을 이루고 있다. 먼저 1하우스 쌍둥이자리의 목성은 디트리먼트로 힘이 없으니 수성에 미치는 영향력이 약하다. 하지만 달과 수성의 스퀘어는 이성과 감정에 혼란을 일으키며, 달과 화성의 스퀘어는 종종 감정적이며 충동적인 상황으로 내몰기도 한다. 특히 물고기자리에서 수성은 디트리먼트·폴이므로 행성의 힘이 약하다. 따라서 직업의 하우스에 있는 수성이 비록 토성과 트라인을 맺지만 그 영향력이 아주 강하다고 보긴 어렵다.

총괄하면, 성룡의 차트에서 여행의 하우스인 물병자리의 룰러 토성은 6하우스 전갈자리에 위치하므로 그의 여행은 노동으로부터의 구속이나 억압을 나타내고, 그러한 부정성에 결혼생활 역시 흉하게 작용한다는 것을 잘 보여준다. 다시 말해 수성으로부터 길각 즉 직업이나 일과 관련해서는 이성적일지 몰라도, 어포지션하는 금성 즉 애정관계에 있어서는 일탈적인(감정적이며 충동적인 상황으로 곧잘 빠져들게 하는) 듯하다.

한편 성룡은 홍콩에서 〈사제출마(1980)〉라는 영화로 대성공을 거두었고, 이후 할리우드에 진출하여 실패도 맛봤지만, 홍금보 감독의 〈오복성(1983)〉을 통해 홍콩 영화계에서 재기에 성공한다. 이는 2하우스 게자리의 룰러인 달이 상승사인인 쌍둥이자리에 있고, 사회적 활동을 드러내는 11하우스 양자리에서 엑젤테이션인 태양과 섹스타일을 맺기 때문으로 보인다.

KEY POINT 02 달과 수성의 상태를 살핀다.

달은 천궁도상에서 가장 빠른 별이라 그 자체로 여행의 상징성을 갖는다. 특히 달이 상승사인인 1하우스에 있으면 대중에게 인기가 있어 바쁘고 감상적이라 여행도 좋아하겠지만, 사수자리에 화성이 어포지션하고 있어 삶의 변화와 이동이 잦다. 특히 달이 옥시덴탈 상황에 있어 잦은 여행을 하게 된다. 윌리엄 릴리는 수성의 사인에 달이 위치하면 여행이 잦다고 했는데, 성룡은 수성의 사인인 쌍둥이자리에 달이 위치하고 있는 것을 볼 수 있다.

1하우스 달과 7하우스 화성이 서로 어포지션을 이루고 있는데, 7하우스는 결혼이나 동업과 관련된 하우스이다. 성룡의 여행은 화성의 부정적 영향, 즉 결혼의 불안정성이 성룡을 방황(여행)하게 하는 요소로 여겨진다. 성룡은 유명배우로 명성을 충분히 얻었으며, 2018년 『네버 그로우 업(Never Grow Up)』이라는 자서전에서 매춘부와의 방탕한 생활, 음주운전, 도박 등의 과거사를 반성 차원에서 고백했다. 특히 2016년 아카데미 시상식에서평생공로상을 수상한 것을 계기로 자신의 삶에 대한 반성을 보였는데, 그때까지의 자신의 과거를 불한당 혹은 미성숙한 불안한 삶에 비유한 바 있다.

이번에는 당대 최고의 무용수로 인정받았던 러시아의 발레리노 루돌프 누레예프(1938년~1993년)에
대해 다룬다. 그는 1958년 마린스키 발레단과 볼쇼이 발레단에서 솔리스트가 되어 활동하다가 1961년
프랑스로 망명해 로열발레단에서 활약했고 객원무용수로 이름을 떨쳤다. 아스트로 데이터뱅크에 기록
된 루돌프 누레예프의 생년월일시는 1938년 3월 17일 오후 1시 00분이고, 태어난 장소는 러시아 이르
쿠츠크이다. 지금부터 본격적으로 누레예프의 여행에 대해 차례대로 분석해보자.

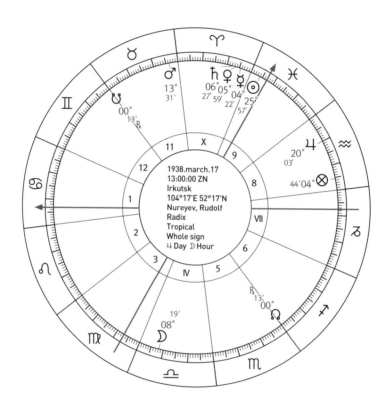

KEY POINT 01   9하우스에 위치한 행성과 9하우스 사인의 룰러의 상태를 살핀다.

누레예프의 차트에서 9하우스는 물고기자리이고 그 룰러는 목성이다. 그런데 목성은
8하우스 물병자리에 위치하며 어떤 본질적 위계도 지니지 않는다. 목성은 4하우스의

달과 대길각인 트라인을 이루며, 또한 10하우스의 토성·금성·수성과는 섹스타일을, 그리고 11하우스의 화성과는 스퀘어를 이루고 있다.

먼저 달과 목성이 트라인이 되면 새로운 환경을 좋아하는 성향을 갖게 된다. 다음으로 목성이 10하우스의 수성과 섹스타일을 갖게 되면 외국문화나 여행을 즐기는 성향이 드러나며, 10하우스의 금성과 섹스타일을 갖게 되면 개인적·사회적으로 잘 성장하는 성향을 지니며, 10하우스의 토성과 섹스타일을 갖게 되면 이상주의·낙관주의, 성공에 대한 확신과 자신감 등의 성향이 드러난다. 그러나 9하우스의 룰러인 목성이 8하우스에서 어버전하고 있는 부분은 그의 이동이나 여행이 순조롭지 못하거나 원활하지 못할 것임을 예고하는 듯하다.

참고로 누레예프는 평범한 농부(그의 아버지는 러시아 혁명 때 붉은 군대의 장교가 되었다) 집안에서 태어났다. 오페라를 좋아하던 어머니의 손에 이끌려 오페라하우스의 공연을 관람한 후 그는 발레리노가 되기로 결심했다. 아버지의 강경한 반대로 늦게 볼쇼이 발레학교에 입학하였지만, 1958년 마린스키 발레단과 볼쇼이 발레단에서 솔리스트로 활동하게 된다.

당시 러시아 발레는 공산주의의 이미지를 귀족스럽게 바꾸는 역할을 했다. 특히 해외 발레 공연은 화려한 무대장치와 의상들로 신비감을 드높였다. 이러한 수입으로 소비에트 정권은 무용수들을 더욱 엄격하게 관리하였다. 이러한 정권에 누레예프는 환멸을 느껴 불평을 드러냈고, 1961년에 프랑스 파리 공연을 마치자 KGB(옛 소련의 비밀경찰 및 첩보조직)는 단원 중 누레예프에게 모스코바 귀국을 명령했다. 당시 생명의 위협을 느낀 누레예프는 프랑스로 망명하게 되었으며, 망명 이후에도 러시아 정부의 회유와 협박, 살해시도에 고통을 겪기도 하였다.

망명 이후 누레예프는 영국의 전설적인 발레리나 마고트 폰테인(Margot Fonteyn)과 20년 넘게 많은 공연을 했고, 코펜하겐의 수석무용수 에릭 브룬(Erik Bruhn)과 동성 파트너 관계를 오픈했으며 1993년 초 에이즈로 생을 마감했다. 당시 누레예프는 동성과의 사랑을 커밍아웃한 후에 예술적 재능에 큰 장애를 갖게 되는데, 이는 금성과 토성의 컨정션이 그 원인으로 판단된다.

특히 누레예프는 까다로운 성격 때문에 공연팀의 동료들과 종종 마찰을 일으키기도 했다. 이는 11하우스의 화성이 우정을 나타내는 11하우스 황소자리에서 디트리먼트로 디그니티를 얻지 못한 것이 원인으로 작용한 듯 싶다. 또한 길성인 목성이 8하우스에서 화성을 스퀘어해오고 있는데, 화성과 목성이 스퀘어되면 「자신의 실수를 인정하지 않거나」, 「강박과 성급함」이 발현되기도 한다.

누레예프의 차트와 그의 행적을 비교하면, 누레예프는 이상주의나 낙관주의 성향을 지니고 있고, 새로운 문화나 외국 생활에 관심이 있으며, 결벽증과 완벽주의 성향이 강하다. 하지만 성공에 대한 확신과 자신감이 남달랐으므로 망명한 뒤에도 훌륭한 발레리노로 성장했던 것으로 보이는데, 9하우스의 태양이 그 이유였다고 판단된다. 물론 그의 이상적 세계관과 동성관계는 발레를 좋아하는 예술적 밑거름이 된 듯한데, 이는 누레예프가 지닌 「로맨틱함」이 그 원인인 듯하다. 10하우스의 금성과 8하우스의 목성이 섹스타일을 이루면 로맨틱한 면을 고조시킨다.

KEY POINT 02 달과 수성의 상태를 살핀다.

달은 4하우스, 수성은 10하우스로 둘 다 앵글 하우스에 위치하여 이동에 대한 강한 상징성을 보여준다. 달이 4하우스에 있다는 것은 거주지의 변동이 잦다는 것을 의미하며, 토성·금성·수성이 어포지션(대립각)을 이루면서 이동의 파란만장함도 내포하고 있다. 자세한 것은 KEY POINT 01에서 언급하였다.

다음으로 수성은 10하우스에 있어서 직업적인 이동 또한 많이 해야 했고, 길성인 목성과 섹스타일을 이루고 있어서 누레예프가 망명을 한 후에도 세계적인 발레리노로서 전 세계를 무대로 수월하게 활동할 수 있었다고 보인다.

점성학
용어

점 성 학 용 어

12사인(Sign) 12궁으로도 불리며 황도에 배분된 12별자리를 의미한다.

ㄱ · ㄴ

그레이트 인포춘(Great Infortune) 대흉성으로 토성을 의미한다.

그레이트 포춘(Great Fortune) 대길성으로 목성을 의미한다.

남교점(Descending Node 또는 South Node) 용의 머리 또는 라후(Rahu)라고도 불리며, 황도와 백도가 남쪽에서 교차하는 지점을 말한다.

네이탈차트(Natal Chart) 한 사람이 태어난 순간의 출생천궁도 또는 출생차트를 의미한다. 줄여서 네이탈(Natal)이라고도 부른다.

네이티브(Native) 천궁도의 주인인 출생자를 의미한다.

네이티비티 아스트롤로지(Nativity Astrology) 한 사람의 삶의 궤적을 예언하기 위한 출생점성술이다. 다시 말해 한 개인의 출생정보(연월일시)를 통해서 출생자의 성격과 기질 그리고 그가 경험하게 되는 전반적인 인생의 진로와 사건들, 나아가 그 사건의 길흉을 예측하는 점성술이다. 예언을 목적으로 한 점성술로, 프톨레마이오스에서 출발하여 윌리엄 릴리에 이르는 전통적인 체계에 기초를 둔 점성학이다. 네이탈 아스트롤로지(Natal Astrology)라고도 불린다. 줄여서 네이티비티(Nativity).

노드(Node) 하늘에서 황도와 백도가 만나는 점(교점)을 말한다.

녹터널(Nocturnal) 밤에 행해지는 일, 사건, 상징, 종파 등을 일컫는 야행성을 의미한다.

녹터널 플래닛(Nocturnal Planet) 밤의 행성으로 달, 금성, 화성을 의미한다.

뉴문(New Moon) 태양과 회합한 상태로 점점 커져갈 달을 의미한다.

뉴트럴(Neutral) 중성. 한 행성이 중립적인 상태를 의미한다.

ㄷ

다이렉트 모션(Direct Motion) 행성이 12사인의 순서에 따라 앞으로 전진하여 움직이는, 즉 순행을 의미한다.

더블바디사인(Double Body Signs) 두 개의 몸으로 이루어진 사인이다. 쌍둥이자리, 처녀자리, 사수자리, 물고기자리.

데일리모션(Dailymotion) 하루 동안 행성이 이동한 거리.

도리포리(Doryphory) 창을 든 호위무사나 수행원, 수호자 등을 의미한다. 루미너리인 태양은 왕이고 달은 여왕인데, 호위무사나 신하라고 할 수 있는 나머지 행성들이 이 왕과 여왕을 잘 보필하는 구조로 큰 명예를 얻거나 이름을 떨칠 수 있다.

도머사일(Domicile) 별이 자신의 본적지, 즉 자신이

다스리는 별자리에 머물고 있는 상태를 뜻한다. 이 경우에 그 별은 자신감을 가지며, 안정적이고 수월하게 자신의 힘을 발휘한다.

도미네이션(Domination) 한 행성이 반시계방향으로 앞에 있는 행성과 스퀘어(90°)로 각을 맺는 것.

디뉴얼(Diurnal) 낮에 행해지는 일, 사건, 상징, 종파 등을 일컫는 주행성을 의미한다.

디뉴얼 플래닛(Diurnal Planet) 낮의 행성으로 태양, 목성, 토성을 의미한다.

디라이브 하우스(Derived House) 한 하우스를 기준으로 파생된 하우스. 즉 기존 하우스를 재배치하여 기존 하우스의 의미 역시 재생성시키는 것을 의미한다.

디렉션(Direction) 점성술에서 운을 보는 기법을 통칭한 말이다.

디빌리티(Debility) 본질적 혹은 우발적 위계로 인해 행성이 약해진 상태를 말한다.

디센던트(Descendant) 지평선과 황도대가 만나는 지점으로 천궁도에서 해가 지는 하강점을 의미한다.

디자이어 사인(Desire Signs) 성적·세속적 욕망과 관련된 사인이다. 정욕사인. 양자리, 황소자리, 염소자리, 물고기자리가 여기에 속한다.

디크리징문(Decreasing Moon) 작아지는 달 혹은 이지러지는 달을 의미한다.

디트리먼트(Detriment) 자신을 드러내지 못하는 별을 말한다. 이 경우에 별은 힘이 분산되며 자신을 컨트롤하기 힘들다.

ㄹ

랏(Lot) 천궁도에서 어떤 지점과 행성들과의 관계를 파악하기 위해 일정한 공식을 통해 도출한 가상점. 표면적인 상황을 좀 더 심도 있게 볼 때 필요하다.

레기오몬타누스 하우스 시스템(Regiomontanus House System) 윌리엄 릴리가 사용한 천궁도 방식으로, 15세기 독일의 요하네스 뮬러(Johannes Muller)가 13세기 캄파누스 시스템(Campanus System)을 약간 수정하여 만들었다.

레서 인포춘(Lesser Infortune) 소흉성으로 화성을 의미한다.

레서 포춘(Lesser Fortune) 소길성으로 금성을 의미한다.

레트로그레이드 모션(Retrograde Motion) 행성이 12 사인의 순서를 역으로 전진하여 움직이는, 즉 역행을 의미한다.

로드(Lord) 어떤 하우스에 위치하여 본질적 위계(도머사일 이외의 위계를 포괄)를 얻는 행성을 말하며, 이는 특정한 위계(도머사일만)를 얻는 룰러의 개념보다 광의의 의미를 지닌다.

롱 어센션 사인(Long Ascension Signs) 동쪽 지평선을 지나는 시간이 길어 그 영향력이 다른 사인보다 긴 사인이다. 게자리, 사자자리, 처녀자리, 천칭자리, 전갈자리, 사수자리가 여기에 속한다.

루미너리(Luminary) 하늘에 떠 있는 2개의 발광체로서 태양과 달을 의미한다. 루미너리인 태양과 달은 남성과 여성 또는 음과 양으로 대비된다.

룰러(Ruler) 어떤 한 사인의 주인행성, 집주인 등으로 불리며 룰러십(도머사일)을 얻는 행성을 의미한다.

룰러십(Rulership) 본질적 위계의 하나로 룰러십(도머사일)을 의미한다.

리셉션(Reception) 대접 혹은 접대라는 뜻으로, 가령 사자자리에 토성이 위치하고 사자자리의 룰러인 태양이 다른 사인에 위치할 경우 토성은 손님이 되고 태양은 토성을 대접하는 주인이 된다. 이 주인을 디스포지터(Dispositor)라고 부른다.

ㅁ

마이너 아스펙트(Minor Aspect) 메이저 아스펙트(주요각)를 제외한 모든 부수적인 각을 총칭하는 말.

말레픽(Malefic) 흉성이나 한 행성이 흉한 상태를 의미한다.

매스큘린 사인(Masculine Signs) 2극성 중 남성 사인으로 12사인 중 불과 물로 이루어진 여섯 사인을 말한다.

먼데인(Mundane) 국가의 길흉이나 흥망성쇠를 판단하는 점성술.

메디움 코엘리(Medium Coeli) 자오선과 황도대가 만나는 지점으로 천궁도에서 해가 가장 높이 뜨는 남중점(천정점).

메디쿠스(Medicus) 건강이나 질병을 살펴보기 위한 점성술.

메리디안(Meridian) 자오선이라 불리며 천구의 천정점과 천저점을 이은 선을 의미한다.

메이저 아스펙트(Major Aspect) 주요각으로 불리며, 삼각, 사각, 육각, 대립각, 회합을 총칭하여 일컫는 말이다.

멜란콜릭(Melancholic) 4기질 중 우울질. 차고 습한 흙의 기질을 말한다.

모던 사이킥 아스트롤로지(Mdern Psychic Astrology) 현대심리점성술이라 불리며, 운명의 길흉 판단이나 예측을 목적으로 하지 않고 개인의 심리나 정서를 살펴보는 점성술을 말한다. 19세기 말부터 시작된 이 점성술은 천왕성, 해왕성, 명왕성과 같은 소행성을 점성학적 상징으로 함께 활용하는 것이 특징이다. 현대심리점성술의 종류에는 심리점성술, 선 사인 점성술 등이 있다.

모리누스(Morinus) 출생점성술을 보기 위한 점성술 프로그램 중의 하나다.

모이어티(Moiety) 오브의 절반(1/2)을 의미한다.

뮤추얼 리셉션(Mutual Reception) 상호 교환, 상호 수용, 상호 환영의 의미가 있으며, 두 행성이 서로 상대방의 사인에 위치할 때를 말한다.

뮤터블 사인(Mutable Signs) 3특질 중 하나이다. 각 계절을 마무리하는 쌍둥이자리, 처녀자리, 사수자리, 물고기자리를 의미한다.

뮤트 사인(Mute Signs) 말수가 적은 물의 사인. 게자리, 전갈자리, 물고기자리가 여기에 속한다.

미드헤븐(Midheaven) 천정점 또는 중천이라 불린다. 보통 10하우스의 남중점을 의미한다.

ㅂ

바이올런트 사인(Violent Signs) 두 흉성이 다스리는 사인이다. 양자리, 천칭자리, 전갈자리, 염소자리, 물병자리가 여기에 속한다.

배런 사인(Barren Signs) 환경이 나빠 생명이 탄생하기 힘든 사인이다. 쌍둥이자리, 사자자리, 처녀자리가 여기에 속한다.

베네픽(Benefic) 길성이나 한 행성이 길한 상태를 의미한다.

북교점(Ascending Node 또는 North Node) 용의 꼬리 (Dragon's Tail) 또는 케투(Ketu)라고도 불리며, 황도와 백도가 북쪽에서 교차하는 지점을 말한다.

비스트 사인(Beast Signs) 네 발 달린 짐승으로 이루어진 사인이다. 양자리, 황소자리, 사자자리, 사수자리, 염소자리가 여기에 속한다.

비시지드(Besieged) 한 행성이 흉성인 토성과 화성 사이에 포위된 것을 의미한다.

ㅅ

생귄(Sanguine) 4기질 중 다혈질. 뜨겁고 습한 공기의 기질을 말한다.

서브 래디즈(Sub Radiis) 컴버스트의 좌우 가장자리인 8°부터 15°까지의 구간을 말한다.

석시던트 하우스(Succedent House) 연속 하우스로 불리며 12하우스 중 2, 5, 8, 11하우스를 의미한다.

세컨더리 프로그래션(Secondary Progressions) 점성

술에서 운을 보는 기법 중 하나로 지구의 공전운동을 기반으로 한다.

세퍼레이션(Seperation) 분리각이라 불리며 두 행성이 점점 멀어져 각이 분리되는 것을 말한다.

세퍼레이팅(Seperating) 세퍼레이션하고 있는 상황을 의미한다.

섹스타일(Sextile) 천궁도에서 두 행성의 간격이 육각, 즉 60°를 이루는 것을 의미한다.

섹트(Sect) 지평선 위의 남반구의 영역과 지평선 아래의 북반구의 영역을 구분하는 것을 말한다.

섹트 루미너리(Sect Luminary) 밤차트와 낮차트에 각각 힘을 얻는 태양과 달을 의미한다.

솔라 리턴(Solar Return) 점성술에서 운을 보는 기법 중 하나로, 태양이 천궁도를 한 바퀴 돌아 제자리로 돌아온 시각의 천궁도를 기준으로 1년운을 보는 기법을 말한다.

숏 어센션 사인(Short Ascension Signs) 동쪽 지평선을 지나는 시간이 짧아 그 영향력이 다른 사인보다 짧은 사인이다. 양자리, 황소자리, 쌍둥이자리, 염소자리, 물병자리, 물고기자리가 여기에 속한다.

스퀘어(Square) 천궁도에서 두 행성의 간격이 사각, 즉 90°를 이루는 것을 의미한다.

스테이셔너리 모션(Stationary Motion) 행성이 움직이지 않고 정지한 상태를 의미한다.

스텔리움(Stellium) 하나의 하우스에 3개 이상의 행성이 몰려 있는 것을 말한다.

스트라이킹 레이(Striking Ray) 한 행성이 반시계방향으로 뒤에 따라오는 행성과 각을 맺는 것을 말한다.

시너스트리(Synastry) 궁합이나 상성(相性)을 의미하며 사건, 사물, 사람 사이의 관계를 파악하는 기법이다.

시저지 포인트(Sygyzy Point) 출생시간 이전에 신월(뉴문)이나 망월(풀문)이 발생했던 정확한 위치를 말한다.

ㅇ

아나레타(Anarata) 출생점성술에서 천궁도 주인의 생명에 손상을 주는 행성을 의미한다.

아스트롤로지(Astrology) 하늘의 별들을 이용해 점을 치는 점성술을 의미하거나 그와 관련된 학문을 의미하기도 한다.

아스펙트(Aspect) 천궁도에서 행성과 행성이 이루는 각을 말한다.

아우터 플래닛(Outer Planet) 외행성을 말하며, 칼데아식 순서로 태양을 기준으로 안쪽에 위치한 화성, 목성, 토성을 의미한다.

안티스키아(Antischia) 앤티션(Antiscion)이라고도 하며, 쌍둥이자리와 게자리의 경계선인 하지와 사수자리와 염소자리의 경계선인 동지를 중심으로 이등분하여 좌우 두 하우스에 있는 행성의 합이 30°가 되는 것을 말한다. 이 경우 길각의 영향을 미친다.

알무텐(Almuten) 인생을 항해에 비유할 때 선장으로 볼 수 있으며, 출생점성술 차트에서 네이티브에게 가장 중심적인 영향을 미치는 행성이다. 알무텐은 행성의 질적 상태 혹은 힘의 세기를 점수로 환산한 것인데, 계산방식은 헬레니즘 방식과 중세 방식이 존재하며 모리누스 프로그램은 후자 방식이다. 참고로 윌리엄 릴리는 알무텐 기법은 에센셜 디그니티의 몰이해에서 출발한 만큼 믿을 게 못된다고 주장한다.

알코코덴(Alcocoden) 출생점성술에서 천궁도 주인의 수명을 예측하게 해주는 행성을 의미한다.

앵글포인트(Angle Point) 천궁도에서 어센던트, 디센던트, 메디움 코엘리, 이뮴 코엘리를 가리키는 가로선과 세로선이다.

앵글 하우스(Angle House) 모서리 하우스로 불리며 12하우스 중 1, 4, 7, 10하우스를 말한다.

어버전(Aversion) 천궁도에서 두 행성의 간격이 육각, 즉 30° 혹은 150°를 이루는 것을 의미한다.

어센던트(Ascendant) 지평선과 황도대가 만나는 지점으로 천궁도에서 해가 뜨는 상승점을 의미한다. 한편 상승점이 있는 사인을 라이징 사인(Rising Sign)이라고 한다.

어포지션(Opposition) 천궁도에서 두 행성의 간격이 사각, 즉 180°를 이루는 것을 의미한다.

어플라잉(Applying) 어플리케이션하고 있는 상황을 의미한다.

어플리케이션(Application) 접근각이라 불리며, 한 행성이 다른 행성 혹은 지점에 점점 가까이 다가가 각을 이루는 것을 말한다.

어플릭션(Affliction) 손상을 의미하며, 본질적 위계 이외의 요인으로 인해 행성의 힘의 세기가 약해지는 경우를 말한다.

언더 선빔(Under The Sunbeam) 태양의 영향을 받는 구간, 즉 태양의 중심으로부터 좌우 15°씩 모든 구간으로 카지미, 컴버스트, 서브 래디즈를 포괄한다.

에센셜 디그니티(Essential Dignity) 본질적 위계라 불리며 한 하우스와 행성간의 관계를 위계로 나타낸 것이다. 도머사일, 엑젤테이션, 트리플리시티, 텀, 페러그린, 폴, 디트리먼트의 총칭이다.

엑시덴탈 디그니티(Accidental Dignity) 우발적 위계라 불리며, 본질적 위계를 제외한 행성의 힘의 세기에 강약을 미치는 요인을 말한다.

엑젤테이션(Exaltation) 별자리의 주인은 아니지만 귀한 손님과 같은 별을 말한다. 이 경우 자동차의 액셀러레이터를 급가속하는 것처럼 자신의 힘을 매우 빠르고 강하게 발휘한다.

오리엔탈(Oriental) 태양의 진행방향을 기준으로 태양보다 먼저 뜨는 행성을 말한다. 태양의 앞 도수로서 오리엔탈 행성은 빠르고 적극적이다.

오버컴(Overcome) 한 행성이 반시계방향으로 앞에 있는 행성과 각을 맺는 것을 오버컴이라고 한다. 단, 스퀘어는 제외된다.

오브(Orb) 행성의 빛이 미치는 범위를 의미하며 각 행성마다 고유한 오브가 존재한다.

오컬트 아스트롤로지(Occult Astrology) 마법이나 주술 그리고 부적 등을 다루는 점성술.

옥시덴탈(Occidental) 태양보다 뒤에 뜨는 행성을 말한다. 태양의 뒷도수로서 옥시덴탈 행성은 느리고 수동적이다.

왁싱문(Waxing Moon) 상현달을 나타내며 달이 커지는 것을 의미한다.

웨이닝문(Waning Moon) 하현달을 나타내며 달이 작아지는 것을 의미한다.

이너 플래닛(Inner Planet) 내행성을 말하며, 칼데아식 순서로 태양을 기준으로 안쪽에 위치한 달, 수성, 금성을 의미한다.

이뮴 코엘리(Imum Coeli) 자오선과 황도대가 만나는 지점으로 천궁도에서 해가 가장 낮게 진 북중점(천저점)을 의미한다.

이퀄 하우스 시스템(Equal House System) 상승점의 도수를 기준으로 30°씩 배분하여 하우스를 나누는 방식을 말한다.

이클립스(Eclipse) 빛을 잃는 것을 의미하며 태양이 빛을 잃는 것을 일식, 달이 빛을 잃는 것을 월식이라 한다.

이클립틱(Ecliptic) 황도. 태양을 중심으로 도는 지구의 공전궤도와 나란한 행로를 말한다.

인크리징문(Increasing Moon) 커지는 달 혹은 차오르는 달을 의미한다.

일렉션(Election) 사건과 상황을 고려해 복합적 판단을 내리는점성술이다.

ㅈ

조디악(Zodiac) 황도대. 천구에서 황도의 상하 8° 가상의 둥근 띠를 말하며, 이 둥근 띠는 30°씩 배분되어 총 12별자리(양자리, 황소자리, 쌍둥이자리, 게자리, 사자자리, 처녀자리, 천칭자리, 전갈자리, 사수자리, 염소자리, 물병자리, 물고기자리)이다.

ㅊ·ㅋ

차트(Chart) 호로스코프(Horoscope)라고도 불리며, 천동설의 관점으로 출생자가 태어난 당시의 별과 별자리의 상태를 2차원의 평면에 나타낸 도식을 의미한다.

카디널 사인(Cardinal Signs) 3특질 중 하나이다. 각 계절을 시작하는 양자리, 게자리, 천칭자리, 염소자리를 의미한다.

카지미(Cazimi) 1°는 60분(60')인데, 태양을 중심으로 좌우 16분씩 도합 32분을 말한다.

칼데안 오더(Caldean Order) 칼데아식 순서로 불리는 천동설의 관점이며, 지구와 가장 가까운 행성의 순서를 달-수성-금성-태양-화성-목성-토성 순으로 여기는 것을 말한다.

커스프(Cusp) 한 하우스의 시작점, 즉 한 하우스가 시작되는 경계선을 말한다.

컨정션(Conjunction) 천궁도에서 두 행성이 같은 하우스에 위치하는 것을 의미한다.

컴버스트(Combust) 카지미의 좌우 가장자리 16분부터 8° 이내에 존재하는 행성은 태양에 의해 불타게 되는데, 이 구간을 컴버스트라고 한다.

케이던트 하우스(Cadent House) 중심에서 멀어지는 하우스를 뜻하며 12하우스 중 3, 6, 9, 12하우스를 의미한다.

콘트라 앤티션(Contra Antiscion) 양자리와 물고기자리의 경계선인 춘분과 처녀자리와 천칭자리의 경계선인 추분을 중심으로 이등분하여 좌우 두 하우스에 있는 행성의 합이 30°가 되는 것을 말한다. 이 경우 흉각의 영향을 미친다.

콜러릭(Choleric) 4기질 중 담즙질. 뜨겁고 건조한 불의 기질을 말한다.

쿼드러플리시티(Quadruplicity) 3특질로 이루어진 사계절의 네 그룹을 의미한다.

쿼터(Quater) 지평선과 자오선을 중심으로 천궁도를 4등분한 것 중 하나를 의미한다.

킬링 플래닛(Killing Planet) 8하우스의 지표성을 의미한다.

ㅌ

텀(Term) 본질적 위계의 중 하나로 한 사인 안에 특정 행성이 다스리는 구간을 말한다.

트라인(Trine) 천궁도에서 두 행성의 간격이 사각, 즉 120°를 이루는 것을 의미한다.

트래디셔널 클래식 아스트롤로지(Traditional Classic Astrology) 정통 고전점성술이라 불리며, 이러한 점성술의 종류에는 크게 네이티비티, 호라리, 일렉션, 메디쿠스, 먼데인 등이 있다.

트랜짓(Transit) 행성을 움직임을 의미한다.

트리플리시티(Triplicity) 4원소(불·흙·공기·물)로 이루어진 세 그룹을 의미한다. 또한 본질적 위계의 중 하나로 불, 흙, 공기, 흙의 4원소를 뜻하는데, 같은 원소로 이루어진 사인의 룰러는 동일 원소의 사인에서 공동의 관리자로 환영받는다.

ㅍ

파시스(Phasis) 지구의 관찰자에게 하늘에 떠 있는 별이 태양의 진행방향과 반대로(반시계방향으로 15° 이상 벗어나는) 나타나는 것을 말한다.

파틸 아스펙트(Partile Aspect) 두 행성이 서로 다른 하우스에서 동일한 각을 이루는 것을 의미한다.

퍼타일 사인(Fertile Signs) 모두 생명과 관련된 물의 사인이다. 게자리, 전갈자리, 물고기자리가 여기에 속한다.

페러그린(Peregrine) 본질적 위계를 얻지 못해 도머사일, 엑젤테이션, 디트리먼트, 폴에 해당되지 않는 상태의 행성이다. 특정 사인에서 강건함이나 쇠함을 얻지 못한 상태를 말한다.

페미닌 사인(Feminine Signs) 2극성 중 여성 사인으로 12사인 중 흙과 물로 이루어진 여섯 사인을 말한다.

페이스(Face) 천궁도를 각각 10°씩 분할하여 다스리는 행성. 한편, 데칸(Decan)은 기원전 2100년경부터 시계로 사용되었는데, 36개의 별자리를 이용해 시간을 추측하는 체계로 십분각이라고도 부른다. 데칸은 페이스와 동일한 의미다.

포 엘리먼츠(Four Elements) 4원소인 불, 흙, 공기, 물을 의미한다.

포르투나(Fortuna) 행운과 재물을 나타내는 가상점이다.

포티튜드(Fortitude) 본질적 혹은 우발적 위계로 인해 행성이 강해진 상태를 말한다.

폴(Fall) 좌절이나 우울에 빠진 별을 말한다. 별이 자신의 기질에 대해서 부정적인 쪽으로 급격한 변동을 겪는 상태로, 자신의 힘을 거의 발휘하지 못한다.

폴라리티(Polarity) 2대 극성 또는 양극성으로 남성성과 여성성을 나타낸다.

풀 보이스 사인(Full Voice Signs) 목소리가 크거나 소통을 즐기는 사인이다. 쌍둥이자리, 처녀자리, 천칭자리가 여기에 속한다.

풀문(Full Moon) 보름달을 나타내며 달이 꽉 차는 것을 의미한다.

프라이머리 디렉션(Primary Direction) 점성술에서 운을 보는 기법 중 하나로 지구의 자전운동을 기반으로 한다. 하루 동안 행성의 운행과 지점과의 관계를 통해 운을 보는 기법이다.

프로펙션(Profection) 점성술에서 운을 보는 기법 중 하나로 특정 지점에서 시작해 한 하우스를 1년으로 간주하여 세어 나가는 기법을 말한다.

프로히비션(Prohibition) 두 행성이 정확한 각을 이루려는 것을 제 3의 행성이 먼저 끼어들어 이들 행성과 각을 이루어 방해하는 것을 의미한다.

플라시두스 하우스 시스템(Placidus House System) 서양에서 가장 널리 쓰이는 하우스 시스템으로 17세기 수도사인 플라시두스 데티티스가 고안한 천궁도 방식을 말한다. 이 플라시두스 하우스 시스템은 고대 그리스 점성가 프톨레마이오스가 남긴 『테트라비블로스』에 기초한다.

플래닛(Planet) 고전점성술에서는 태양계의 움직이는 7행성을 의미한다. 참고로 움직이지 않는 별은 항성(Star)이라고 부른다.

플래틱(Platick) 두 행성이 오브 안에서 각이 형성된 경우를 의미한다.

플레그메틱(Phlegmatic) 4기질 중 점액질. 차고 습한 물의 기질을 말한다.

피르다리아(Firdaria) 행성이 다스리는 연수를 계산해서 그 행성의 기간에 발생하는 사건을 예측하는 것을 의미한다.

픽스드 사인(Fixed Signs) 3특질 중 하나이다. 각 계절의 중간에 위치한 황소자리, 사자자리, 전갈자리, 물병자리를 의미한다.

ㅎ

하우스(House) 인생 전반에 대한 분야별 구분이다. 천궁도상에서는 30°씩 12개로 나뉜 장소를 말하며, 이 장소는 인생의 각 주제와 사람의 성장단계 그리고 계절 등을 상징한다.

헤이즈(Hayz) 낮차트에서 낮의 행성이 지평선 위의 남반구에 위치할 때, 또는 밤차트에서 밤의 행성이 지평선 아래의 북반구에 위치할 때를 말한다.

호라리(Horary) 단시점과 같이 사건이 막 드러났을 때 점을 치는 점성술이다.

호라이즌(Horizon) 지평선을 의미하는데, 상승점과 하강점을 이은 선을 말한다.

홀사인 하우스 시스템(Whole Sign House System) 헬레니즘 점성학에서 기본적으로 사용되었던 천궁도 방식을 말한다.

휴먼 사인(Human Signs) 사람이거나 사람이 사용하는 도구로 이루어진 사인이다. 쌍둥이자리, 처녀자리, 천칭자리, 물병자리가 여기에 속한다.

힐렉 포인트(Hyleg Point) 아페타(Apheta)라고도 불리며, 출생차트에서 생명을 담당하는 행성이나 지점을 의미한다. 상승점, 천정점, 태양, 달, 포르투나, 시저지 등이 있다.

사례로 배우는
점성학 강의

글쓴이 | 리　산
펴낸이 | 유재영
펴낸곳 | 동학사
기　획 | 이화진
편　집 | 나진이
디자인 | 정민애

1판 1쇄 | 2021년 7월 8일

출판등록 | 1987년 11월 27일 제10-149

주소 | 04083 서울 마포구 토정로 53 (합정동)
전화 | 324-6130, 324-6131
팩스 | 324-6135
E-메일 | dhsbook@hanmail.net
홈페이지 | www.donghaksa.co.kr
www.green-home.co.kr

ⓒ 리 산, 2021

ISBN 978-89-7190-785-6　03180